BÍBLICA
LOYOLA 25

BÍBLICA LOYOLA

Sob a orientação da Faculdade Jesuíta de Filosofia e Teologia
Belo Horizonte – MG

Sabedoria e sábios em Israel

José Vílchez Líndez

Tradução
José Benedito Alves

Edições Loyola

Título original:
Sabiduría y sabios en Israel
© José Vílchez Líndez
© Editorial Verbo Divino, 1995
ISBN 84-8169-035-X

Copidesque: Renato Rocha Carlos
Diagramação: Maurélio Barbosa
Revisão: Maurício Balthazar Leal
   Sandra Garcia

Edições Loyola Jesuítas
Rua 1822, 341 – Ipiranga
04216-000 São Paulo, SP
T 55 11 3385 8500/8501 • 2063 4275
editorial@loyola.com.br
vendas@loyola.com.br
www.loyola.com.br

Todos os direitos reservados. Nenhuma parte desta obra pode ser reproduzida ou transmitida por qualquer forma e/ou quaisquer meios (eletrônico ou mecânico, incluindo fotocópia e gravação) ou arquivada em qualquer sistema ou banco de dados sem permissão escrita da Editora.

ISBN 978-85-15-01812-3
3ª edição: 2014
© EDIÇÕES LOYOLA, São Paulo, Brasil, 1999

*A meus queridos
Pepe e Nani,
José Carlos, Julia
e Antonio*

Sumário

Prólogo 13

Introdução 15

Capítulo I

Israel e sua circunvizinhança 17
  1. O Crescente Fértil ou Meia Lua 17
  2. Centros de cultura no Oriente Próximo antigo 18
    2.1. Literatura sapiencial do Egito 18
    2.2. A literatura sapiencial da Mesopotâmia 23

Capítulo II

A sabedoria em Israel e suas fontes principais 29
  1. Sabedoria e sábios 29
  2. Luta entre profetas e sábios 30
  3. As fontes da sabedoria em Israel 31
    3.1. A sabedoria antiga e o povo 32
    3.2. O lar 32
    3.3. A escola 33
    3.4. A experiência 33
    3.5. O intercâmbio 33
    3.6. A tradição 34
    3.7. A reflexão 35
    3.8. Diálogo e debate 35

Capítulo III

A sabedoria e o sábio no Antigo Testamento 37
1. Sabedoria/sábio com relação às artes e aos ofícios 38
   1.1. Habilidade, perícia, destreza = sabedoria 38
   1.2. Artífice, artista, artesão = sábio: (ḥākām) ou *sophós* 39
2. Sabedoria/sábio com relação ao trato interpessoal 40
   2.1. Sabedoria: sagacidade, engenho, talento 40
   2.2. Sabedoria: saber acumulado, ciência, doutrina 41
   2.3. Sábio: astuto, sagaz 44
   2.4. Sábio: douto, perito 44
3. Sabedoria/sábio e a prudência política 46
   3.1. A sabedoria ou arte de governar 46
   3.2. O governante ideal deve ser sábio 48
4. Sabedoria/sábio: prudência, sensatez/prudente, sensato 49
   4.1. Sabedoria: prudência, sensatez, saber fazer na vida 49
   4.2. Sábio: prudente, sensato 50
   4.3. A verdadeira e a falsa sabedoria 51
5. Sabedoria/sábio e o plano do divino 51
   5.1. Deus é a fonte da sabedoria 52
   5.2. Deus age sabiamente, com sabedoria 52
   5.3. Deus pode conceder a sabedoria e realmente a concede 52
6. Fenômeno da personificação da sabedoria 53
   6.1. A sabedoria na esfera do humano 53
   6.2. A sabedoria é a Lei do Senhor 54
   6.3. A sabedoria, atributo divino 54
   6.4. Conteúdo real da personificação da sabedoria 55
7. O temor do Senhor e a sabedoria 55
   7.1. O temor do Senhor é o princípio da sabedoria 56
   7.2. Com o temor do Senhor adquire-se a sabedoria e chega-se
        às coisas do alto 56
8. Conclusão 56
   8.4. Conclusão final 58

Capítulo IV

A sabedoria antiga e a ordem no mundo 59
1. A sabedoria antiga ou internacional 59
2. O homem, medida de todas as coisas 60
   2.1. Antropocentrismo religioso dos sábios 60
   2.2. O homem, imagem de Deus e senhor de todas as coisas 60
3. A ordem no mundo 61
   3.1. Descobrimento da ordem na criação: o cosmos 62
   3.2. Da ordem cósmica à ordem moral na vida humana 62

Capítulo V

A sabedoria antiga e os provérbios 65
  1. O Livro dos Provérbios é uma coleção de coleções 65
  2. Composição e datação de Provérbios 66
  3. Variedade de formas em Provérbios 67
    3.1. Paralelismo 68
    3.2. Formas valorativas 68
    3.3. Comparações 69
    3.4. Metáfora 70
    3.5. Perguntas retóricas 70
    3.6. Cenas breves 71
    3.7. Outras formas, mais complicadas 72
  4. Variedade temática em Provérbios 72
    4.1. Amor à sabedoria 72
    4.2. Provérbios e a vida pessoal 74
    4.3. Provérbios e a vida em família 78
    4.4. Provérbios e a vida na sociedade 80
    4.5. Provérbios e o âmbito religioso 88

Capítulo VI

A sabedoria antiga e o *Sirácida* 93
  1. Jesus Ben Sirac, autor do *Sirácida* 93
  2. Composição e estrutura do *Sirácida* 96
  3. Variedade de formas no *Sirácida* 96
    3.1. Paralelismo 97
    3.2. Formas valorativas 97
    3.3. Comparações e metáforas 98
    3.4. Discursos e pequenos tratados 98
    3.5. Retratos históricos 99
    3.6. Outros recursos estilísticos 99
  4. Variedade de temas no *Sirácida* 101
    4.1. A sabedoria 101
    4.2. O homem 102
    4.3. Vida em sociedade 114
    4.4. A injustiça social 124
    4.5. Âmbito religioso 126

Capítulo VII

Crise da sabedoria 133
  1. Orientação otimista da sabedoria 133
  2. Irrupção do espírito crítico 134
  3. Primeiras soluções 136

Capítulo VIII

O Livro de Jó **137**
  1. Problemas introdutórios 137
  2. O Jó paciente 139
  3. O Jó rebelde 140
     3.1. Situação do Jó rebelde 141
     3.2. Jó se queixa de sua situação 142
     3.3. Atitude de Jó diante de Deus 143
     3.4. Jó não encontra sentido em sua vida 150
     3.5. Jó e os amigos 152
  4. Deus responde a Jó do meio da tormenta 157
     4.1. Deus fala do meio da tormenta 157
     4.2. Deus acusa a Jó 158
  5. Jó responde 160
     5.1. Primeira resposta de Jó 160
     5.2. Segunda resposta de Jó 161
  6. Quem é Jó? 163
  7. Epílogo do Livro de Jó 164

Capítulo IX

Eclesiastes ou Qohélet **167**
  1. Problemas introdutórios 167
     1.1. Quem é o autor do livro 168
     1.2. Data e lugar de composição do Eclesiastes 170
     1.3. Fontes de inspiração do Eclesiastes 170
  2. Ensinamento de Qohélet 173
     2.1. Riqueza significativa de *hebel* 173
     2.2. O trabalho no Eclesiastes 190
     2.3. Sobre a retribuição no Eclesiastes 192
     2.4. Aspectos positivos no ensinamento de Qohélet 204
     2.5. Sobre Deus e o temor de Deus em Qohélet 215
  3. Atualidade do Eclesiastes 221
     3.1. Qohélet analisa a realidade criticamente 222
     3.2. Afinidade de Qohélet com o homem contemporâneo ... 222
     3.3. Qohélet, mestre e guia 223

Capítulo X

O *Livro da Sabedoria* **225**
  1. Canonicidade do *Livro da Sabedoria* 225
     1.1. Sabedoria na Igreja até santo Agostinho 226
     1.2. Sabedoria na Igreja até o Concílio de Trento 227

  1.3. Sabedoria entre os ortodoxos e protestantes 227
  1.4. Conclusão 228
2. Unidade do *Livro da Sabedoria* 228
  2.1. Dificuldade contra a unidade de *Sabedoria* 228
  2.2. Argumentos ou razões em favor da unidade de *Sabedoria* 229
  2.3. A unidade não exclui a pluralidade de fontes 230
3. Influências no *Livro da Sabedoria* 231
  3.1. Influência do helenismo em *Sabedoria* 231
  3.2. *Sabedoria* e o Antigo Testamento 234
  3.3. Conclusão 237
4. Data de composição do *Livro da Sabedoria* 238
  4.1. Marco cronológico, datas-limite 238
  4.2. Nossa proposta de datação para *Sabedoria* 238
  4.3. Formação paulatina de *Sabedoria* 241
5. Importância doutrinal do *Livro da Sabedoria* 241
  5.1. A sabedoria 242
  5.2. O espírito 247
  5.3. O destino imortal do homem 249
  5.4. O binômio justiça/injustiça 256
  5.5. Recapitulação 259

Capítulo XI

O sábio ao longo do tempo 261
1. O fundamental na concepção antiga do sábio 262
  1.1. A sabedoria é uma qualidade positiva 262
  1.2. O sábio é o homem de experiência 262
  1.3. O amplo âmbito da experiência 263
  1.4. O sábio antigo está aberto a todos os ventos 263
2. Concepção moderna do sábio 264
  2.1. O sábio em sentido moderno 264
  2.2. Atividade do sábio 264
3. O que existe em comum entre o sábio antigo e o moderno 265

Bibliografia 267

Prólogo

A começar da metade deste século, os estudiosos da Bíblia têm dedicado especial atenção aos livros sapienciais. Prova disso é este estudo, que em seu bojo traz muitos resultados de meus trabalhos anteriores, especialmente os relativos ao *Sirácida* e ao *Livro da Sabedoria*.

O volume é dedicado sobretudo a pessoas e grupos interessados na Bíblia, mesmo que não tenham uma preparação especializada. Os resultados dirão se a orientação e sua realização foram acertadas.

José Vílchez, SJ
Granada, novembro de 1994

Introdução

O presente volume pretende tornar mais conhecidos hoje a Sagrada Escritura e o contexto do mundo em que ela nasceu. Nossa tarefa consiste, pois, em aproximar o mundo dos sábios antigos de Israel do leitor contemporâneo, de cultura média ou superior, não-especialista em Sagrada Escritura.

O mundo ou meio natural em que os sábios de Israel se moviam é o mesmo dos livros sapienciais do Antigo Testamento, isto é, Provérbios, Jó, Eclesiastes ou Qohélet, *Sirácida* ou Jesus Ben Sirac e *Sabedoria de Salomão*. Estes cinco livros, fruto do esforço espiritual de gerações e gerações de sábios, formam um bloco ou corpo bem-definido que se distingue, pela forma e pelo conteúdo, do Pentateuco, dos narrativos, dos proféticos e até mesmo dos poéticos: Salmos, Cântico dos Cânticos e Lamentações.

Já no início de nossa exposição surgem numerosas perguntas, que, em grande parte, esperamos possam ser respondidas satisfatoriamente no decorrer deste estudo. Que se entendia por *sabedoria* no Oriente Próximo antigo? *Sabedoria* e *sábio* conservam hoje o mesmo significado que tinham no mundo antigo da Bíblia?

É de supor que ao menos o núcleo de significação desses conceitos mantenha-se comum e inalterado. E isso apesar de sua inevitável evolução e transformação.

Com o passar do tempo, as circunstâncias que transformam a maneira de ver do homem mudam muito. Do mesmo modo, os pontos de vista matizam a escala de valores a cada momento. Todavia, existem atitudes e valores tão conaturais ao homem que a variação entre significado e significante não pode ser muito ampla. Entre esses valores considerados perenes estão a sabedoria e o ser sábio, que ocupam um lugar de honra.

Por enquanto nos basta a idéia ambígua e ampla de sabedoria/sábio, que envolve o âmbito do conhecimento experimental e reflexivo do homem, cujo fim é ocupar o lugar que lhe cabe diante de realidades superiores a ele: Deus e o mundo em geral, o domínio absoluto hegemônico de seu meio e a realização de suas aspirações em todas as dimensões de sua vida. No decorrer de nossas observações e reflexões, teremos oportunidade de compor com mais detalhes o complexo sabedoria/sábio.

Israel e sua circunvizinhança

Falamos de Israel já estabelecido como povo e nação em meio a outros povos e culturas.

1. O Crescente Fértil ou Meia Lua

Pequeno em si e insignificante como povo e como território, Israel sempre dependeu dos povos circunvizinhos e dos grandes impérios que sucessivamente o dominaram, desde o Nilo até o Tigre e o Eufrates. De fato, o Oriente Próximo antigo se identifica com o *Crescente Fértil* ou *Meia Lua* e com a zona desértica limítrofe[1].

O Crescente Fértil ou Meia Lua compreende a imensa região em forma de arco (daí seu nome) que se estende da desembocadura dos rios Eufrates e Tigre, no golfo Pérsico, ao vale do Nilo, circundando o deserto da Arábia pelo norte e pelo oeste. Nessa região nasceram, desenvolveram-se e morreram as grandes civilizações antigas da Mesopotâmia e do Egito, bem como as dos povos das regiões intermediárias da Anatólia, Síria e Palestina. É preciso levar em consideração também o deserto, cuja importância na formação do povo de Israel foi notável. Segundo a

---

1. Consultar a esse respeito a monografia de J. González Echegaray, *El Cresciente Fértil y la Biblia*, Estela, 1991.

tradição bíblica, o deserto foi o berço da sabedoria e o ponto de referência dos sábios de Israel.

Israel foi um povo forjado no fogo da história. Assimilando com força singular toda espécie de influxos, jamais perdeu, porém, seus traços essenciais. Interessa-nos estudar aqui somente sua tradição e a literatura sapiencial.

Os livros sapienciais da Sagrada Escritura são fruto maduro de um povo adulto. A sabedoria, entretanto, é mais antiga que Israel. Chegaram até nós testemunhos escritos da literatura sapiencial do Egito e da Mesopotâmia principalmente, que datam do terceiro e segundo milênios antes de Cristo. Mas só podemos nos referir a esses livros e não falar da tradição escrita, anterior ou simultânea, mesmo que, por uma questão de lógica, tenhamos de supô-la. Isso vale, sobretudo, para os ambientes dos povos seminômades como os que vivem no deserto ou dele provêm, onde o saber ler e escrever é privilégio de poucos.

2. Centros de cultura no Oriente Próximo antigo

As civilizações do Oriente Próximo antigo tiveram seus centros de cultura em seu próprio território: as cortes dos reis e príncipes ou os grandes santuários.

Há séculos o Egito e a Mesopotâmia têm sido considerados o principal berço de nossas culturas ocidentais — documentos escritos datando do terceiro milênio antes de Cristo atestam esse fato[2]. Conhecemos parte da vida real desses povos, a mobilidade de sua gente nos períodos de guerra e em tempo de paz. A cultura não permanecia no lugar de origem, mas percorria as rotas das caravanas e chegava a toda parte. Com os objetos manuais ou de arte chegavam também as formas de pensar e de viver, especialmente com as obras literárias. A elas vamos nos referir nos tópicos seguintes.

2.1. Literatura sapiencial do Egito

Desde os primórdios o Egito desenvolveu a literatura sapiencial por meio de *instruções* ou *ensinamentos* e também em pequenos poemas.

---

2. Os achados arqueológicos dos últimos 25 anos confirmam definitivamente que o norte da Síria foi outro grande centro de cultura, tendo Ebla como capital. P. Mattiae e G. Pettinato identificaram essa antiqüíssima cidade com Tell Mardikh, a 70 quilômetros ao sul de Alepo (escavações de 1964). Foram desenterradas cerca de 20.000 tabuinhas (de argila) que comprovam que a cidade de Ebla, destruída definitivamente em 1600 a.C., era o centro de um reino poderoso já no terceiro milênio a.C. Cf. P. Matthiae, *Ebla. Un Impero ritrovato*, Turim, 1977; G. Pettinato, *Ebla. Un Impero inciso nell'argilla*, Milão, 1979.

Nas instruções, um rei dirige-se ao príncipe herdeiro; um magnata ou vizir, a seu filho; um escriba, a seu sucessor; todo aluno ou discípulo é chamado indistintamente "filho". Em alguns poemas abordam-se os grandes temas que preocupam o homem de todos os tempos: os males da vida presente — especialmente as injustiças —, as dúvidas perante o que há depois da morte etc.

Entre as várias instruções que total ou parcialmente chegaram até nós, destacam-se as seguintes:

a. Máximas de Ptah-hotep[3]

A importância dessas máximas é enorme, podendo ser consideradas o manual mais antigo dedicado à formação integral do filho de um magnata. Tratam praticamente de todos os assuntos peculiares a um funcionário da corte. Literariamente, as sentenças de Ptah-hotep assemelham-se bastante ao Livro dos Provérbios, servindo também de modelo para outros escritos sapienciais. Alguns exemplos:

"A velhice chegou [...], a infelicidade aí está; a debilidade aparece [...] O que era bom tornou-se mal; todo o sabor desapareceu [...] O que a velhice causa aos homens é ruim em todos os aspectos".
"Ninguém nasce sábio."
"A injustiça jamais conduziu sua empresa a um bom porto."
"A palavra é mais difícil que qualquer outro trabalho; confere autoridade apenas a quem a domina completamente."
"Não responda em estado de agitação."
"Conhece-se o sábio pelo que ele sabe, e o nobre por suas boas ações."
"Deus ama a quem escuta, e quem não escuta é por Deus detestado."

b. A instrução dirigida a Meri-ka-re[4]

Em uma época de grande instabilidade social, política e cultural, o rei dirige-se com serenidade a seu filho. Seus conselhos são espiritualmente elevados, nobres; como, porém, não refletem exatamente a situação sociopolítica do tempo, é de supor que escribas posteriores intervieram na redação que chegou até nós. Valham como exemplo:

"O charlatão fomenta a discórdia; suprima-o".

---

3. Vizir do rei Isesi, que viveu ca. 2560-2420 a.C. Cf. J. B. Pritchard (org.), *Ancient Near Eastern Texts*, Princeton, 21955, pp. 412-414; M. García Cordero, "Biblia y legado del Antiguo Oriente", *BAC* 390, Madri, 1977, pp. 583-587; J. Lévêque, "Sabidurías del Antiguo Egipto", *Documentos en torno a la Bíblia* 10, Estela, 1984, pp. 13-22.

4. Último rei da 10ª dinastia, ca. 2100 a.C. Cf. J. B. Pritchard (org.), *Ancient...*, op. cit., pp. 414-418; M. García Cordero, "Biblia y legado...", art. cit., pp. 588 s.; J. Lévêque, "Sabidurías...", art. cit., pp. 24-28.

"Sê hábil nas palavras para poder convencer, pois a língua é a força do homem."
"Só se converte em mestre aquele que deseja se instruir."
"Feliz quem sobrevive a uma lembrança."
"Acalme o que chora, não oprimas a viúva, não expulses um homem da terra de seus pais."
"Não faças diferença entre o filho de um nobre e um homem comum."

c. A instrução de Duauf-Jeti[5]

A instrução é uma sátira de todos os ofícios manuais. No breve poema desfilam o pedreiro, o ourives, o caldeireiro, o carpinteiro, o joalheiro, o barbeiro, o cortador de cana, o oleiro, o hortelão, o tecedor, o caravaneiro, o embalsamador, o curtidor, o lavadeiro, o passarinheiro e o pescador. Para os que exercem esses ofícios, o autor não tece sequer um elogio, nem qualquer palavra de alento. A finalidade é evidente: fazer com que seu filho se sinta motivado a entrar na escola e tornar-se escriba; por essa razão, enobrece tal trabalho:

"Nada ultrapassa a escritura; é um barco sobre a água".
"O escriba de nada precisa [...] É a maior das profissões. Nada na terra é comparável a ela."
"Não existe ofício sem patrão, exceto o escriba, pois ele é o próprio amo."

A opinião de Jesus Ben Sirac é muito parecida com a de Duauf-Jeti: sobre os ofícios, cf. *Sr* 38,24-34; sobre o sábio escriba, *Sr* 39,1-11.

d. A instrução de Ani[6]

Trata-se, aqui, da lição continuada de um escriba maior de tendências conservadoras ao filho que se prepara para a vida em geral e para ser escriba em particular. O filho, Konsu-hotep, é mais aberto que o pai às novas correntes, o que é próprio de um jovem. É o que se descobre por meio da correspondência trocada entre pai e filho transcrita no final da *instrução*. Exemplo de algumas sentenças:

"Tudo corre bem para o homem cuja família é numerosa; é honrado na proporção do número de seus filhos".

---

5. O pai dirige-se ao filho "enquanto navegava rumo ao sul para a Residência [a capital Mênfis] a fim de colocá-lo na escola da escritura entre os filhos dos dignitários". Por volta do ano de 2000 a.C. Cf. J. B. Pritchard (org.), *Ancient...*, op. cit., pp. 432-434; M. García Cordero, "Biblia y legado", art. cit., pp. 581-583; J. Lévêque, "Sabidurías", art. cit., pp. 43-50.

6. Instrução de um pai ao filho, ca. 1000 a.C. Cf. J. B. Pritchard (org.), *Ancient...*, op. cit., pp. 420s; M. García Cordero, "Biblia y legado", art. cit., pp. 590s; J. Lévêque, "Sabidurías", art. cit., pp. 43-50.

"Guarda-te da mulher estrangeira que ninguém conhece na cidade."
"Água profunda, de limites desconhecidos, é a mulher cujo marido está longe."
"As andorinhas voam, mas chega uma hora em que pousam."
"A intimidade do homem é mais vasta que um celeiro; está repleta de toda classe de respostas."
"Fala com mansidão e amabilidade ou não respondas nunca."
"O rico do ano passado este ano é vagabundo."
"O êxito não pertence aos homens; um é seu plano, outro o do Senhor da vida."
"Não respondas a um superior no momento de raiva, ceda perante ele."

e. O ensinamento de Amen-em-opet[7]

Desde sua descoberta em 1923, é o ensinamento mais conhecido e estudado devido à sua relação com Pr 22,17–24,11. Inicialmente alguns defendem que Amen-em-opet depende de Provérbios. Hoje praticamente existe unanimidade entre os autores: Provérbios é posterior ao ensinamento de Amen-em-opet e depende literariamente dele, mesmo que não servilmente. É célebre a passagem de Pr 22,20: "Escrevi para ti *trinta máximas* de experiência". Essa passagem apenas pode ser explicada satisfatoriamente à luz de Amen-em-opet XXVII 7-8: "Considera estes *trinta capítulos* [dos que consta o *ensinamento*], que instruem e educam".

Pela profundidade de seu humanismo e de sua religiosidade, Amen-em-opet assinala um marco na sabedoria do Egito. Eis alguns exemplos:

"Guarda-te de roubar de um infeliz e de atormentar quem está debilitado. Não levantes tuas mãos para afastar um ancião nem interrompas a palavra a um velho" (IV 4-7).
"Outra coisa boa segundo o coração de deus: fazer uma pausa antes de falar" (V 7s).
"Não sejas avarento e encontrarás abundância... Não ambiciones um palmo de terra, nem ultrapasses a divisa de uma viúva" (VII 14s).
"Mais vale o pão com alegria do coração que riquezas com tormentos" (IX 7s e XVI 13s).
"Que tua língua não revele mais que o bem, e que o mal fique oculto diante de ti" (XI 10s).
"Não te rias de um cego, não zombes de um anão, não faças mais pesada a provação de um coxo" (XXIV 8-10).
"Deus gosta mais de quem honra o pobre do que de quem adula o rico" (XXVI 13s).

---

7. De data incerta: entre 1000 e 600 a.C. Cf. J. B. Pritchard (org.), *Ancient*..., op. cit., pp. 421-425; A. Marzal, *La enseñanza de Amenemope*, Madri, 1965; M. García Cordero, "Bíblia y legado", art. cit., pp. 592-597; J. Lévêque, "Sabidurías", art. cit., pp. 53-69.

f. As instruções de Ank-sesonqy[8]

Ank-sesonqy dirigiu estas instruções a seu filho. Precede uma introdução que narra as circunstâncias adversas em que o autor é encarcerado, como na sabedoria araméia de Aicar. Contém uma sabedoria prática, um tanto cínica, de origem rural. Moralmente, em seu conjunto, é bastante inferior à de Ani ou de Amen-em-opet; literariamente, utiliza muito o recurso da repetição. As sentenças são breves, como os provérbios:

"Quem não tem o que comer e oculta isso acabará sem alimento" (VII 9s).
"O servo que não é castigado anda cheio de orgulho" (VII 18).
"Não digas: 'Sou instruído'; põe-te a aprender" (VIII 3).
"Não vivas com teus sogros" (IX 17).
"Quem não recolhe lã no verão não terá calor no inverno" (IX 12).
"Permita Deus que o filho viva mais tempo que seu pai!" (X 21).
"Permita Deus que à morte sempre suceda a vida!" (X 25)
"O companheiro de um louco é um louco; o companheiro de um sábio é um sábio; o companheiro de um idiota é um idiota" (XII 6s).
"A gula não dá de comer" (XV 20).
"Não bebas água na casa de um comerciante: te cobraria debitando-a em tua conta" (XVI 5).
"Não sejas demasiadamente confiado: isto te fará pobre" (XVI 22).
"De noite não há filho de faraó" (XIX 7).
"Há mil servos na casa de um mercador: o mercador é um deles" (XIX 18).
"Se te oprime pesada carga, durma à sua sombra" (XX 17).
"Quem tem vergonha de dormir com sua mulher não herdará filhos" (XXI 14).
"Não acendas o fogo que não possas apagar" (XXII 3).
"O silêncio esconde a nescidade" (XXIII 4).
"A bebedeira de ontem não mata a sede de hoje" (XXIV 12).

g. Diálogo de um desesperado com sua alma[9]

Passamos das instruções aos poemas de tipo sapiencial. No "Diálogo de um desesperado", o homem, aborrecido com a vida, deseja morrer. Sua alma, porém, não quer segui-lo por medo do que possa suceder depois. Entabula-se um vivo diálogo entre os dois. A alma convence ao homem que se entregue ao esquecimento, que a tudo sana. Convencido a se dedicar à busca dos prazeres da vida, o homem desiste de cometer o suicídio.

---

8. Relativamente recentes, por volta dos séculos V-IV a.C. Cf. J. Lévêque, "Sabidurías", art. cit., pp. 71-92.

9. Texto do Reino Médio ou da passagem do Reino Antigo para o Médio, do final do terceiro milênio a.C. Cf. J. B. Pritchard (org.), *Ancient...*, op. cit., pp. 405-407; M. García Cordero, "Biblia y legado", art. cit. pp. 598-600.

h. Protestos do camponês eloqüente[10]

Trata-se de um magnífico exemplo de oratória egípcia. O camponês, despojado de seus bens por um ladrão, recorre à justiça do país; expõe o caso, que defende com nove discursos, e no final a justiça é feita.

i. O canto do harpista[11]

O canto é a voz do cético-pessimista que, diante da fugacidade da vida e da incerteza do destino final, anima-se e desfruta a vida presente, já que "ninguém retorna dos que se foram".

2.2. A literatura sapiencial da Mesopotâmia

A Mesopotâmia, e de modo geral o oriente geográfico, influenciou Israel de modo marcante, fazendo-se presente em todas as suas instituições, de modo particular no Antigo Testamento. Restringindo-nos à literatura sapiencial, é fato irrefutável a influência recebida da literatura mesopotâmica.

Os testemunhos sumérios e assírio-babilônicos, classificados pelos especialistas entre os sapienciais, não são tão importantes quanto os do Egito, mas formam um corpo respeitável. Vamos mencionar explicitamente alguns deles.

a. Poema do justo que sofre[12]

O poema, cujas primeiras palavras são "Louvarei o senhor da sabedoria", é um hino de louvor a Marduc — deus principal da Babilônia — pelos benefícios recebidos. Desde sua descoberta em 1875, esse escrito tem sido considerado o "Jó babilônico" pelas semelhanças com o livro canônico.

O protagonista desse longo monólogo, devoto de Marduc, questiona por que seu deus permite que um fiel padeça tantas adversidades na vida. O autor relata seus males sem levar em conta os que o causam. Parece que tudo não passa de um assunto particular entre ele e Marduc, senhor dos deuses e dos homens.

---

10. Dos tempos do Reino Médio — rei Khety III —, ca. 2000 a.C. Cf. J. B. Pritchard (org.), *Ancient...*, op. cit., pp. 407-410.

11. O tema do harpista já aparece nas tumbas do terceiro milênio. Cf. id., ibid., p. 467; M. García Cordero, "Bíblia y legado", art. cit., pp. 577s.

12. Pertence provavelmente ao período cassita, entre 1500 e 1200 a.C. Cf. J. B. Pritchard (org.), *Ancient...*, op. cit., pp. 434-437; W. G. Lambert, *Babyloniam Wisdom Literature*, Oxford, 1960, pp. 21-62; M. García Cordero, "Biblia y legado", art. cit., pp. 620-624; L. Alonso Schökel-J. L. Sicre, *Job*, Madri, 1983, pp. 28-31.

"O meu deus esqueceu-se de mim e desapareceu,
minha deusa foi-se embora e permanece distante,
o espírito benevolente que sempre estava junto a mim retirou-se" (I 43-45).

Todos, parentes e amigos, o abandonaram em sua enfermidade. Passado um ano, a situação ainda não melhorou (cf. II 1-3), surgindo uma dúvida que afeta os alicerces de sua fé religiosa: parece que o culto legal e a veneração fiel aos deuses de nada servem, pois a enfermidade segue seu curso irrevogável:

"O meu deus não veio me resgatar, tomando-me pelas mãos; nem minha deusa teve compaixão de mim ficando a meu lado" (II 112-113).

Chega, porém, a hora da restauração proporcionada pela ação benéfica de Marduc (cf. Tábua III), que "pode devolver a vida a quem está no fundo do poço" (IV 35). O agraciado reconhece perante todos o dom da saúde e da vida e dá graças a seu benfeitor (cf. Tábua IV).

No poema fica claro que a vida inteira e as disposições de Deus são um verdadeiro mistério para o homem:

"Quem pode conhecer a vontade dos deuses do céu?
Quem pode compreender os planos dos deuses do abismo?" (II 36-37).

b. Teodicéia babilônica[13]

Trata-se de um poema acróstico formado de 27 estrofes, cada uma das quais consta de onze versos começando com a mesma sílaba.

Todo o poema é um diálogo entre um homem que sofre (estrofes ímpares) e seu amigo (estrofes pares). A causa do sofrimento não é a enfermidade, como no poema anterior, mas a situação social do protagonista: é órfão (I 11), pobre (VII 75), desprezado (XXIII 253) e perseguido (XXV 275). Tem-se aqui um problema filosófico bastante conhecido nos ambientes sapienciais: por que o pobre, o desvalido, apesar de ser justo, piedoso e fiel (VII 71-73), não é protegido pelos deuses; ao contrário, é por eles abandonado à própria sorte e às injustiças da sociedade. O amigo confidente responde a cada uma das queixas do aflito; no começo, com os argumentos da tradição ortodoxa: se sofre, é por causa de algum pecado oculto cometido (VIII); depois, amparando-se no mistério (XXIV 256-257).

---

13. Conhecida também como "Diálogo de sofredor com seu amigo". O texto parece posterior ao "Poema do justo que sofre", ou seja, por volta de 1000 a.C. Cf. J. B. Pritchard (org.), *Ancient...*, op. cit., pp. 438-440; W. G. Lambert, *Babylonian*, op. cit., pp. 63-91; M. García Cordero, "Biblia y legado", art. cit., pp. 626-630; L. Alonso Schökel-J. L. Sicre, *Job*, op. cit., pp. 31-34.

O autor do Livro de Jó repetirá mais drasticamente esse mesmo discurso, com exceção da última conclusão do amigo, que responsabiliza os deuses por terem criado o homem mentiroso e por zombarem do pobre e não do rico (cf. XXVI).

Na última estrofe, XXVII, as águas revoltas se acalmam, o protagonista pára de se queixar e submete-se ao destino: pede ajuda ao amigo, confessa serenamente sua desgraça e se encomenda piedosamente aos deuses e ao rei:

"Que me ajude o deus que me abandonou;
que se mostre compassiva a deusa [que de mim se esqueceu];
[que se compadeça] o pastor (o rei), o sol do povo" (XXVII 295-297).

c. Diálogo entre um amo pessimista e seu criado[14]

Nesse texto — estranho diálogo entre um amo e seu servo —, mantém-se rigorosamente a mesma estrutura, como se observa nas onze estrofes das doze conservadas total ou parcialmente:

1. Ordem do amo: "Servo, obedeça-me".
2. Resposta do servo: "Sim, meu senhor, sim".
3. Conteúdo da ordem: "Traga-me o carro [...]" etc.
4. Resposta afirmativa do servo, justificando o desejo de seu senhor.
5. O amo muda de parecer.
6. Resposta do servo justificando a nova atitude do senhor.

À primeira vista surpreende a inconstância do amo, que expressa um desejo e em seguida muda radicalmente de opinião. Além disso, é impressionante a facilidade com que o servo se adapta à vontade de seu amo: servilismo? Em análise mais detalhada do diálogo, descobre-se que o servo é o único que raciocina, porque sua personalidade situa-se em um nível mais elevado que a de seu senhor. Aparece assim a intenção satírica do autor desse vivíssimo diálogo, confirmada de modo magistral na última estrofe. O amo pergunta ao servo: "O que é bom?"; a que o servo responde cinicamente: "Arrancar meu pescoço, teu pescoço e lançá-los ao rio; isso é (o) bom". Não parece boa resposta ao amo; de fato, a solução não é muito carinhosa. Por isso o amo muda de opinião: "Não, servo, te matarei e te mandarei à frente". A fina ironia do servo põe um ponto final a essa sátira entre o amo rico, porém aborrecido da vida, e o escravo, privado de tudo, menos do duro trabalho e da sabedoria, sua única riqueza: "Então, desejaria meu senhor viver ainda três dias mais que eu?"

---

14. Por alusão ao ferro em VIII 60: "A mulher é uma adaga de *ferro*", a datação gira em torno do ano 1000 a.C. Para o texto, cf. J. B. Pritchard (org.), *Ancient...*, op. cit., pp. 437 s. = id., *La Sabiduría del Antiguo Oriente,* Barcelona, 1960, pp. 296-298; W. G. Lambert, *Babylonian*, op. cit., pp. 139-149.

O diálogo, como a vida real, ensina-nos que riqueza e sabedoria, pobreza e necessidade nem sempre estão unidas, tampouco podem-se identificar. O Livro dos Provérbios, a seu modo, diz-nos a mesma coisa: "De que serve ao tolo ter dinheiro para comprar a sabedoria se carece de bom senso?" (Pr 17,16).

d. Disputas e fábulas

Outro tópico importante na literatura mesopotâmica é constituído por fábulas, cujos textos chegaram até nós bastante fragmentados e incompletos[15]. Nelas, plantas e animais discutem entre si: a tamarga e a palmeira, o salgueiro e o loureiro, Nidaba (uma deusa) e o trigo, o boi e o cavalo, a raposa e o cão. Não se trata de meros exercícios literários de fantasia, mas de reflexões sapienciais sobre a vida, amargas sátiras da realidade social.

Cada um dos personagens das fábulas proclama-se o melhor e o mais útil para a vida. São realçadas as qualidades mais afins às propriedades de plantas e animais para o uso e a ornamentação domésticos (a tamarga), para o alimento dos homens (a palmeira); exaltam-se a utilidade do cão e do boi, a fortaleza do leão, a elegância e a força do cavalo, a ferocidade do lobo e a astúcia da raposa.

O desfecho costuma refletir a crua realidade, não correspondendo necessariamente ao que é justo. Assim, no caso da raposa, triunfa a astúcia sobre os demais. As fábulas são, pois, críticas às normas pelas quais se rege a vida na sociedade.

e. Ditos populares, conselhos e provérbios[16]

Esses gêneros, que tanto êxito tiveram nas culturas circunvizinhas a Israel e nas sucessivas até nossos dias, eram conhecidos também na Mesopotâmia. São relativamente poucas as coleções ou grupos desses ditos e sentenças que se conservaram. Apesar disso, provam claramente que o uso do provérbio devia ser muito antigo e familiar nas diferentes culturas que se sucederam na Mesopotâmia. Recordemos alguns exemplos:

"Fiz caminhar meu irmão; meu irmão caminha como eu".
"Fiz caminhar minha irmã; minha irmã caminha como eu."
"A arte de escrever é a mãe dos oradores, pai dos doutos."
"Faz a vontade do presente, calunia o ausente."

---

15. Cf. J. B. Pritchard (org.), Ancient..., op. cit., pp. 410s.; W. G. Lambert, Babylonian, op. cit., pp. 150-212; G. R. Castellino, Sapienza babilonese, Turim, 1962, pp. 78-96; M. García Cordero, "Biblia y legado", art. cit., pp. 607 s.

16. Cf. J. B. Pritchard (org.), Ancient..., op. cit., pp. 425-427; W. G. Lambert, Babylonian, op. cit., pp. 213-282; G. R. Castellino, Sapienza babilonese, op. cit., pp. 97-110; M. García Cordero, "Biblia y legado", art. cit., pp. 608-612.

"O que se colheu na cauda do leão foi jogado no rio; o que se colheu na cauda da raposa foi conservado."
"Se eu não fui, quem poderia ter ido a meu lado?"
"Consagrou o templo antes de começá-lo."
"Fruto na primavera, fruto de aflição."
"A vida de ontem é a vida de qualquer dia."
"A amizade dura um dia; a escravidão é perpétua."
"Um cidadão vulgar em outra cidade vira chefe."
"Quando as formigas são esmagadas, mordem a mão de quem as fere."
"Enquanto vive é seu amigo; o dia de sua morte é seu maior adversário."
"Em boca fechada não entra mosquito."

f. Sentenças de Aicar[17]

Estas sentenças compõem a novela de Aicar, de origem armênia, conhecida apenas pelas versões. *La historia y sabiduría de Aicar* foi tão difundida na região da Meia Lua que chegou até Elefantina (Alto Egito, século VI a.C.) e é citada em Tb 2,1s; 2,10; 11,19; 14,10. Os ensinamentos de Aicar dirigem-se à educação da juventude. Eis alguns exemplos:

"Não afaste teu filho da vara; do contrário, não poderás libertá-lo (da maldade)".
"Filho meu, não fales desenfreadamente [...] Sê cauteloso [...] pois a palavra é como um pássaro: uma vez solto, ninguém pode (capturá-lo)."
"Não trates às pressas a palavra do rei [...] Cubra a palavra do rei com o véu do coração. Por que a lenha tem de lutar com o fogo, a carne com a faca, o homem com (o rei)?"
"Um bom jarro guarda a palavra em seu interior, mas um jarro quebrado a deixa escapulir."
"Numerosas são as estrelas do céu; ninguém conhece seus nomes. Da mesma maneira, ninguém conhece a humanidade."
"Não reveles teus (segredos) para teus amigos; não aconteça que venham depreciar teu nome."
"Não diga o rico: 'Glorio-me em minhas riquezas'."
"(Não ensines) o mar a um árabe, nem a um sidônio o deserto, porque suas tarefas são diferentes."

Chegaram até nós muitos outros documentos em que estão contidos numerosos conselhos, advertências, sentenças de sabedoria, soltos ou agrupados. Os que citamos, porém, bastam para dar-nos uma idéia de como floresceram em todo o arco do Crescente Fértil ou Meia Lua os gêneros sapienciais. Dessas culturas tão antigas e variadas se nutriram os israelitas durante toda sua longa história.

---

17. Cf. J. B. Pritchard (org.), *Ancient...*, op. cit., pp. 427-430 = id., *La Sabiduría*, op. cit., pp. 290-295; M. García Cordero, "Biblia y legado", art. cit., pp. 612-620.

A sabedoria em Israel e suas fontes principais

Acabamos de tratar da sabedoria, mais concretamente da sabedoria de Israel assim como aparece em sua literatura. Vimos que essa sabedoria não está livre das influências estrangeiras. Ao contrário, alimenta-se positivamente delas. Interessa-nos agora focalizar a sabedoria de Israel em seu ambiente próprio, no *contexto local* em que nasce e é cultivada. Se possível, seria interessante conhecer seus autores — os sábios —, suas raízes mais profundas e o magnífico desenvolvimento e esplendor que ela alcançou com o passar do tempo.

1. Sabedoria e sábios

Quem são esses personagens anônimos, verdadeiros porta-vozes do sentimento de um povo, que chamamos sábios?

Para nós, hoje, *sábio* é uma pessoa culta, de conhecimentos amplos ou especializada em um ramo do saber. Na Antiguidade chamava-se *sábio* a pessoa que possuía mestria, habilidade em qualquer área da atividade humana. Em todo o Oriente Médio antigo, a raiz ḥkm, como adjetivo ou substantivo, designava a pessoa experiente em qualquer coisa, da magia aos trabalhos manuais ou de alta especulação.

Nem sempre é correto traduzir essa raiz por *sábio*, sem levar em conta o contexto. No Antigo Testamento, a maioria das vezes corresponde ao nosso conceito de *entendido* em matéria que deve ser ensinada a outros porque foi aprendida.

Constitui um verdadeiro problema entre historiadores e exegetas do antigo Israel determinar quem eram esses homens chamados *sábios* que habitavam principalmente a corte dos reis de Judá e Israel. Os autores os qualificam de *sábios* de muitas maneiras. Trata-se de profissionais e não-profissionais que possuíam boa cultura para aqueles tempos. Cobrem um longuíssimo período, que vai do começo, ou talvez antes, da monarquia em Israel ao final do Antigo Testamento e com certeza depois dele. São identificados com os *mestres da corte, educadores* dos príncipes, funcionários e oficiais reais: secretários, conselheiros etc. São os mestres da família de classe alta que vive na corte ou fora dela, ou também os mestres populares, futuros escribas ou peritos na Lei.

O sábio ou mestre de sabedoria era tão estimado em todo o Oriente antigo, da Mesopotâmia ao Egito, que recebeu o nome de *pai*, e suas lições ou conselhos eram dirigidos a seus alunos: reis ou plebeus, como a seus *filhos*. Disso os sapienciais do Antigo Testamento são eloqüente testemunho (cf., p. ex., Pr 1,8; 2,1; 3,1; 4,1; 5,1; 6,1).

Constituíam os sábios uma classe profissional como a dos profetas ou a dos sacerdotes? Alguns afirmam taxativamente que sim; outros, no entanto, negam ou não se atrevem a opinar. Mas uma coisa ninguém questiona: a grande atividade desses sábios. Além de sua função de conselheiros, administradores, mestres etc., desenvolveram uma atividade literária cujos frutos chegaram até nós. Houve um momento de florescimento literário que alguns chamaram de *Ilustração salomônica*. Assim se explicaria melhor a relação da tradição dos livros sapienciais com Salomão, porque em seu tempo se cultivou especialmente a sabedoria. A obra anônima desses sábios, como a de quase todos os autores da Antiguidade semita, foi criadora, transformadora e compiladora. Graças à atividade incansável dos sábios é que herdamos tão precioso legado.

2. Luta entre profetas e sábios

O estudo das relações entre sábios e profetas em Israel ocupa lugar de destaque entre os autores modernos, pelo importante papel que uns e outros desempenharam na história daquela região. Em torno do tema *Luta entre profetas e sábios* se orientaram muitos dos trabalhos de historiadores do Israel antigo e de exegetas.

Essa luta começa com Isaías, que fustiga os "sábios a seus próprios olhos" (Is 5,21). Os que se consideram sábios são os conselheiros reais. Daí os oráculos de Isaías serem dirigidos contra os sábios de Israel ou os conselheiros do faraó do Egito: Is 29,14; 30,1-5; 31,1-3; contra os conselheiros do faraó: Is 19,11s; e, por fim, contra o rei da Assíria: Is 10,13. Isaías não concorda com a política do rei Ezequias e seus conselheiros, propensa ao Egito em oposição à Assíria. Além disso, era essa a política dominante desde os tempos de Salomão, talvez por influência dos conselheiros da corte de origem egípcia. No fundo do pensamento de Isaías, está latente o argumento teológico: os israelitas buscam a solução, sua salvação, nos meios humanos à margem de sua fé em Deus (cf. Is 30,1-5; 31,1-3). Essa tese já fora proposta pelo profeta: "Se não crerdes, não sobrevivereis" (Is 7,9), e agora a repete com outras palavras: "Vossa salvação está em vos converterdes e terdes calma: vossa valentia consiste em confiar e manter a tranqüilidade" (Is 30,15).

Não se pode pôr em dúvida a influência da sabedoria em Isaías. Mas como se explica o fato de ele ser ao mesmo tempo dependente dela e inimigo dos sábios? Será que, antes de sua vocação a profeta, Isaías pertencera ao grupo dos sábios? Essa tese foi defendida por uns e refutada por outros; ninguém nega, contudo, a Isaías o título de sábio no sentido de homem culto de seu tempo; é igualmente inegável o fato de ele ter utilizado muitos elementos sapienciais pertencentes ao domínio público ou mantido freqüentes contatos com os círculos sapienciais formais.

Com Jeremias, a luta entre profetas e sábios chega a seu ponto culminante. Em sua época, o governo e a direção espiritual do povo estavam nas mãos dos sacerdotes, sábios (anciãos) e profetas (Jr 18,18 fala de sacerdote, sábio, profeta; Ez 7,26, de sacerdote, anciãos, profeta). Jeremias lutará com todos os estamentos: contra os sacerdotes (20,1-6), os falsos profetas (28), os sábios de Israel (8,8-9;9,11), os de Temã (49,7) e os de Babel (50,35).

3. As fontes da sabedoria em Israel

Procuramos ver de que mananciais brota a sabedoria, ou seja, onde o homem em geral e o israelita em particular se nutre para tornar-se sábio. Englobamos tanto a sabedoria popular como a culta, a profana como a sagrada, visto que nos documentos a que recorremos não se faz distinção entre uma e outra e porque nosso interesse está voltado para a sabedoria como bem apreciado pelo homem.

3.1. A sabedoria antiga e o povo

Geralmente os autores se sentem à vontade em admitir que a antiga sabedoria, em sua fase oral ou pré-literária, se enraíza no húmus do povo, entendendo-se húmus como a base sociológica mais ampla de uma população em determinada época. É na convivência diária de uns com os outros que se aprende de fato a driblar os perigos que nos espreitam, a aproveitar as ocasiões oportunas, a utilizar devidamente o tempo e nossas qualidades, a descobrir o valor das coisas, o sentido dos acontecimentos e da própria vida. Tudo isso, e muito mais, fica para sempre gravado não em pedra ou em madeira, mas em ditados fáceis e breves que o povo sabe apreciar e conservar: as sentenças e os provérbios (o *māšāl* hebraico).

No começo o *māšāl* aplicava-se aos ditos populares breves, incisivos, cáusticos. Assim, por exemplo: "Até Saul está com os profetas!", que em 1Sm 19,24 é um dito popular que corre de boca em boca e em 1Sm 10,12 é chamado *māšāl*. Equivale a Jr 23,28: "Que tem a ver a palha com o grão?", ainda que aqui não apareça nem como dito popular nem expressamente como *māšāl*. O mesmo caso repete-se em Jr 31,29: "Naqueles dias já não se dirá: 'Os pais comeram uvas verdes, os dentes dos filhos ficam manchados'", e em Ez 18,2: "Por que andais repetindo este provérbio...?"

Também seria considerado *māšāl* Gn 10,9: "É por isso que se diz: 'Como Ninrode, intrépido caçador diante do Senhor'". O conteúdo de um *māšāl* chegou a ser modelo ou paradigma.

Portanto, os ditos populares ou ditados apresentam-se como *māšāl*: "Como diz o velho ditado: 'A maldade provém dos maus...'" (1Sm 24,14); expressão parecida em Ez 16,44: "Todo autor de provérbios [verbo] te dedicará um, dizendo: 'Tal mãe, tal filha'", ou, como costumamos dizer: 'Tal pai, tal filho". Com o passar do tempo, ao dito popular e primitivo sucederá a sentença mais estilizada e culta, como a conhecemos, por exemplo, no Livro dos Provérbios.

3.2. O lar

O lar é especialmente o lugar primigênio em que o indivíduo nasce e se desenvolve. Assim, é também no lar que se inicia o aprendizado na vida, ou seja, a sabedoria. Nas sociedades de estrutura familiar pré-urbana, o pai ou o cabeça do clã, do grupo, da família é o responsável por tudo: nele concentra-se todo o poder; é o depositário da tradição e transmissor dela a seus descendentes (cf. Tb 4).

3.3. A escola

Lugar privilegiado do cultivo da sabedoria, as escolas eram instituições reais que, já no terceiro milênio, funcionavam em toda a região da Mesopotâmia e do Egito. Existiam também as escolas que se encontravam próximas a Israel, como as da Síria e da Fenícia. Recordemos apenas que de Biblos (de suas escolas) o alfabeto passou à Grécia, da Grécia a Roma e a toda a cultura greco-romana. As escolas eram de caráter elitista, visando à educação de príncipes, filhos de potentados e altos funcionários reais. Israel as adaptou a suas necessidades, ou seja, ao serviço do rei e das classes privilegiadas. Nesse sentido, fala-se de *escolas reais* ou da *corte*, sustentadas pela casa real.

Essas escolas floresceram especialmente no tempo de Salomão e do rei Ezequias, como afirma a tradição sapiencial (cf. Pr 22,17; 24,23; 25,1). Alguns autores mostraram as diferenças essenciais entre a escola de Israel e a dos grandes impérios. Fala-se de "democratização" com relação ao Egito e de escolas de grande audiência não-elitista. Nestas aprendia-se a ler textos já preestabelecidos, tradicionais e outras coisas, segundo o cargo que se tinha de desempenhar.

Há pouca alusão a escolas no templo; mas, sem dúvida, existiram as especializadas na educação dos levitas.

3.4. A experiência

Este tópico abrange e resume os três parágrafos anteriores, visto que a vida do homem em seu meio ambiente natural, na família e em comunidade foi sempre considerada a melhor maneira de aprender aquilo de que mais se necessita.

Toda a sabedoria funda suas raízes na vida experienciada dos povos. Se é verdade que o provérbio é sabedoria concentrada, é verdade também que ele é fruto da experiência vital dos povos que o cunharam. Israel forjou-se como povo na dura experiência da vida. Seus sábios comprovaram experimentalmente a sabedoria que vem do antigo. Temos um exemplo excelente em Qohélet, que observa tudo, experimenta tudo e registra em seu livro: "Dediquei-me a investigar e explorar com sabedoria tudo que se faz sob o céu..." (Ecl 1,13-14; ver também, p. ex., 2,3.11-15.20; 3,10. 12.14.16-22; 4,1.4.7).

3.5. O intercâmbio

A comunicação entre os indivíduos e os povos faz parte da vida humana. O comércio ou intercâmbio de bens, por exemplo, é uma forma natural da comunicação inter-humana. Mas também é possível comunicar outros bens e valores não-palpáveis, entre os quais se destaca a sabedoria. A sabedoria adquirida pela experiência pode ser comunicada aos outros, e historicamente foi assim que aconteceu. Nesse aspecto, Israel foi um povo privilegiado, pois nasceu entre culturas bastante desenvolvidas, que lhe serviram de berço, como já vimos a respeito da influência do Egito e da Mesopotâmia. Israel incrementou sua sabedoria graças à contribuição dos outros povos, mesmo que isso não tenha sucedido de maneira indiscriminada. Os sábios de Israel souberam filtrar a sabedoria estrangeira segundo sua própria identidade nacional e religiosa.

Alguns fatores mostram que a troca de experiência, pontos de vista e conhecimentos entre os membros do povo de Israel foi muito intensa. É o caso da rápida formação de uma classe dirigente, das influências manifestas nos diferentes escritos que nos chegaram e das próprias controvérsias suscitadas entre sábios, profetas e sacerdotes (cf. Jr 18,18). Os que viviam num mesmo espaço vital e se alimentavam da tradição comum enriqueciam-se mutuamente. O intercâmbio entre sábios e não--sábios, porém cultos, foi outra fonte para a sabedoria de Israel.

3.6. A tradição

Depois da experiência pessoal, a tradição é a principal fonte da sabedoria — além de ser a única forma de transmitir às gerações futuras a sabedoria e os conhecimentos adquiridos. Conhecemos bastante bem a tradição escrita, mas antes dela existiu apenas a oral. Antes que os sábios compilassem a sabedoria israelita em coleções que chegaram até nós (cf. Pr 25,1), ou que se perderam, a sabedoria correu de boca em boca. Os mestres e sábios de Israel procuravam transmitir a seus discípulos o que haviam aprendido por experiência própria ou graças à dos sábios que os antecederam, ou simplesmente o que o povo conhecia. Esta foi uma das funções mais importantes da escola ou do discipulado em Israel e em todos os povos do Oriente. São preciosos os testemunhos de Qohélet e de Jesus Ben Sirac:

> "Qohélet, além de ser um sábio, instruiu permanentemente o povo" (Ecl 12,9).
> "Surgi como o canal de um rio e como um rego que irriga um jardim; eu disse: 'Regarei meu jardim e encharcarei meus canteiros'; então o canal virou um rio em mim e o rio, um lago. Farei brilhar meus ensinamentos como a aurora que ilumine as lonjuras; derramarei a doutrina como uma profecia e chegarei às futuras gerações. Vede: não trabalhei apenas para mim, mas para todos os que a procuram" (Sr 24,30-34).

3.7. A reflexão

A reflexão dos sábios pertence também à experiência. Vamos dedicar-lhe um parágrafo especial, porque se trata de uma experiência mais profunda e reflexiva que aquela direta a que nos referimos anteriormente.

A reflexão supõe maturidade intelectual e psicológica e pode ser indício de menor antiguidade, mesmo que nem sempre seja assim. As novas situações históricas dos indivíduos e da comunidade obrigam os sábios a repensar o estabelecido para adaptá-lo às novas circunstâncias. Quase toda a sabedoria chamada *culta* é fruto dessa reflexão. O pensar e o repensar dos sábios sobre problemas novos ou sobre os mistérios escondidos da natureza, do homem ou de Deus levaram à descoberta de novos horizontes, que se plasmaram em normas de vida. Referimo-nos tanto à reflexão dos sábios que parte de situações constatáveis como àquela que tem como ponto de partida a fé javista.

Se os sábios recebem com respeito o legado profano do passado e o transmitem de modo íntegro, o mesmo devemos afirmar da herança de sua fé religiosa, à luz da qual tudo é repensado.

Na última etapa do Antigo Testamento, a sabedoria israelita tornou-se javista. Aos sábios de Israel podemos aplicar o que diz são Paulo: a fé ilumina os olhos do coração (cf. Ef 1,18). A partir de sua fé javista, os sábios reinterpretam a sabedoria antiga, encontrando para as eternas perguntas novas respostas, que se concretizam em formas específicas de interpretação da vida e de muitos temas até então intocados. É possível ver, por exemplo, no *Livro da Sabedoria* a nova orientação em temas como justiça, virgindade, esterilidade, morte, sofrimento etc.

O sábio israelita não se despojou de sua individualidade israelita. Vive na fé do povo eleito, ou, de outro modo, vive e participa da vida do povo eleito. Entretanto, é somente na última fase do Antigo Testamento que a tradição histórica, profética e da Lei torna-se objeto de seu estudo e ensinamento (ver os livros do *Sirácida* e da *Sabedoria*).

3.8. Diálogo e debate

A troca de experiências, fonte da sabedoria, gera o diálogo quando verbalizada. Sem dúvida, o diálogo entre sábios enriquece os interlocutores. O Livro de Jó foi em parte concebido como um diálogo em que o autor simula a discussão entre Jó e seus amigos. Será que não pode, então, refletir a realidade do mesmo autor que não encontra na sabedoria tradicional respostas a suas perguntas?

No diálogo sincero entre iguais contrastam opiniões contrapostas e encontram-se soluções de problemas antigos apresentados de maneira nova, e de problemas talvez inéditos. É possível também entabular o diálogo entre o homem e Deus (de novo Jó). Nele, o homem aflito e carregado de razões enfrenta o Deus conhecido e vivido; paradoxalmente, o litigante descobre um Deus amável e compreensivo, muito diferente do tradicional.

A falta de respostas adequadas aos novos problemas em toda a dimensão da vida humana obriga os sábios a investigar novos caminhos. Jó, Qohélet e o autor do Salmo 73 são bons exemplos. A crise da sabedoria tradicional tem chamado a atenção dos autores para o fenômeno que fez aparecer em cena Jó e Qohélet, mas foi uma crise da qual a própria sabedoria saiu enriquecida.

A sabedoria e o sábio no Antigo Testamento

Os termos *sabedoria* e *sábio* significaram sempre a mesma coisa? Ou podemos supor com razão que houve neles certa evolução? Que, com o tempo, matizes diferentes foram ressaltados?

A concepção moderna de *sabedoria/sábio* reflete-se principalmente nos dicionários. Vejamos o que nos dizem as grandes autoridades. Segundo o *Dicionário da Real Academia da Língua Espanhola* (DRALE): "*Sabedoria*. 1. Conduta prudente na vida ou nos negócios. 2. Conhecimento profundo em ciências, letras ou artes. 3. Notícia, conhecimento. [...]". Maria Moliner opina que *sabedoria* significa: "1. Ciência, Saber. Conjunto de conhecimentos [...] 2. Bom senso ou prudência com que alguém dirige seus atos e aconselha os outros. 3. Qualidade do sábio". *Sábio* corre paralelo a *sabedoria*. Do DRALE nos interessam quatro acepções: "1. Diz-se da pessoa que possui a sabedoria. 2. Aplica-se às coisas que instruem ou que contêm sabedoria [...] 4. De bom juízo, sensato [...] 5. Aplica-se aos animais dotados de muitas habilidades". Maria Moliner, em geral, concorda com o DRALE, mas desenvolve mais as acepções, segundo seu costume. Para ela, *sábio* "1. Aplica-se à pessoa dotada de vastos e profundos conhecimentos científicos ou que se dedica ao estudo ou à pesquisa com resultados extraordinários [...] 3. (aplicado a pessoas, assim como à sua conduta e ações). Sensato ou prudente [...] 5. Aplica-se aos animais adestrados [...]"

Os aspectos intelectuais ou cognitivos predominam sobre os práticos ou de conduta. Seria esta a concepção dos antigos (especialmente do AT) sobre *sabedoria/sábio*? Não exatamente. Daí a necessidade de matizar, confrontando qualquer afirmação com os textos, por sorte muito numerosos.

Nota-se sem muito esforço que a orientação fundamental das reflexões dos autores bíblicos é mais de caráter prático que teórico. Mesmo assim, os autores antigos em geral e os sagrados em particular não se interessam por estabelecer uma distinção nítida entre as duas dimensões, como costumamos fazer. Isso porque consideram a realidade humana uma unidade global indivisível, ao passo que a fragmentamos em muitos aspectos (neste caso, o teórico e o prático). Todavia, temos de confessar que, à medida que o tempo passa, os autores bíblicos mais recentes distinguem com maior clareza os aspectos quer na ordem do conhecimento quer na das atitudes morais (teórico/prático; verdadeiro-bom/falso-mau etc.). Isso será confirmado mais adiante com o testemunho dos textos.

São numerosas as passagens originais da Escritura (tanto em hebraico como em grego) que nos falam da sabedoria e dos sábios. Nossa intenção é revelar a pluralidade de significados do mesmo vocábulo original hebraico (ḥkmh/ḥkm) ou grego (*sophía/sophós*): *sabedoria/sábio*. Na exposição seguiremos uma ordem lógica e sistemática que apenas em parte se identifica com o *processo real* temporal dos conceitos *sabedoria* e *sábio*.

1. Sabedoria/sábio com relação às artes e aos ofícios

Chama a atenção no comportamento dos homens a habilidade que alguns possuem para certas atividades. São admiráveis a perícia e a destreza dos que, por profissão, manuseiam por exemplo objetos de uso doméstico, roupas, moradia etc., ou os metais e materiais nobres para a execução de obras de arte profana ou religiosa.

Os autores sagrados chamam a essa habilidade de perícia e destreza *sabedoria* (ḥokmāh), e aos que a possuem, sábios (ḥ^{a}kamîm = artesãos, artífices ou similares).

1.1. Habilidade, perícia, destreza = sabedoria

São famosas as passagens do Livro do Êxodo referentes à construção da Tenda sagrada, à confecção dos utensílios e dos ornamentos para o culto divino (as palavras em itálico dos textos citados traduzem o vocábulo hebraico ḥokmāh ou, conforme o caso, o grego *sophía*): "O Senhor disse a Moisés: Eu escolhi a Bezalel [...] Eu o tornei repleto do meu espírito, de *habilidade*, perícia e mestria para realizar todo tipo de obras [...] Dei a ele Ooliabe como ajudante [...], concedi também *habilidade* suficiente aos peritos que com eles realizarão o que mandei construir" (Ex 31,1-6; ver também vv. 7-11; 35,31.35).

De fato, assim foi feito: "Bezalel, Ooliabe e todos os homens hábeis, nos quais o Senhor infundiu *habilidade* e perícia para que realizassem todos os trabalhos no serviço do santuário, executaram tudo conforme o Senhor mandara" (Ex 36,1; cf. v. 2). Aqui e ali lemos que é Deus que concede essa *habilidade* ou perícia, esse "espírito de sabedoria" (Ex 28,3).

E não apenas os homens; também as mulheres colaboraram com sua sabedoria prática na confecção da Tenda: "As mulheres *habilidosas* [com *habilidade*] no ofício teceram com suas mãos [...] Todas as mulheres *habilidosas* [com *habilidade*] na arte de tecer teceram com pêlo de cabra [...]" (Ex 35,25s).

Na construção do templo de Salomão trabalharam tanto israelitas *habilidosos* [com *habilidade*] (cf. 1Cr 28,21) como algum artesão ["cheio de *sabedoria*"] de Tiro, especializado na fundição do bronze (cf. 1Rs 7,14).

Em outras passagens da Escritura chama-se *sabedoria* à simples *perícia* do piloto de um navio (cf. Sb 14,2), à *arte* do escriba (cf. Sr 38,24) ou ao *método* adequado (cf. Ecl 1,13; 2,21; 7,23).

Contudo a *sabedoria do artesão* atinge o ponto mais alto quando antropomorficamente é aplicada ao Deus criador. Lemos em Jr 10,12: "Ele fez a terra com seu poder, assentou o orbe com sua *mestria*, estendeu o céu com sua habilidade" (= Jr 51,15; cf. Pr 3,19); e no Sl 104,24: "Tantas são tuas obras, Senhor, e as fizestes todas com *mestria*".

1.2. Artífice, artista, artesão = sábio: ḥākām ou sophós

O que acabamos de dizer a respeito da *habilidade* e *destreza manual* como *sabedoria prática* segundo a Sagrada Escritura vai ser aplicado concretamente às pessoas dotadas de habilidade e destreza, que, portanto, são e se chamam *sábios* ou, em termos mais concretos, artífices, artistas, artesãos.

Os *artífices* do santuário são *artesãos*, homens *habilidosos*: "Um dia os *artesãos* que trabalhavam no santuário suspenderam seus trabalhos [...]" (Ex 36,4; ver vv. 1-2.8; 31,6; 35,10). Também os encarregados de fazer as vestimentas dos sacerdotes; disse o Senhor a Moisés: "Ordene a todos os *artesãos*, a quem dotei de *habilidade*, que confeccionem os ornamentos de Aarão [...]" (Ex 28,3). Diz-se o mesmo das mulheres *habilidosas* no ofício de tecer (cf. Ex 35,25-26).

Para a construção do templo, Salomão disporá de trabalhadores especializados ou *sábios* artesãos. Segundo 1Cr 22,15, Davi disse a seu filho, Salomão: "Há uma grande quantidade de trabalhadores à tua disposição; canteiros, escultores e carpinteiros, *peritos* em todo tipo de obras". Por sua parte, Salomão pede ao rei de Tiro: "Envia-me um *perito* em trabalhos de ouro, prata, bronze, ferro [...] para que colabore com os *artistas* que tenho à minha disposição em Judá e em Jerusalém" (2Cr 2,6). O rei de Tiro responde: "Envio-te Hurã-Abi, homem *perito* e inteligente [...] Sabe trabalhar o ouro, a prata [...] Realizará todos os projetos a ele incumbidos em colaboração com teus *artesãos* e com os *artesãos* de teu pai, Davi, meu senhor" (2Cr 2,12-13).

Em geral, os artistas são *os sábios* peritos; Isaías diz que "procura-se um escultor *habilidoso* [...]" (40,20), e Jeremias afirma que todos os ídolos "são obra de *artesãos*" (10,9). Os marinheiros de Tiro são também *sábios,* peritos. Na lamentação de Ezequiel sobre Tiro, lemos: "Vizinhos de Sidônia e de Arvade eram teus remadores; os carpinteiros do navio eram os *peritos* veteranos de Biblos" (Ez 27,8-9). Jeremias amplia o conceito de *sábio/a* às que sabem desempenhar bem o ofício de carpideiras: "Sede sensatos e chamai as carpideiras, procurai mulheres *peritas*" (Jr 9,16).

Assim, pois, o significado mais próximo e de fácil apreensão de *sabedoria/sábio* é descoberto nas atividades manuais do homem em sua tarefa diária e normal, em sua *habilidade* no trabalho ou ofício que desempenha (cf. Sl 58,6; Ecl 9,11).

2. Sabedoria/sábio com relação ao trato interpessoal

Do plano das tarefas e ofícios basicamente manuais passamos às atividades do espírito, àquelas que mostram que o homem é um ser que pensa, sente com a emoção e pode acumular experiências e conhecimentos de índole espiritual. Neste tópico, deixamos de lado aquilo que se relaciona com a arte de governar ou política e com a moralidade de tais atividades, que veremos mais adiante.

2.1. Sabedoria: sagacidade, engenho, talento

No decorrer do estudo, constatamos que, ao falar de *sabedoria*, nem sempre a Escritura se refere a uma qualidade ou virtude que por si mesma enobrece aquele que a possui. Em hebraico, é o contexto que em última instância determina o significado do vocábulo *ḥokmāh/sabedoria*; nas línguas modernas, mais evoluídas, existem termos que se prestam a menos equívoco, como sagacidade, engenho ou talento.

Em Isaías, ao falar contra Jerusalém, lemos: "Diz o Senhor: [...] eu continuarei realizando prodígios maravilhosos; a *sabedoria* de seus sábios fracassará, e a prudência de seus prudentes vai eclipsar-se" (Is 29,13s; cf. Jó 12,2).

No mesmo tom, Jeremias se expressa contra o povo de Jerusalém: "Repeliram a palavra do Senhor; de que lhes servirá sua *sabedoria*?" (Jr 8,9; cf. 9,22; 49,7).

Na sátira de Ezequiel contra o rei de Tiro, o termo ḥokmāh aparece várias vezes com este sentido: "Com teu *talento*, com tua habilidade, fizeste fortuna [...] Com aguçado *talento* de mercador fostes aumentando a tua fortuna [...] Por isso, assim diz o Senhor: 'Por te julgares sábio como os deuses [...], desembainharão a espada contra tua beleza e tua *sabedoria*, profanando teu esplendor'" (Ez 28,4-7).

De maneira lapidar sentencia o provérbio: "*Astúcia*, prudência, conselho, nada disso vale diante do Senhor" (Pr 21,30); ou: "A *sagacidade* do astuto discerne seu caminho, a ignorância do insensato se engana" (Pr 14,18).

Por fim, em duas ocasiões Jó fala da *sabedoria* dos animais, que não pode ser entendida a não ser por seu *instinto sagaz*: "Quem deu *sabedoria* ao íbis, e ao galo, perspicácia?" (Jó 38,36); e do rude avestruz se diz que "Deus negou a ele *sabedoria* e não lhe concedeu inteligência" (Jó 39,17).

2.2. Sabedoria: saber acumulado, ciência, doutrina

Este significado de *sabedoria* — que se aproxima mais de nossa maneira de concebê-la — implica um acervo de conhecimentos sistematizados ou não que tem sua principal origem na experiência pessoal ou comum e se orienta, fundamentalmente, à ordenação também da vida individual e comunitária.

Na Sagrada Escritura, a *sabedoria* é vista primeiramente de maneira bem concreta e em relação com personagens famosos, israelitas ou não. Mais adiante são feitas considerações gerais sobre ela como um bem em si e sem fronteiras. Por último, a *sabedoria* alcança um estágio de quase fossilização e se converte em *doutrina* que terá de ser recebida como um bem comum e ser transmitida às gerações futuras, a começar pelos jovens. Naturalmente essa *sabedoria* é boa para o homem; mas neste momento não ressaltamos o aspecto da moralidade, reservado para o parágrafo 4.

a. Sabedoria e personagens famosos

Ao que parece, o texto mais antigo da Sagrada Escritura que fala da sabedoria em relação a um personagem famoso refere-se a Davi no episódio da mulher de Técua. Esta põe em ação o estratagema de Joab para conseguir que Davi perdoe a seu filho Absalão o crime de alta traição que o levou ao desterro da cidade de Jerusalém. Davi descobre o plano, e a mulher declara abertamente: "Teu servo Joab é quem me manda e me ensaiou toda a cena. Idealizou isso para não apresentar o assunto diretamente; mas meu senhor possui a *sabedoria* de um enviado de Deus e conhece tudo que se passa na terra" (2Sm 14,19s). Na passagem sobressai a proclamação da extraordinária sabedoria de Davi, comparável à de um ser sobrenatural (um anjo) a quem nada se pode ocultar do que se passa entre os homens.

Contudo, na tradição de Israel não é Davi o rei sábio por excelência, mas Salomão, cuja sabedoria será proverbial dentro e fora de Israel e para todos os tempos. Os cronistas de sua época e dos tempos posteriores encarregaram-se de exaltar-lhe exageradamente a sabedoria: "Deus concedeu a Salomão uma *sabedoria* e uma inteligência extraordinárias [...] a *sabedoria* de Salomão era maior que a de todos os filhos do Oriente e maior que toda a *sabedoria* do Egito" (1Rs 5,9s).

Ao compará-lo a outros reis, a lenda engrandece Salomão. O cronista escreve entusiasmado: "Em sua riqueza e *sabedoria*, o rei Salomão superou a todos os reis da terra. Todos os reis do mundo vinham visitá-lo, para aprender da *sabedoria* com que Deus o havia plenificado" (2Cr 9,22s; cf. Ecl 2,9), aludindo, sem dúvida, à visita da rainha de Sabá, conforme narrado em 1Rs 10,1-13 (cf. 2Cr 9,1-12; 1Rs 10,23s; 11,41).

Os profetas falam também do grande saber de outros reis e cidades, mas em um contexto muito polêmico: do rei da Assíria, Is 10,13; da Babilônia, Is 47,10, e de Tiro, Ez 28,17.

Em Dn 1,4.17.20 é dito também alguma coisa sobre o saber extraordinário de Daniel e de seus companheiros. Essa sabedoria tem a ver com a chave de muitos mistérios, pois permite interpretar ainda o invisível e o arcano. Relacionada a ela está aquela que Sofar deseja a Jó: "Que Deus te fale [...], ele te ensinará os segredos da *sabedoria*" (Jó 11,5s; cf. Jó 15,8; 28,12.20; 32,13; Sr 1,3.6).

O sábio Qohélet fala também da sabedoria como do saber e dos saberes profundos (cf. Ecl 1,16-18; 7,23.25; 8,16), porém não se esperam grandes coisas dela. "O homem pode dizer que sabe muitas coisas e com isso considerar-se de fato sábio; porém essa sabedoria fragmentada não chega à compreensão total de sua própria existência, nem à explicação do sentido de sua vida em um mundo definido, porém caótico".

b. A sabedoria vale por si mesma

São muito mais numerosas as passagens em que os autores sagrados falam da sabedoria como um bem ou um valor em si mesmo, fruto maduro de longa experiência pessoal ou coletiva (cf. Jó 26,3; Ecl 9.10.13) e, por isso mesmo, muito estimado e recomendável: "Meu filho, leva em conta a minha *experiência,* presta atenção à minha inteligência" (Pr 5,1); comparável a um tesouro que, se ocultado, de nada serve: *"Sabedoria* oculta e tesouro escondido, para que servem essas duas coisas? É melhor esconder a própria loucura que esconder a própria *sabedoria"* (Sr 41,14s = 20,30); mas, se não fica escondida e é revelada, traz muitas vantagens: "Pus-me a refletir sobre a *sabedoria* [...] e observei atentamente que ela prevalece sobre a ignorância, como a luz sobre as trevas" (cf. Ecl 2,12s; cf. 7,11s; 9,15s.18; 10,10). Muitas vezes, entretanto, não é devi-damente apreciada (cf. Ecl 10,1).

Por seu valor intrínseco, a sabedoria valoriza a quem a possui: "Por sua *sabedoria* o pobre erguerá a fronte e sentar-se-á entre os nobres" (Sr 11,1); e o faz feliz: "Feliz quem encontra *sensatez,* quem adquire a inteligência" (Pr 3,13; cf. 24,14; Sr 3,29; 14,20). Quem a repele, pelo contrário, é um infeliz: "Infeliz quem despreza a *sabedoria* e a instrução" (Sb 3,11).

Não se nasce com a sensatez ou a prudência (cf. Sr 6,18); é necessário aprendê-la (cf. Sr 6,22; Pr 4,11). O homem deve procurar adquiri-la com todo o empenho: "Adquire a *sensatez,* adquire a inteligência" (Pr 4,5), e ainda com os próprios bens: "O princípio da *sensatez* é: 'Adquire a *sensatez',* com todos os seus haveres adquire a prudência'" (Pr 4,7; cf. 16,16; 17,16; 23,23), pois "a *sabedoria* instrui seus filhos, dá alento aos que a compreendem" (Sr 4,11).

Nos métodos pedagógicos da época, não se excluía o castigo corporal (cf. Pr 29,15; Sr 22,6; 23,2) e, mesmo que tal prática nem sempre levasse à sensatez ou à sabedoria (cf. Pr 30,1-3), esta se apossava do coração inteligente, não do coração do néscio (cf. Pr 1,7; 10,13.23; 14,6.33; 17,24; 24,7; Sr 3,25; 18,28; 21,18).

c. A sabedoria como doutrina, ensinamento

Finalmente, em alguns lugares a sabedoria pode ser entendida como doutrina, ensinamento ou conjunto de recomendações. Nesse sentido, falamos de literatura da sabedoria, dos livros sapienciais, com base nos próprios livros sagrados: ver os *títulos* dos livros Provérbios, Eclesiastes (Qohélet), *Sirácida* e *Sabedoria*: mesmo assim, no prólogo de *Sirácida* o tradutor fala duas vezes da "instrução e *sabedoria"* de seu avô Jesus (vv. 3 e 12); também no primeiro epílogo do mesmo livro lemos que Jesus Ben Sirac "verteu de seu coração a *sabedoria* em profusão" (Sr 50,27).

Sirácida termina com estas palavras: "*sabedoria* de Simão, filho de Jesus [...]", que não pertencem ao texto sagrado (ver também o título e a *subscriptio* do *Livro da Sabedoria*: *"Sabedoria* de Salomão").

2.3. Sábio: astuto, sagaz

Esta acepção sempre está implícita nas demais; ressalta a sutileza do engenho e, sobretudo, dos demais matizes possíveis de caráter negativo que o contexto poderá revelar.

É o que descobrimos na exortação que os egípcios fazem contra os israelitas: "Vejam, os israelitas estão se tornando mais numerosos e fortes que nós; precisamos *vencê-los com astúcia* [*agindo astutamente* com eles] para que não se multipliquem" (Ex 1,9s).

A respeito de Jonadabe, sobrinho de Davi e primo irmão de Amnon, afirma-se que "era homem sagaz" (2Sm 13,3); foi ele que perfidamente aconselhou Amnon sobre o caso de sua irmã Tamar.

O aspecto negativo é descoberto também nas passagens que falam dos que se crêem *sábios* e agem tolamente (cf. Is 5,2; 29,14; 44,25; Jr 4,22; Jó 5,13; 15,2; Pr 3,7; 26,12.16; 28,11; Sr 7,5; 37,20).

Em outros lugares ressaltam-se traços que não podem ser qualificados negativamente, porquanto o que se consegue com eles não é mau em si — é o caso das mulheres *sagazes* (cf. Jz 5,29; 2Sm 14,2; 20,16.22); ou simplesmente se fixam na habilidade intelectual das pessoas (Os 14,10), das cidades, personificando-as (cf. Zc 9,2), como também dos animais (cf. Pr 30,24).

2.4. Sábio: douto, perito

Este tópico difere do anterior pelo fato de o matiz negativo desaparecer e, em seu lugar, valorizar-se o lado positivo. Os testemunhos são numerosíssimos; inclusive muitos poderiam com toda razão aparecer em outro ou outros tópicos, mas aqui estão plenamente justificados (cf. Os 13,13).

a. Constata-se o fato de que esses sábios doutos, peritos etc. existem: "Quem, forte ou *sábio*, resiste a ele [a Deus] e fica ileso?" (Jó 9,4; cf. 37,24); "Outras máximas de *doutores*" (Pr 24,23; cf. Ecl 7,10; 9,15; 12,11; Sr 18,29; 37,22.24). Temos exemplos de alguns casos concretos: de Salomão: "Foi mais *sábio* que nenhum outro" (1Rs 5,11); do rei de Tiro: "Com certeza és mais *sábio* que Daniel!, enigma algum resiste a ti" (Ez 28,3); de Qohélet: "Qohélet, além de ser um *sábio*, instruiu permanentemente o povo" (Ecl 12,19); e do povo inteiro de Israel (cf. Dt 4,6).

De fato esses personagens doutos são prudentes administradores (cf. Gn 41,33.39; Sl 105,22), conselheiros em todos os níveis (cf. Gn 41,8; Ex 7,11; Est 6,13; Is 3,3; 19,11s; Sr 20,27; 21,13; 37,19.26), experimentados na Lei e em leis (cf. Est 1,13; Jr 8,8s; 9,11; 18,18).

b. *O aprendizado ou o longo caminho para tornar-se sábio.* Não se nasce sábio, mas é necessário aplicar-se intensamente para chegar a sê-lo: "Se quiseres, meu filho, *chegarás a sábio*; se te esforçares, chegarás a sagaz" (*Sr* 6,32; cf. Pr 6,6). O processo de aprendizado jamais foi entendido como algo automático, mas como algo que pressupunha, ao menos, esforço pessoal: "Não é a idade que confere sabedoria, tampouco pelo fato de ser ancião alguém saberá julgar" (Jó 32,9).

Em uma cultura fundamentalmente oral, a sabedoria se transmite pela palavra; por isso é importante querer e saber escutar: "Presta atenção e escuta as sentenças dos *sábios*" (Pr 22,17; cf. *Sr* 6,33; Jó 15,17s). A companhia dos sábios faz sábios (cf. Pr 13,20; *Sr* 6,34), já que "a conversação do *sábio* é sempre sabedoria" (*Sr* 27,11a), e "a língua dos *sábios* derrama ciência" (Pr 15,2; cf. v. 7; *Sr* 15,10). Com razão aconselha-se a não repelir os discursos dos *sábios* (cf. *Sr* 8,8), porque afinal e sobretudo "a instrução do *sábio* é manancial de vida, que liberta dos laços da morte" (Pr 13,14). Tudo isso vale para os simples e inexperientes, mas também para os sábios, que assim aumentam sua sabedoria (cf. Jó 34,2; Pr 9,9; 10,14; 18,15; 21,11).

Jesus Ben Sirac nos dá um excelente testemunho do apreço que tinha pelos homens sábios da tradição: "Elogiemos [...] os príncipes das nações, por sua sagacidade; os chefes, por sua perspicácia; os *sábios* pensadores, por seus escritos" (*Sr* 44,4). Precisamente a respeito de seus escritos, alguém escreveu no epílogo: "Feliz aquele que os medita, quem os estudar *tornar-se-á sábio*" (*Sr* 50,28). Mais sábio ainda, e segundo Ben Sirac um verdadeiro sábio, será quem se dedica ao estudo e à meditação da Lei do Altíssimo; diríamos, ao estudo e à meditação da Sagrada Escritura (cf. *Sr* 39,1-11; Sl 19,8; 107,43). Eclesiastes, como de costume, freia um pouco o fácil otimismo nessa matéria: "Eu disse: *vou-me tornar sábio*, entretanto a *sabedoria* permanece longe de mim" (Ecl 7,23; 7,16). Por causa da situação social da época, que praticamente não varia durante toda a Antiguidade, só podia chegar a *sábio* quem estivesse livre do duro trabalho manual: pois "como se fará *sábio* quem se agarra ao arado e seu orgulho é manejar a aguilhada?" (*Sr* 38,25; cf. v. 24). Por outro lado, também não se nega aos peritos nos ofícios manuais o título de *sábios* segundo o uso antigo: "Todos se fiam em sua destreza, e cada um é *sábio* em seu ofício" (*Sr* 38,31); porém não se pode negar que se trata aqui de um tipo de sábio de segunda ou terceira categoria.

c. *Valorização ou evolução do ser sábio.* Se perguntamos pelo valor da sabedoria e do ser sábio no âmbito da literatura sapiencial, é natural que a resposta seja bastante positiva. Entretanto, ficamos surpresos pela sobriedade dos elogios e pela preocupação com que falam os autores sagrados.

É possível que não nos estranhe a atitude crítica de Eclesiastes: "Pensei comigo mesmo: como a do ignorante assim será também a minha sorte. Então, por que *sou eu sábio?*, onde está a vantagem?" (Ecl 2,15; cf. Sl 49,11); também: "Que vantagem leva o *sábio* em relação ao néscio?" (Ecl 6,8). Todavia, o mesmo Eclesiastes avalia positivamente o fato de ser sábio: "Quem é como o *sábio*? E quem é como aquele que conhece a interpretação de um assunto? A *sabedoria* do homem ilumina seu rosto e transforma a dureza de seu semblante" (Ecl 8,1; cf. v. 5). O Livro dos Provérbios aplica a um caso concreto um princípio geral que corre de boca em boca como sentença lapidar: "Mais vale um homem *sábio* que um homem forte, um homem de ciência que um homem valentão" (Pr 24,5), e corresponde ao ditado: "Mais vale astúcia que força". A aplicação é clara: "O homem *hábil* escalará a praça fortificada e derrubará a fortaleza segura" (Pr 21,22). Agora Eclesiastes concorda: "A *sabedoria* torna o *sábio* mais forte que dez chefes em uma cidade" (Ecl 7,19).

Ele, porém, não se deve deixar levar pela alegria do repicar dos sinos. De fato, por meio do profeta Jeremias o Senhor nos diz: "Não se glorie o *sábio* de seu *saber*" (Jr 9,22), e Jesus Ben Sirac nos aconselha: "Não te presumas de *sábio* ao conduzir teus negócios" (*Sr* 10,26; cf. 32 [35],4). Muitas vezes, nem os mais entendidos conseguem aquilo a que se propõem (cf. Ecl 8,17), nem o fato de ser verdadeiramente sábio é motivo suficiente para se vangloriar.

3. Sabedoria/sábio e a prudência política

A sabedoria, em seus mais variados significados, nos torna capazes de encontrar os meios mais adequados a fins concretos. Se isso é válido para qualquer indivíduo que se sinta responsável por seu próprio destino, quanto mais o será para os que têm por ofício buscar o bem da comunidade, caso dos governantes dos povos. Este tópico vai mais além que o anterior, uma vez que desce ao exercício dos poderes públicos ou arte de governar.

3.1. A sabedoria ou arte de governar

Segundo a visão de Isaías, entre as qualidades que adornarão o rei ideal prometido está a sabedoria ou prudência política: "Sobre ele repousará o espírito do Senhor: espírito de *sabedoria* e de prudência, espírito de conselho e de valentia, espírito de conhecimento e de respeito ao Senhor" (Is 11,2).

Essa sabedoria, que ao mesmo tempo envolve perspicácia e sagacidade, prudência e talento, valentia e decisão, é um atributo que não deve faltar ao bom governante. São muitas as qualidades difíceis de adquirir, por isso mesmo é necessário pedi-las a Deus, segundo a mentalidade dos autores sagrados.

A Sagrada Escritura nos oferece exemplos ilustres que deveriam servir de modelo aos reis e governantes de Israel e dos povos em geral.

No final do Deuteronômio nos é dito a respeito de Josué que "estava repleto do espírito de *sabedoria,* porque Moisés lhe havia imposto as mãos" (Dt 34,9). Esse "espírito de sabedoria" equivale aos "grandes dotes de *prudência*", tão necessários ao bom governo do povo de Israel em processo de formação, como traduz L. Alonso Schökel na Nova Bíblia Espanhola.

No leito de morte Davi aconselha ao filho, Salomão, a respeito de alguns assuntos pendentes. Referindo-se a Joab, que assassinou dois generais seus sem que ele o soubesse e contra as normas estabelecidas, diz Davi a Salomão: "Faze o que diz tua *prudência*: não deixes que seus cabelos brancos partam em paz para o outro mundo" (1Rs 2,6). Mais adiante Salomão cumpre o desejo de Davi, seu pai (cf. 1Rs 2,28-34).

Os autores sagrados estão convencidos de que a prudência política e o sábio governo do povo são bens tão grandes que somente por Deus poderão ser concedidos aos que a ele pedirem. Por isso os autores põem na boca de Salomão esta petição insistente desde o começo de seu reinado: "Dá-me a *sabedoria* e a inteligência para dirigir este povo. Do contrário, quem poderá governar este povo teu tão numeroso?" (2Cr 1,10; cf. 1Rs 3,6-9; *Sb* 9,4.6). A resposta do Senhor não se faz esperar: "Por haveres pedido *sabedoria* e inteligência para governar meu povo, do qual te constituí rei, seja concedido a ti a *sabedoria* e a inteligência, e também riquezas..." (2Cr 1,11s; cf. 1Rs 5,9.26; *Sb* 7,7).

Segundo a tradição conservada nas crônicas reais, Salomão não defraudou o povo no exercício de seus poderes como rei; sua fama assim o confirma. Ao reconhecimento geral da sabedoria do rei Salomão seguiu o coro dos louvores dentro de Israel: "Todo Israel tomou conhecimento da sentença que o rei pronunciara [no caso das prostitutas], e respeitaram o rei, vendo que possuía uma *sabedoria* sobre-humana para administrar a justiça" (1Rs 3,28). A fama do bom governo de Salomão ultrapassou as fronteiras de Israel, como os historiadores da corte se incumbiram de proclamar um tanto exageradamente: "De todas as nações vinham escutar a *sabedoria* de Salomão, de todos os reinos do mundo que ouviam falar de sua *sabedoria*" (1Rs 5,14; cf. 10,24; 2Cr 9,23). O caso da rainha de Sabá é emblemático (cf. 1Rs 10.4.6-8; 2Cr 9,3.5-7).

Fora de Israel exalta-se a prudência política de Holofernes, mas isso é feito de modo adulatório e irônico. Judite adula a vaidade de Holofernes para ganhar sua confiança, por isso lhe diz: "Ouvimos falar de tua *sabedoria* e de tua astúcia, e todo o mundo comenta que és o melhor em todo o império, o conselheiro mais hábil e o estrategista mais admirado" (*Jt* 11,8).

Por fim, de modo geral parece que a recomendação do pseudo-Salomão aos soberanos das nações refere-se, ao menos em parte, à sabedoria ou prudência política (cf. Sb 6,9.20s).

3.2. O governante ideal deve ser sábio

Para o crente israelita, Deus é o criador do mundo e, portanto, seu Senhor e seu Rei; ele governa e dirige toda a criação: "Porque o Senhor é rei, ele governa os povos" (Sl 22,29); "O Senhor é sublime e terrível, impera sobre toda a terra [...] Deus reina sobre as nações" (Sl 47,3.9; cf. 93; 95-99).

Pelo exercício da justiça e do direito se reconhece o rei ideal em Israel (cf. Sl 45,7s; 72), porque é assim que o Senhor exerce seu domínio sobre a terra: o Senhor "regerá o orbe com justiça e os povos com retidão" (Sl 98,9); "És justo, governas o universo com justiça e julgas incompatível com teu poder condenar a quem não merece castigo. Porque tua força é o princípio da justiça, e o fato de seres o dono de todos te leva a perdoar a todos" (Sb 12,15s).

Mais adiante veremos como Deus é sábio e tudo faz sabiamente. Também sua forma de reinar é mais sábia que a de qualquer outro rei. Falando de todos os povos pagãos, o profeta Jeremias diz: "Não existe ninguém como tu, Senhor; és grande, grande é a tua fama e o teu poder; quem não temerá? Tu és digno de tudo isso, Rei das nações, entre todos os seus *sábios* e reis, quem há como tu?" (Jr 10,6s).

Moisés está convencido de que o povo apenas pode ser governado por homens prudentes, experimentados, perspicazes, ou seja, sábios: "Escolhei de cada tribo homens *sábios*, prudentes, peritos, e designai-os como chefes vossos" (Dt 1,13; cf. v. 15), que administrarão retamente a justiça e não venderão suas sentenças por dinheiro, tentação que espreita permanentemente os juízes, mesmo os sábios e justos (cf. Dt 16,19).

Novamente encontramos em nosso caminho o exemplo permanente de reis sábios e prudentes no modo de governar: Davi (cf. 2Sm 14,20) e Salomão, do qual Hiram, rei de Tiro, disse: "Bendito seja hoje o Senhor, que deu a Davi um filho *sábio* e o colocou à frente de tão grande nação!" (1Rs 5,21; cf. 2Cr 2,11; 1Rs 2,9; 3,12).

Assim a prudência política ou a arte do bom governo dos povos, pequenos e grandes, antigos e modernos, apenas pode ser exercida por homens *sábios*. Ou seja, por homens dotados de sabedoria, que é um dom da natureza e, em última instância, de Deus criador, pai e origem dessa natureza.

4. Sabedoria/sábio: prudência, sensatez/prudente, sensato

Entramos aqui no plano estritamente moral do homem, pois tanto *sabedoria* como *sábio* referem-se ao homem como sujeito que pode ser qualificado responsável e moralmente. *Sabedoria* e *sábio* atingem desse modo, no meio humano, seu sentido mais elevado e nobre.

4.1. Sabedoria: prudência, sensatez, saber fazer na vida

Numerosas são as passagens da Sagrada Escritura em que os termos *hokmāh/sophía* equivalem a prudência, sensatez, como virtude ou qualidade positiva, enriquecedora de quem a possui, e pela qual orienta sua vida ordenadamente e segundo a vontade do Senhor.

Dt 4,6 coloca na boca de Moisés esta exortação, dirigida ao povo: "Praticai [os mandamentos e os decretos do Senhor]. Eles serão vossa *prudência* e inteligência diante dos outros povos, que, ao ouvir esses mandamentos, comentarão: 'Que povo sábio e sensato é essa grande nação!'"

O salmista acredita ser Deus quem o ajudará a conseguir essa sensatez e prudência, pela qual lhe pede: "Ensina-nos a contar nossos anos, para que a *sabedoria* entre em nosso coração" (Sl 90,12; cf. Jó 28,28).

Em nome de todos os chefes de Betúlia, cidade sitiada pelos assírios, Ozias assim fala da heroína Judite: "Tudo que disseste é muito sensato; ninguém vai te contradizer, porque não é de hoje que descobrimos tua *prudência*; desde pequena todos conhecem tua inteligência e teu bom coração (*Jt* 8,29; cf. 11,20).

O sentimento comum dos povos, também o israelita, sempre sustentou que a sensatez e a prudência normalmente são adquiridas com o passar dos anos. Jó pergunta: "Não é nos anciãos que reside a *sabedoria*, e nos velhos a prudência?" (Jó 12,12; cf. 32,7; Sr 25,5). Mas a juventude e a prudência não são incompatíveis, como o demonstram os exemplos de José, Daniel e, em Jó, Eliú (cf. Jó 33,33; 13,5).

Muitas sentenças e ditos proverbiais referem-se a essa *sabedoria*, que é a honra e a glória do homem (cf. Sl 37,30; 49,4; Jó 4,21; Pr 1,2; 2,2; 18,4; 24,3; 28,26; 29,3; 31,6; Sr 4,24; 8,8; 15,10; 37,20s; 39,6.10 = 44,15; 51,13.15.17; *Sb* 10,8s). A sede da sabedoria está no coração, como a instância mais íntima e determinante na vida psíquica e moral do homem (cf. Pr 2,10; 14,33; Sl 90,12); e normalmente a sabedoria é relacionada com o homem justo e piedoso (cf. Pr 10,31; 11,2; 13,10; *Sr* 27,11), como veremos com detalhes em tudo que se segue.

4.2. Sábio: prudente, sensato

Ao abstrato *sabedoria/prudência* segue o concreto *sábio/prudente*, como substantivo, adjetivo ou em forma verbal. Devido à deficiente definição do termo *sábio*, algumas passagens poderiam com pleno direito caber também em outros tópicos; mas seu sentido positivo é indiscutível, e em muitos casos, como veremos, o matiz predominante é declaradamente moral.

a. Em duas ocasiões se nega *ao povo de Israel* a virtude de ser sábio. As duas passagens pertencem ao Cântico de Moisés, no qual se repreende o povo por sua conduta improcedente com o Senhor: "É assim que retribuis ao Senhor, povo ignorante e *insensato* [não-sábio]? Não é ele teu pai e teu criador, aquele que te fez e te constituiu?" (Dt 32,6); e mais adiante: "Porque é uma nação que perdeu o juízo e carece de inteligência. Se *fossem sensatos,* seriam capazes de entendê-lo, compreenderiam seu destino" (Dt 32,28s).

b. O indivíduo ou os indivíduos como grupo. Pelo caráter peculiar das reflexões sapienciais, não nos devemos surpreender com o fato de serem tão numerosas as passagens em que *sábio/prudente* se refere a indivíduos em particular ou a um grupo deles. De modo especial, a literatura sapiencial se alegra em elogiar a conduta do homem ajuizado, equilibrado, centrado; de todo aquele que pode ser declarado antagonista do néscio e do insensato.

Lemos em Provérbios: "(O Senhor) concede a honra aos *sensatos* e reserva a vergonha aos néscios" (3,35); "O néscio está satisfeito com seu proceder, o *sensato* escuta o conselho" (12,15); "A coroa dos *sensatos* é sua riqueza, o colar do insensato é sua ignorância" (14,24). Eclesiastes nos recorda que é "melhor escutar a repreensão de um *sábio* que o canto dos ignorantes" (7,5); e *Sirácida*: "O *sábio* fica calado até o momento oportuno, o ignorante não espera a oportunidade" (20,7); de fato, ainda poderiam ser citadas muitas passagens (cf., p. ex., Jó 17,10; 34,34s; Pr 1,5.6; 8,33; 9,8s.12).

c. Pessoas revestidas de autoridade. Anteriormente vimos que o sábio por excelência foi o rei Salomão; não apenas pelas qualidades pessoais, mas por sua categoria de rei. A tradição sapiencial considerou qualidade primordial do rei, dos juízes, dos conselheiros e mestres o ser *sábios,* isto é, prudentes, sensatos: "Um rei *prudente* dispersa os malvados e faz a roda passar sobre eles" (Pr 20,26); "O governante *prudente* educa seu povo, o governo inteligente é ordenado" (Sr 10,1; cf. também Jr 50,35; 51,57; Ab 8; Sr 20,29; 33,2; 37,23).

d. O homem justo. Em muitos dos casos já citados, o sábio ou o homem prudente era também o justo; ou seja, um homem que procurava agir em sua vida conforme a vontade expressa de Deus na Lei ou, se se preferir, com honestidade diante dos demais e diante de Deus; seu antagonista é o malvado. De maneira especial ver Pr 14,16; 23,24; Ecl (Co) 9,1; Sr 18,27; Sb 4,16s; 6,24; 7,15.

Estamos, pois, em pleno plano moral, como será explicado no tópico seguinte.

4.3. A verdadeira e a falsa sabedoria

Com *Sirácida* chegamos à clara distinção entre a verdadeira e a falsa sabedoria, entre a que realmente engrandece o homem e a que não o enobrece, já que em suas mãos se converte em poder enganoso e destrutivo.

Desde o começo deste capítulo, podemos observar a ocorrência de certa ambigüidade no modo de os autores sagrados falarem da sabedoria; ambigüidade que em mais de um leitor pode causar perturbação. Na verdade, os textos mais antigos não fazem distinção, ao menos explicitamente, entre uma sabedoria e outra; mais ainda, parece que a *sabedoria/astúcia* é engrandecida e colocada no mesmo nível da *sabedoria/sensatez*. Sirácida suprimiu quase por completo tal ambigüidade, estabelecendo com firmeza um princípio geral, a saber, que "em toda a *sabedoria* se cumpre a Lei" (*Sr* 19,20). Com esse princípio é compatível haver "uma astúcia exata e por sua vez injusta" (*Sr* 19,25), porém ele não a chamará *sabedoria*, pois "não é *sabedoria* ser experiente na maldade, não é prudência a deliberação dos malvados. Há uma astúcia que resulta detestável, e há insensatos que carecem de *sabedoria*" (*Sr* 19,22s).

Sirácida diz que a sabedoria autêntica e única está em que o homem reconheça sua verdadeira situação diante de Deus, que é encontrar sua posição exata na Criação. Por isso ele a relaciona diretamente à religiosidade ou ao "o temor do Senhor", que, segundo ele, "é a perfeição da *sabedoria*" (*Sr* 21,11; ver o que diremos no parágrafo 7 sobre a *sabedoria e o temor de Deus*). Assim se explica que ele proclame: "Grande é aquele que alcança a *sabedoria*" (*Sr* 25,10) e nos revele autobiograficamente que, "sendo ainda jovem, antes de me encurvar, desejei a *sabedoria* com toda a alma, busquei-a desde a juventude, e até a morte a perseguirei" (*Sr* 51,13-15). Como penúltima palavra em seu testamento espiritual, nos diz precisamente: O Senhor "vos conceda um coração *sábio* [a *sabedoria* de coração], e que reine a paz entre vós" (*Sr* 50,23).

5. Sabedoria/sábio e o plano do divino

Até este momento estudamos o binômio *sabedoria/sábio* diretamente relacionado ao homem; a partir de agora nos atreveremos a penetrar o meio divino, guiados pela Sagrada Escritura, que nos desvela algo desse mistério.

O tema proposto pode ser considerado de duas maneiras: do ponto de vista do criado: *sabedoria/sábio* se relacionam com Deus como o *originado* com a origem, *o efeito* com a causa, *o dom* com o doador; ou a partir do próprio Deus segundo a revelação: Deus é *a origem, a causa e o doador* da sabedoria e do ser sábio.

5.1. Deus é a fonte da sabedoria

Baruc o afirma claramente: "É porque abandonaste [Israel] a fonte da *sabedoria*" (3,12), e *Sirácida*: "Toda a *sabedoria* vem do Senhor e está com ele eternamente" (1,1); "*Sabedoria*, prudência e sensatez procedem do Senhor" (*Sr* 11,15; cf. Pr 2,6; *Sr* 38,2; 45,26). A razão é bem simples, e nos lembram os autores sagrados: "Pois o [Deus] possui *sabedoria* e poder" (Jó 12,12; ver além disso *Sr* 15,18; 33,8; 42,21; *Sb* 9,9); por isso, afirma-se de Deus "um só é *sábio*" (*Sr* 1,8; cf. Is 31,2).

5.2. Deus age sabiamente, com sabedoria

A afirmação pode parecer supérflua a um crente, mas também a encontramos expressa na Sagrada Escritura, sobretudo quando se trata de elogiar a criação em geral: "Quantas são tuas obras, Senhor, e todas as fizeste com *sabedoria*" (Sl 104,24; cf. Pr 3,19); "Não queres que se frustrem as obras de tua *sabedoria*" (*Sb* 14,5); mas também se coloca o foco de atenção em alguma obra criada em particular, como é o caso do homem: "Deus dos pais, Senhor de misericórdia, que [...] formaste o homem *sabiamente*" (*Sb* 9,1s).

A *sabedoria* é pois um atributo essencialmente divino, como a onipotência, a misericórdia etc. O tema é familiar ao autor do *Livro da Sabedoria*, e por isso tratado com bastante freqüência: "A *sabedoria* não entra na alma de má conduta, tampouco habita no corpo devedor de pecado [...] A *sabedoria* é um espírito amigo dos homens, que não deixa impune o falador" (*Sb* 1,4.6); "Dá-me a *sabedoria* entronizada junto a ti" (*Sb* 9,4; ver também 9,6; 6,22s; 7,30; 8,17; 10,9.21 e, especialmente, o tópico 6.3. sobre a personificação divina da sabedoria).

5.3. Deus pode conceder a sabedoria e realmente a concede

Em sua oração final, Jesus Ben Sirac pede para todo o povo este dom maravilhoso: "Ele vos conceda a *sabedoria* de coração" (*Sr* 50,23); e mesmo para o discípulo assinala duas condições, a reflexão: "Reflete sobre o temor do Altíssimo e medita sem cessar seus mandamentos [...] e a *sabedoria* que desejas será concedida a ti [por Deus]" (Sr 6,37); e a observância: "Se desejas a *sabedoria*, guarda os mandamentos e o Senhor há de concedê-la a ti" (Sr 1,26).

Na verdade o Senhor concede a *sabedoria*, da qual ele é a fonte (cf. § 5.1.), de modo especial aos que seguem suas determinações: "O Senhor [...] concede a *sabedoria* a seus fiéis" (Sr 43,33; cf. Sb 7,27s). No caso paradigmático de Salomão, pareceu bem ao Senhor o que ele pedira: "Dá-me a *sabedoria* e a inteligência para dirigir este povo" (2Cr 1,10); por isso lhe disse: "Concederei a ti o que pediste: uma mente *sábia* e prudente, como jamais existiu antes de ti, tampouco haverá outra depois de ti" (1Rs 3,12; cf. 5,9.26; 2Cr 1,11s).

Que Deus possa comunicar e de fato comunica ao homem a *sabedoria*, como dom distinto de si mesmo, não oferece dificuldade especial aos que o aceitam como Senhor do homem e de toda a criação. A grande dificuldade surge quando se trata da possibilidade e do fato da comunicação do próprio Deus ou de um atributo seu ao homem, sem sairmos do plano do Antigo Testamento. A revelação da autocomunicação de Deus ao homem ou de um de seus atributos parece estar reservada aos tempos do Novo Testamento. Todavia, ela já se encontra no *Livro da Sabedoria*, como podemos comprovar na petição que o pseudo-Salomão faz da sabedoria, aqui já atributo divino: "Dá-me a *sabedoria* entronizada junto a ti" (Sb 9,11); e "Quem conheceu teu desígnio, se tu não concedeu a ele *sabedoria* e enviou a ele teu santo espírito do céu?" (Sb 9,17; cf. 7,15; 9,6).

Tudo isso confirma o fiel em sua confiança ilimitada em Deus, pois sabe que "somente assim os homens aprenderam o que te agrada, e a *sabedoria* os salvou" (Sb 9,18).

6. Fenômeno da personificação da sabedoria

No mundo literário existe uma figura chamada *personificação*, que consiste em fazer passar como pessoa algo que não o é, como uma abstração, uma planta, um animal. É o caso dos *Autos sacramentales*, em que entram em cena como personagens as virtudes e os vícios; ou das *fábulas*, nas quais falam plantas e animais. Esse recurso literário é com freqüência aplicado à sabedoria nos livros sapienciais.

6.1. A sabedoria na esfera do humano

A sabedoria é apresentada como uma pessoa que edifica sua casa e prepara um banquete (cf. Pr 9,1-3). Ela instrui e une com o Senhor os que a amam (cf. *Sr* 4,11-14; *Sb* 6,12). É digna de ser buscada a todo custo (cf. *Sr* 6,18-37) e facilmente é encontrada (cf. *Sb* 6,12-16). Eleva sua voz diante de um auditório (cf. Pr 1,20s; 8,1-3; *Sr* 24,1-2) e fala na primeira pessoa: "Eu, a *sabedoria*, sou vizinha da sagacidade e busco a companhia da reflexão. Detesto o orgulho [...] Possuo o bom conselho [...] Por mim reinam os reis[...] Eu amo os que me amam [...] Trago riqueza e glória [...] O Senhor me criou no princípio de suas tarefas [...] Quem me perde arruína-se a si mesmo; quem me odeia ama a morte" (Pr 8,12-36; cf. 1,20-33; 9,4-6; *Sr* 4,15-19; 24,3-22).

Deseja-se e ama-se a *sabedoria* como se deseja e se ama uma noiva (cf. Pr 7,4; *Sr* 14,20-27; *Sb* 8,2a), a uma esposa (cf. *Sr* 15,2b-6; *Sb* 8,2b.9.16-18), uma mãe (cf. *Sr* 15,2a).

6.2. A sabedoria é a Lei do Senhor

No penúltimo estágio de sua evolução, a sabedoria é uma criatura de Deus, porém eterna; está presente, como testemunho, desde o começo da criação: "O Senhor me criou no começo de seus empreendimentos, no começo de suas obras antiqüíssimas" (Pr 8,22; cf. *Sr* 1,9; 24,3-9; *Sb* 9,9). Mas se reduz ela apenas a isso?

É com assombro que os autores descobrem que a sabedoria não termina por um processo de transformação, iniciado antes do exílio babilônico. Acabamos de ver como os hagiógrafos emprestam-lhe a voz como se fosse uma pessoa; advertimos aqui que a voz da sabedoria se identifica com a de Deus. Na tradição de Israel, a voz de Deus ressoa na dos profetas. Desaparecidos os profetas, ficam seus escritos junto aos escritos normativos da Lei. Nesse momento, a sabedoria se identifica com a Lei: ela "é o livro dos mandatos de Deus, a lei de validade eterna" (*Br* 4,1; cf. *Sr* 24,23), que adiante será objeto privilegiado da consideração dos novos sábios em Israel e no judaísmo (cf. *Sr* 39,1-3).

6.3. A sabedoria, atributo divino

De modo diferente dos tópicos anteriores, a sabedoria aparece aqui como pertencente ao plano estritamente divino, porquanto o que a ela se atribui apenas pode ser dito com respeito a Deus.

Apresentamos os textos — todos pertencentes ao *Livro da Sabedoria* — de maneira que eles mesmos nos introduzam pouco a pouco no meio divino. Da sabedoria afirma-se que "governa o universo com acerto" (*Sb* 8,1), pois está presente e o penetra todo, como o próprio espírito de Deus, do qual é a perfeita imagem (*Sb* 7,24-26); como Deus, a tudo renova, e sua presença faz "amigos de Deus e profetas" (Sb 7,27); ela é confidente de Deus e do saber divino, visto que está entronizada junto a ele nos céus (cf. Sb 8,4; 9,4.9-11). Como Deus, a sabedoria tem um espírito todo-poderoso (cf. Sb 7,23.27), por isso pode ser chamada, com razão, *criadora* de tudo quanto existe (cf. Sb 7,21b e 8,6). Isso é dito de Deus em 13,1 e 4. Assim chegamos ao ápice da concepção da sabedoria.

6.4. Conteúdo real da personificação da sabedoria

Qual é, neste estágio, o conteúdo da sabedoria personificada? Trata-se de mera abstração poética ou é necessário atribuir-lhe uma subsistência própria, ao menos como ser intermediário entre Deus e o restante da criação?

Parece que a pura abstração poética é muito pouco, pois o recurso à personificação da sabedoria não é um mero jogo da fantasia do artista, cujo conteúdo permanece em sua imaginação. A subsistência própria, mesmo que dependente de Deus, vai longe demais, pois na realidade não se tem em vista uma pessoa. Devemos, pois, entender por personificação da sabedoria um termo médio entre a pura fantasia poética e a realidade de uma verdadeira pessoa. A *sabedoria* personificada não é um conceito vazio de conteúdo, tampouco unívoco; em absoluto, pode referir-se tanto à sabedoria humana como à divina. "De qualquer forma, a personificação da sabedoria serve para expressar a ação de Deus no mundo, sua presença no universo, no homem e, em particular, nos justos." O recurso a essa personificação foi a melhor saída que o judaísmo encontrou para defender sua ortodoxia. A fé monoteísta em Iahweh adaptou-se ao máximo às concepções pagãs, mas sem renunciar a seu monoteísmo.

7. O temor do Senhor e a sabedoria

Freqüentemente os sábios falam do *temor do Senhor* relacionando-o quase sempre com a sabedoria. Que pretendem com essa relação? Para descobrir sua intenção será necessário determinar o que os sábios entendem por *temor do Senhor* ou *de Deus*.

Muitos intérpretes o compreenderam como o temor psicológico diante de um ser supremo com poder ilimitado para destruir ou premiar. Assim, o Senhor aparece como uma divindade que infunde pânico ou terror. Mas certamente não é essa a maneira mais acertada de apresentar o Deus em que acreditavam os sábios, uma vez que Ele se manifesta extremamente piedoso em boa parte de Provérbios e de *Sirácida*. Por isso eu escrevia a respeito de Qohélet: "O temor de Deus em Qohélet refere-se, pois, a essa sensação reverencial que o homem crente, conseqüentemente religioso, experimenta diante da Majestade divina, percebida numa experiência religiosa. Quando Qohélet diz: 'Tu, em troca, teme a Deus' (5,6), devemos pensar que não se trata simplesmente de dizer algo sem proveito. Neste 'conselho' encerra-se toda uma mensagem ou programa de vida, que não exclui de maneira alguma o modo de viver a fé em uma comunidade de crentes israelitas (cf. 12,13)" (Qohélet, p. 448).

Analisaremos agora outras passagens em que aparecem unidos o temor do Senhor e a sabedoria.

7.1. O temor do Senhor é o princípio da sabedoria

Comparando a sabedoria a uma árvore frondosa, Jesus Ben Sirac nos diz que "a raiz da sabedoria é o temor do Senhor" (Sr 1,20). Essa árvore tem seus frutos, dos quais os primeiros (primícias) costumam ser os mais considerados; o salmista diz: "As primícias da sabedoria são o temor do Senhor" (Sl 111,10). Pr 9,10 diz a mesma coisa: "O começo da sabedoria é o temor do Senhor", e também Sr 1,14: "O princípio da sabedoria é temer o Senhor".

7.2. Com o temor do Senhor adquire-se a sabedoria e chega-se às coisas do alto

Adquirir a sabedoria deve ser a meta de todo homem; e o meio mais eficaz para isso, segundo os sábios, é o temor do Senhor. A sentença de Pr 15,33 assim o confirma: "O temor do Senhor é a escola da sabedoria"; o mesmo que Sr 1,27: "Porque o temor de Deus traz a sabedoria e o ensinamento". Mas com isso não se esgota aquilo que para o sábio é o temor do Senhor, pois a seus olhos é a plenitude e a coroa da sabedoria (cf. Sr 1,16.18). O temor do Senhor não somente leva à sabedoria mas a supera: "Grande é aquele que alcança a sabedoria, mas maior ainda é aquele que teme o Senhor" (Sr 25,10; cf. também 21,11). Por isso podemos dizer com Sr 19,20, que "o temor do Senhor é a síntese da sabedoria".

Portanto, podemos recordar o que o autor do epílogo de Eclesiastes aconselha a todo discípulo no final do livro: "Teme a Deus e guarda os mandamentos" (12,13). Ele crê que o essencial de toda concepção religiosa está no temor de Deus, demonstrado no cumprimento de seus mandamentos. Quem faz isto cumpriu todas as coisas, realizou o plano ou o desígnio de Deus sobre o homem, ou seja, realizou o ser do homem: *isto é ser homem* (cf. Sr 1,26).

8. Conclusão

Resumindo tudo que foi dito, pode-se afirmar:

8.1. Ao falar da sabedoria começamos pelo mais simples e fácil, provavelmente o mais primitivo. Ao procurar explicar o que na literatura bíblica (e em geral na literatura antiga) se entende por sabedoria/sábio, aparece em primeiro lugar a dimensão das *atividades manuais*: sábio, perito, conhecedor é aquela pessoa que domina inteiramente uma arte ou ofício (cf. Ex 35,30-36,2). Sabedoria, pois, equivale a habilidade, destreza, perícia, arte. [Notemos como o autor relaciona diretamente a Deus essa sabedoria artesanal ou perícia — Deus é quem concede aos artesãos tais habilidades etc. —, sem que com isso se tenha de pensar por um instante em algum tipo de dom infuso, ou seja, que não supõe o esforço da aprendizagem.] Aqui seria necessário acrescentar uma parte considerável dos escritos sapienciais que têm por objeto as observações na *agricultura* (cf. Pr 12,11; 14,4; 25,13s.23.25-27; 26,1-3; 27,8.18.23-27; 28,24-34); isto é, em todos aqueles meios em que se desenvolve comumente a vida da maior parte dos homens nas culturas primitivas rurais e também urbanas, unidos em associações, nas quais o filho aprende o ofício do pai.

8.2. Das atividades manuais passamos às relações *inter-humanas*. Neste plano, o grau de observação necessariamente tem de ser mais perspicaz, pois o suposto sábio precisa interpretar, por meio das condutas e dos gestos, os pensamentos ocultos nas pessoas. A sabedoria chama-se astúcia, sagacidade, discrição, prudência (ver o que foi dito sobre 2Sm 14 e a maior parte de Provérbios a partir de 10,1).

Neste tópico, ocupa lugar muito especial o rei, mais na literatura não-israelita que na de Israel, como veremos adiante:

a) Significado do rei em si, como representante ou eleito de Deus, e com relação ao povo; dele dependem a estabilidade e a prosperidade de seu povo: "Em tudo a vantagem de um país é que o rei se preocupe pelo campo (Ecl 5,8).

b) No rei, a sabedoria e a prudência equivalem ao bom governo (cf. a oração de Salomão em Gabaon segundo 1Rs 3,4-14; *Sb* 8-9).

c) Papel importante dos conselheiros do rei, isto é, dos conselheiros políticos (cf. coleção dos Provérbios de Salomão: Pr 10,1ss, e dos sábios de Ezequias: Pr 25-29).

8.3. A atividade dos sábios alcança um grau mais elevado ainda quando se propõem como objeto de suas reflexões problemas que afetam mais diretamente às pessoas como tais, mesmo que muitos casos possam ser vividos comunitariamente. Assim:

a) As desigualdades sociais: tema antiqüíssimo pobres-ricos (cf. Pr 14,20s.31; 17,5; 19,1.4.7.17; 22,2).

b) As injustiças flagrantes: os malvados diante dos justos, com a vitória dos malvados (cf. Pr 11,1-11.18s; tema freqüente nos salmos; criticamente tratados em Ecl 8,12-14; definitivamente em *Sb* 2; etc.).

c) O tema onipresente da *morte* (em todos os livros sapienciais, com seus matizes, a partir de Pr 12,28; 13,14; 14,12; etc. até Jó, Ecl, Sr e Sb).

d) O tema de Deus com seus aspectos distintos em cada um dos livros; a ele se une o *temor de Deus,* que codifica e resume a verdadeira religiosidade.

8.4. Conclusão final

Depois desse percurso exaustivo pela Sagrada Escritura, no qual analisamos todas as passagens em que aparecem *sabedoria* (em hebraico ḥokmāh, em grego *sophía*), *sábio* (em hebraico ḥākām, em grego *sophós*) e o verbo *ser sábio* (em hebraico ḥākām, em grego *sophyzein*), podemos tirar merecidamente algumas conclusões.

A primeira é que apenas se pode chamar sábio aquele indivíduo que é perito (que possui perícia) em algo útil na vida. Intencionalmente se abrangem aqui todos os níveis da vida individual e coletiva, e se ressalta unicamente o aspecto da eficácia: meio-fim, excluindo qualquer referência à moralidade dos atos.

Com o passar do tempo surgem novos matizes, em que o qualificativo *sábio (sabedoria)* vai sendo aplicado também no plano do moralmente bom. Desse modo resultam antíteses e equivalências *sábio/néscio; sábio = justo/néscio = malvado,* que se aplicam tanto às relações inter-humanas como às do indivíduo ou da comunidade com Deus.

Ao término da evolução conceitual, que coincide com o final da época intertestamentária, o sábio por excelência já não é o enciclopédico rei Salomão, mas o homem *justo.* A justiça do justo se manifesta diante de Deus pelo reconhecimento incondicional de sua soberania: ele respeita devidamente e guarda fielmente seus mandamentos; diante dos outros, por seu proceder livre em face dos poderosos, respeitoso com os semelhantes, compassivo com os mais fracos; diante da criação inteira, porque respeita e procura refletir em sua vida particular a ordem interna e estrutural do universo.

A sabedoria antiga e a ordem no mundo

Intencionalmente o título do capítulo é amplo e genérico, de maneira alguma impreciso. Como se nota, dois são os pontos de referência. Nossa tarefa será expor sucessivamente o que entendemos por sabedoria antiga e por ordem no mundo à luz em grande parte do que já sabemos.

1. A sabedoria antiga ou internacional

Entendemos aqui por sabedoria um sistema de valores, uma compreensão total do mundo por parte do homem. Abrange o homem e seu mundo referencial, isto é, suas relações com o âmbito do divino, do humano e do mundo material que o rodeia.

A sabedoria antiga é aquela que precede temporalmente à sabedoria em crise (a de Jó e de Eclesiastes): sua visão da realidade é simples e ingênua e não coloca sinais de interrogação ou de dúvida ali aonde não chega a compreensão da razão humana. Por isso, o homem que vive segundo a sabedoria antiga acredita possuir da realidade que o rodeia um conhecimento firme, seguro, sem fissuras, comparável a uma pedra de granito.

Testemunhos escritos nos mostram que essa sabedoria antiga é comum aos povos dos Orientes Próximo e Médio, inclusive de Israel.

Com toda a justiça se chama sabedoria internacional, pois para ela não existe nenhum tipo de fronteiras: nem locais, nem sociais, nem culturais, nem religiosas etc. As razões que fundamentam esta apreciação serão apresentadas nos parágrafos seguintes.

2. O homem, medida de todas as coisas

Em que sentido a sabedoria antiga coincide com a visão generalizada que afirma ser o homem a medida de todas as coisas, sem que por isso se converta automaticamente em um substituto da divindade?

2.1. Antropocentrismo religioso dos sábios

Geralmente no mundo sapiencial o ponto de partida e o de chegada são o mesmo: o homem. A experiência humana — observação e reflexão — é fonte e origem da sabedoria. A própria sabedoria e seus frutos enriquecem o homem, que, por isso mesmo, é e se diz sábio.

Não se trata, entretanto, de um círculo fechado nos moldes de uma concepção filosófica puramente imanente do homem, visto que a sabedoria antiga jamais nega a transcendência divina. Nesse meio não se concebe o homem desligado de Deus: o homem é essencialmente *religioso*, religado e relacionado com Deus. Além disso, prevalece uma visão positiva de suas possibilidades teóricas e práticas. O mundo, segundo se crê, foi feito à medida e ao alcance do homem; por isso se proclama seu senhorio sobre todas as coisas, sem que com isso o homem seja proclamado o ser absoluto e supremo em aberta disputa com Deus. Neste sentido, e apenas nele, aceitamos a sentença de Protágoras: "O homem é a medida de todas as coisas", pois ele sempre será o ponto de referência de tudo, também das relações com Deus: *antropocentrismo religioso*, em contraposição à visão dos profetas e dos apocalípticos: *teocentrismo*. Dito de outra maneira: segundo a concepção dos sábios, o homem busca a Deus; segundo os profetas, Deus busca ao homem. Por causa disso, a racionalidade é a norma para os sábios e a revelação para os profetas.

2.2. O homem, imagem de Deus e senhor de todas as coisas

No mundo antigo — o da sabedoria antiga — os sábios crêem em Deus (nos deuses). Quase não há verdadeiros problemas ou sérias dúvidas acerca de sua existência. Mais adiante, em plena crise da sabedoria, será questionada, e muito, a intervenção de Deus na vida e na história dos indivíduos e dos povos.

Em geral, a fé em Deus, criador do mundo e também do homem, é familiar aos sábios. Segundo a terminologia do Gênesis, "o homem foi criado à imagem e à semelhança de Deus". Significaria isso que o autor sagrado pensa em Deus como um ser material, bípede... como o homem? De maneira alguma. Isso seria converter Deus em um ídolo, coisa abominável para um israelita. A própria Escritura nos ajuda a compreendê-la. Lemos no Sl 8:

"Que é o homem para que te lembres dele,
o ser humano para que te preocupes com ele?
Tu o fizeste pouco menos que um deus,
coroaste-o de glória e de dignidade;
deste a ele o comando sobre as obras de tuas mãos,
a ele submeteste todas as coisas" (Sl 8,5-7).

O salmista destaca a grandeza do homem, sua glória e dignidade, sobrepondo-o a toda a criação. Jesus Ben Sirac faz eco às palavras do salmo e de Gn 1,26-27. O Senhor

"deu ao homem o domínio sobre a terra;
revestiu-o de um poder semelhante ao seu
e o fez segundo sua própria imagem" (*Sr* 17,2s).

Por fim, o autor do *Livro da Sabedoria* nos dá a mais avançada interpretação de Gn 1,26s:

"Deus criou o homem para a incorrupção
e o criou segundo a imagem de seu próprio ser" (*Sb* 2,23).

Como imagem de Deus, o homem se manifesta como ser pessoal, livre e responsável, capaz de estabelecer um diálogo com Deus; e essas qualidades o distinguem de todos os outros seres da criação. Apenas do homem se diz que foi criado à imagem e semelhança de seu Criador; por isso, somente ele pode ser seu legítimo representante na terra, mostrando seu senhorio sobre tudo que existe, pois assim o dispôs o próprio Senhor do homem e de tudo que existe.

Mas como o homem deve exercer esse senhorio e domínio sobre o mundo? Existe algo no mundo que ele deva respeitar e a que deva submeter-se? A essas ou semelhantes perguntas vamos responder no tópico seguinte.

3. A ordem no mundo

Nas reflexões seguintes procuraremos nos situar no mesmo ponto de observação que os antigos. Observaremos o mundo exterior que nos rodeia, o mundo imponente, majestoso, insondável na profundidade do céu distante, firme e estável nas montanhas mais próximas. Tudo isso pode ser observado apenas com o auxílio de nossos olhos, sem a ajuda dos engenhos inventados pelo homem moderno e contemporâneo.

3.1. Descobrimento da ordem na criação: o cosmos

Sabemos que os sábios antigos formulam o conhecimento adquirido, arrancado golpe a golpe da realidade, em frases e sentenças a que chamamos provérbios. Muitos deles expressam a ordem, o ritmo da natureza e do tempo (cf., p. ex., Pr 25,13s.23.25; 26,1). A própria expressão artística da sentença é uma forma de ordenar e dominar a realidade. O observador Qohélet o expressou como ninguém:

"Uma geração vai, outra geração vem;
e a terra permanece sempre.
Sai o sol, põe-se o sol,
se esforça para chegar a seu destino,
de onde volta a sair.
O vento caminha para o sul, gira para o norte,
o vento gira, gira e caminha
e torna a girar.
Todos os rios caminham para o mar,
e o mar não transborda;
onde os rios caminham
para lá voltam a caminhar [...]" (Ecl 1,4-11).

O caminhar das gerações, o movimento das estrelas, o fluir monótono das águas e da história nos mostram um mundo ordenado, um autêntico cosmos.

Já se propôs como categoria básica de todo o pensamento do Oriente Próximo antigo "a ordem do mundo". Certamente a concepção de um mundo bem ordenado pertence ao patrimônio da sabedoria antiga e não é original de Israel. No Egito, a sabedoria é identificada com o *Maat,* o princípio divino, cuja influência no ambiente sapiencial é reconhecida e diretamente relacionada à criação do mundo. Em Israel, o *Maat* é substituído pela presença e ação direta de Deus, Senhor da criação, ou simplesmente pela sabedoria que a tudo invade e penetra (cf. *Sr* 1,9; *Sb* 1,7). O homem pode descobrir com sua atividade sapiencial essa presença ativa de Deus no mundo (cf. *Sb* 13,1-9), mesmo reconhecendo o mistério que a oculta e as fronteiras ou limites da sabedoria humana.

3.2. Da ordem cósmica à ordem moral na vida humana

Nos povos antigos a concepção da vida é unitária. O princípio originário da ordem no mundo e na sociedade é o mesmo. Fora de Israel, os homens e os deuses estão submetidos a esse supremo princípio da ordem, chame-se ele Necessidade, Destino, Némesis, Moira etc. Nesse aspecto, Israel distingue-se de todas as correntes ideológicas dominantes no Oriente Próximo antigo, inclusive o mundo helenístico. A personalidade de seu Deus Iahweh não permite confusão alguma com princípios impessoais; sua soberania é absoluta, está livre de qualquer liame ou necessidade estranha: ele é o Senhor.

O moderado otimismo da sabedoria, que concede ao homem um espaço de liberdade, opõe-se ao pessimismo dos antigos, inerente à concepção fatalista do mundo e da existência humana. Esse espaço, mais ou menos amplo, é o que se supõe nas passagens em que se aplica à vida individual e coletiva o princípio vigente da ordem no mundo. O homem deve ordenar moralmente sua vida segundo o modelo estabelecido por Deus na criação e percebido pelo homem em seu coração. O sábio é, precisamente, aquele que consegue realizar em si mesmo a harmonia preexistente na criação.

Também deve ser respeitada a ordem na sociedade, reflexo daquilo que é originário no mundo, pois acredita-se que seja ela a expressão da vontade divina. Por isso o rei, representante de Deus entre os homens e responsável pela observância da lei, é pessoa sagrada.

A sabedoria antiga e os provérbios

Uma vez que determinamos o que entendemos por *sabedoria antiga*, vamos explicar a seguir sua estreita relação com o mundo sapiencial do Antigo Testamento, especialmente com o Livro dos Provérbios e o *Sirácida*.

Formalmente falando, o Livro dos Provérbios é o mais representativo dos sapienciais bíblicos. Nele se encontram os testemunhos mais simples e refinados do estilo literário sapiencial e os mais antigos, com suas duas faces: a da sabedoria popular, mesmo que estilizada pelos sábios, e a da sabedoria de escola.

1. O Livro dos Provérbios é uma coleção de coleções

Quem toma nas mãos o Livro dos Provérbios e começa a lê-lo ou simplesmente a folheá-lo se surpreende com um fato pouco comum. O livro começa com um título, pelo menos aparentemente: "Provérbios de Salomão, filho de Davi, rei de Israel"; mas, em 10,1, de novo encontramos: "Provérbios de Salomão". Isso já é estranho. Será que os provérbios anteriores não são também de Salomão, como acabamos de ler em 1,1? Nossa surpresa aumenta quando em 22,17 somos informados de que começam as "sentenças dos sábios" e em 24,23 que "seguem sentenças dos sábios". Evidentemente estamos diante de uma série de coleções de sentenças ou de máximas sapienciais que ainda não terminaram. Em 25,1, o redator nos oferece "outros provérbios de Salomão recolhidos pelos escribas de Ezequias, rei de Judá". E, para que se veja que nem tudo é sabedoria local ou israelita, podemos ler ainda a partir de 30,1: "Palavras de Agur, filho de Jaces, o massaíta", e, para finalizar, as "Palavras de Lamuel, rei de Massa, a ele ensinadas por sua mãe" em 31,1ss.

2. Composição e datação de Provérbios

Como ocorre com a profecia que se concentra no Livro de Isaías, a lei e a história no Pentateuco e a poesia religiosa no Saltério, no livro dos Provérbios concentra-se a atividade da sabedoria em Israel durante vários séculos. Vimos como Provérbios é uma coleção de coleções de ditados, sentenças etc. Como pano de fundo de cada uma dessas coleções, pode-se supor uma longa e fatigante história de criadores de provérbios, de transmissores e de compiladores dos já criados: a atividade de muitos sábios anônimos, de discípulos e de mestres. Os estudiosos têm procurado descobrir como se formou o Livro dos Provérbios. Aproveitando seus esforços, propomos em poucas linhas um provável processo de composição.

Admite-se comumente que as duas coleções salomônicas (10,1-22,16 e 25-29) são os pólos de atração das outras coleções. Não existe acordo entre autores sobre qual das duas é a primeira ou, até mesmo, se de fato existe uma primeira.

Talvez não seja conveniente propor a questão desse modo, porque provavelmente as coleções foram se formando pouco a pouco e independentemente, até que o criador do livro, como tal, as recolheu em um volume. Sabemos que desde o tempo salomônico os sábios atuavam em Israel — e de maneira mais fecunda até meados e final do século VIII a.C. A esse trabalho dos sábios, continuado depois ininterruptamente, deve-se a recompilação de tradições orais. Entre essas compilações estão as de tantas e tantas sentenças de sabedoria que formam o substrato das grandes coleções salomônicas e também das outras coleções menores que se formaram pouco a pouco: 22,17-24,22 e 24,23-34; todas contêm "sentenças de sábios".

No que se refere a 30,1-31,9, não é possível datá-las. Muito provavelmente o redator final recolheu todo o material disperso e existente antes dele.

Ficam o início e o final do livro, ou seja, Pr 1-9 e 31,10-31. Com exceção de algumas vozes solitárias, o coro geral dos autores opina que se trata das partes mais recentes de Provérbios, provavelmente compostas pelo próprio redator do livro ou, pelo menos, adaptadas por ele ao conjunto do livro. Assim, pois, a data de composição de Pr 1-9 e do poema 31,10-31 coincide com a do volume tal e qual agora conhecemos, que tem como referência, além da qual não se pode passar, o livro de Jesus Ben Sirac, ou *Sirácida* (c. 190 a.C.).

Além de outras diferenças com o texto hebraico (TM), a versão grega ou LXX de Provérbios organiza as coleções de maneira diferente, mas muito significativa. A I (Pr 1-9) e a IX (Pr 31,10-31) são as mesmas nos LXX e TM: as mais recentes abrem e fecham o volume de Provérbios com uma visão unitária e articulada de todo o conjunto. As duas coleções salomônicas, ou seja, a II (Pr 10,1-22,16) e a V (Pr 25-29), ocupam nos LXX a segunda camada, que envolve todas as outras coleções menores na seguinte ordem: III (22,17-24,22), VI (30,1-14), IV (24,23-34), VII (30,15-33) e VIII (31,1-9). Dessa maneira o novo envolve o mais antigo, e no centro o intermediário. Qual a ordem original do volume? Não o sabemos, talvez nem cheguemos a sabê-lo. O importante é a obra que resta.

O que sabemos dos diferentes autores das coleções, grandes ou pequenas? O livro é atribuído a Salomão já no primeiro verso: "Provérbios de Salomão". Também a grande coleção II começa: "Provérbios de Salomão" (10,1). Mas, depois do que dissemos, parece supérfluo perguntar se Salomão foi realmente o autor do livro em sua totalidade ou pelo menos das coleções que levam seu nome. Temos diante de nós um caso de atribuição ou pseudonímia: assim como se atribuem a Moisés os escritos legais e a Davi os salmos, a Salomão são atribuídos os escritos sapienciais. É muito difícil determinar as camadas inferiores da tradição que, sem dúvida, remonta aos tempos salomônicos e ainda os ultrapassa.

Só temos de agradecer a essa cadeia anônima de sábios que pacientemente foram recolhendo, como pedras preciosas, os provérbios e as sentenças que andavam na boca do povo e eram repetidos nas escolas, acrescentando-lhes então suas criações mais ou menos originais. O último exemplo nos é dado pelo redator do livro, provavelmente da metade do século III a.C.

3. Variedade de formas em Provérbios

Em Provérbios prevalece o *māšāl* com toda sua variedade, dos mais simples, como a *sentença* de sabedoria — verbo no indicativo — e os *conselhos* — verbo no modo imperativo e proibitivo —, até os mais complicados, como os pequenos tratados, os provérbios numéricos e os poemas alfabéticos.

3.1. Paralelismo

Em geral, tanto as sentenças como os conselhos são "bimembrados", isto é, constam de duas linhas ou versos paralelos. Comparando o conteúdo dos versos, o *paralelismo* é *sinonímico* quando o segundo verso repete a idéia do primeiro com termos semelhantes; por exemplo:

"A falsa testemunha não ficará impune,
aquele que diz mentiras não se salvará" (19,6).

É *antitético* quando o segundo verso opõe à idéia anterior outra em termos contrários:

"Há quem se banca de rico e nada tem,
e quem se passa por pobre e tem uma fortuna" (13,17).

E é *sintético* ou *completivo* quando o segundo verso desenvolve ou completa o primeiro:

"Respeitar o Senhor é um manancial de água viva,
que liberta dos laços da morte" (14,27).

Outros recursos estilísticos podem acompanhar ou substituir o paralelismo, tais como:

3.2. Formas valorativas

Estas formas estão presentes nos provérbios que expressam estima ou repulsa por uma conduta, uma coisa. Por meio deles descobre-se a escala de valores vigente em determinado ambiente, o sentimento mais comum entre as pessoas que se consideram normais e prudentes.

a. Existem provérbios que rejeitam uma conduta ou, pelo contrário, aprovam um modo de proceder, apoiados em um fundamento estritamente religioso. Apresentamos alguns que vão do mais geral ao concreto:

"O Senhor detesta a conduta do malvado
e ama quem busca a justiça" (15,9; cf. 11,20; 16,5).

"O Senhor detesta o sacrifício do malvado,
a oração dos retos alcança seu favor" (15,8; cf. 15,29; 21,3.27).

O Senhor detesta quem absolve o culpado e quem condena o inocente" (17,15).

"O Senhor detesta as balanças falsas
e aprova os pesos exatos" (11,1; cf. 16,11; 20,10.23).

b. Numerosos são os provérbios que utilizam a forma "mais vale (é melhor)... que...", ou equivalentes: "quanto mais..." por exemplo.

Alguns comparam uma qualidade com a riqueza ou com os metais preciosos:

"Meu fruto [o fruto da sensatez] é melhor que o ouro puro
e minha renda vale mais que a prata" (8,19; 16,16; 22,1).

São mais freqüentes, porém, aqueles que contêm um juízo moral sobre certas atitudes humanas, especialmente as que se relacionam com o pobre:

"Mais vale um pobre que um traidor" (19,22).

"Mais vale o pouco com justiça que muitas ganâncias injustas" (16,8; cf. 15,16; 16,19; 28,6).

Alguns são plásticos e pitorescos:

"Mais vale um prato de verdura com amor que um boi cevado com rancor" (15,17).

"Mais vale viver num canto da casa que morar junto com uma mulher encrenqueira" (21,9 = 25,24; cf. 21,19).

Outros conseguiram formulações definitivas:

"Mais vale a astúcia que a força" (24,5).

"Mais vale um vizinho perto que o irmão distante" (27,10).

Com fórmulas equivalentes, como "quanto mais...", no segundo hemistíquio, ver 11,31; 15,11; 19,10.

c. Encontramos também alguns provérbios com a típica fórmula do macarismo: "Ditoso, feliz aquele que..."

"Ditoso quem tem compaixão dos pobres" (14,21b).

"Ditoso aquele que confia no Senhor" (16,20b; cf. também 3,13; 10,7; 20,7; 28,14; 19,18).

3.3. Comparações

A comparação é uma proposição em que se confrontam dois ou mais termos por meio da partícula *como*. O repertório das comparações em Provérbios é abundante:

"Como o vinagre nos dentes e (como) a fumaça nos olhos;
assim é o preguiçoso para quem lhe dá um encargo" (10,26).

"Como o rugido de um leão é a ira do rei,
e como o orvalho sobre a erva é seu favor" (19,12; cf. 20,2).

"Como o frescor da neve em tempo de colheita,
assim é o mensageiro fiel para quem o envia" (25,23).

"Como a neve no verão, como a chuva na colheita,
assim é a honra para o néscio" (26,1).

"Como o pássaro que esvoaça, como a andorinha que voa,
assim a maldição injusta não vai a parte alguma" (26,2).

"Como o pássaro que escapa do ninho
é o vagabundo longe de sua casa" (27,8).

"O malvado foge sem que ninguém o persiga,
a pessoa honrada segue segura como um leão" (28,1; cf. 28,15).
Uma mulher trabalhadeira "é como uma nave mercante
que importa o grão de lugares distantes" (31,14).

3.4. Metáfora

A metáfora distingue-se da comparação por ter a partícula *como* suprimida; o predicado é atribuído diretamente ao sujeito em sentido figurado:

"O conselho é uma lâmpada, e a instrução uma luz,
e a repressão que corrige é o caminho da vida" (6,23; ver 20,27).

"Anel de ouro em focinho de porco
é a mulher formosa carente de discrição" (11,22; cf. 25,12).

"As palavras de um homem são água profunda,
riacho que corre, manancial de sensatez" (18,4; cf. 22,14; 23,27).

"A ira do rei é rugido de leão:
quem a provoca põe em risco a vida" (20,2; cf. 19,22).

"Maça e espada e flecha aguda
é o falso testemunho contra seu amigo" (25,18).

"Leão que ruge e urso faminto
é o governante que oprime os necessitados" (28,15; cf. 28,1).

A metáfora é um recurso de estilo mais agressivo que a comparação, o que torna seu efeito literário mais forte e poético.

3.5. Perguntas retóricas

Trata-se daquelas das quais já se sabe, antecipadamente, a resposta. São apropriadas para expressar uma convicção generalizada:

"Poderá alguém carregar fogo consigo
sem queimar a própria roupa?
Poderá alguém caminhar sobre brasas
sem queimar os próprios pés?" (6,27s).

"Quem se atreverá a dizer:
'tenho a consciência pura, estou limpo de pecado'?" (20,9).

"Mesmo que digas que não sabias,
não o saberá aquele que pesa os corações?" (24,12)

"Cruel é a raiva; avassaladora a ira;
mas quem resistirá aos ciúmentos?" (27,4).

"Quem subiu aos céus e logo desceu?
quem recolheu o vento em uma mordaça?
quem encerrou o mar no manto?
quem fixou os confins dos céus?

qual é seu nome e seu sobrenome,
se é que o sabes?" (30,4; ver também 6,30; 17,16; 18,14; 20,6; 31,10).

3.6. Cenas breves

Trata-se de provérbios que apresentam atitudes — geralmente dignas de repreensão — de personagens típicos na sociedade. Em alguns, a pessoa mencionada diz em voz alta o que pensa; em outros, fala-se dela, sem que sua voz ressoe. O tom é de fina ironia, o que leva alguns a falar de *vinhetas* irônicas ou satíricas:

'Mau, mau', diz quem compra;
depois se afasta comentando a compra" (20,14).
"Lá fora existe um leão, diz o preguiçoso,
me matará no meio da rua" (22,13; cf. 26,13).
"Assim procede a mulher adúltera:
come, limpa a boca e diz:
'Nada fiz de mal'" (30,20).

Em outras passagens, o provérbio breve se amplia um pouco mais, e a fala às vezes é substituída por uma descrição de determinado tipo que, algumas vezes, é objeto de julgamento, outras não. Estes quadros poderiam ser chamados de *etopéias*:

O preguiçoso e a formiga

"Veja a formiga, preguiçoso, observe seu modo de proceder e aprenda sua lição; não tem chefe nem capataz, nem governante, mesmo assim acumula grão no verão e reúne provisões durante a colheita. Até quando dormirás, ó preguiçoso? Quando te despertarás do sono? Um pouco dormes, um pouco cochilas, um pouco cruzas os braços e descansas e assim chegas à pobreza do vagabundo e à indigência do mendigo" (6,6-11).

O beberrão

"Para quem os queixumes? Para quem os gemidos? Para quem as rixas? Para quem os lamentos? Para quem os golpes sem motivo? Para quem os olhos turvados? Para aqueles que perdem a noção do tempo com o vinho e vão catando bebidas. Não fiques contemplando o vinho vermelho, que na taça resplandece todo seu colorido e corre suavemente pra dentro. No fim ele morde como uma cobra e pica como uma víbora. Teus olhos verão maravilhas, tua mente imaginará coisas absurdas; serás como alguém atirado em alto-mar ou ao topo de um mastro. 'Me feriram, e eu não senti dor; me bateram, e eu nada senti; logo que despertar, tornarei a pedir mais'" (23,29-35).

Sobre a mulher adúltera que seduz o jovem, ver Pr 7.

3.7. Outras formas, mais complicadas

No Livro dos Provérbios encontramos formas mais elaboradas ainda, cujo texto não transcreveremos devido à sua grande extensão. Enumeramos as principais com apenas algumas referências:

Pequenos tratados em Pr 1–9; seu conteúdo será analisado adiante (cf. Pr 3,13-18.21-26.27-35; 4,20-27; 5,1-14.15-23; 6,1-19.20-35).

Discursos da sabedoria: Pr 1,20-33; 8,1-36; 9,4-12; do mestre: 2,1-22; 3,1-35; de um pai: 4,1-27; da nescidade: 9,16s.

Provérbios numéricos com o número dois: Pr 30,7.15a; com o número três mais um: 30,15b-16.18-19.21-23.29-31; com o número quatro: 30,24-28; com o número seis mais um: 6,16-19.

Poema alfabético ou acróstico: o Livro dos Provérbios termina com um poema de 22 versos (31,10-31), cada um começando com uma letra do alfabeto hebraico e por ordem de Alef a Tau.

É importante o estudo e conhecimento do livro dos Provérbios do ponto de vista formal; porém, é mais importante ainda do ponto de vista analítico do conteúdo, como veremos a seguir.

4. Variedade temática em Provérbios

Como livro ou grande coleção de ditados, Provérbios destina-se primordialmente ao ensinamento: ver os cinco infinitivos finais dos primeiros versos: *"Para adquirir* o bom senso e a educação, *para entender* as máximas [...], *para obter* uma educação acertada [...], *para ensinar* a sagacidade [...]"* (1,2-6).

Qual é o conteúdo desse ensinamento? Ou, o que é a mesma coisa, qual deve ser a adequada programação para "obter uma educação acertada"? A resposta vale para todas as formas de sabedoria antiga, pois todas têm a mesma finalidade, como vimos nos capítulos anteriores. A seguir vamos responder a uma série de temas importantes que são tratados em Provérbios e servem para obter essa educação ideal.

4.1. Amor à sabedoria

Desde o início de Provérbios, a sabedoria, que já conhecemos, apresenta-se como figura intermediária entre o discípulo-leitor e Deus. Por meio dela conhecemos a vontade do Senhor; em si mesma ela é o reflexo perfeito do conteúdo da Lei do Senhor. Numerosos são os motivos para amá-la e segui-la:

— A sabedoria tem origem divina:

"O Senhor me criou como o primeiro de seus trabalhos,
no começo de suas obras mais antigas.
Desde sempre fui consagrada, desde as origens, desde os primórdios da terra. Antes que [...]" (8,22-31; cf. *Sr* 1,9-10).

— Ela é digna de ser amada, porque ao amor responde com amor, e por suas incontáveis riquezas:

"Amo os que me amam,
os que me procuram desde o amanhecer me encontram.
Trago riqueza e glória,
fortuna sólida e justiça;
meu fruto é melhor que o ouro puro,
minha renda vale mais que a prata.
Caminho pela via da justiça
e sigo as sendas do direito,
para deixar riquezas a meus amigos
e cumular seus tesouros" (8,17-21).

"Feliz quem alcança a sabedoria
e o homem que adquire a inteligência:
é uma mercadoria melhor que a prata,
produz mais lucro que o ouro,
é mais valiosa que as pérolas,
jóia alguma a ela se compara.
Em sua direita, traz longos anos;
em sua esquerda, honra e riqueza;
seus caminhos são repletos de delícias,
e tranqüilas são suas sendas.
Para os que a acolhem é a árvore da vida,
ditosos são os que a retêm" (3,13-18).

— Como uma mãe, a sabedoria chama pessoalmente e convida para escutá-la e aceitar sua exortação:

"Portanto, filhos, escutai-me:
felizes os que seguem meus caminhos.
Escutai minha correção e sereis sensatos;
feliz o homem que me escuta,
velando em minha porta cada dia,
guardando as ombreiras de minha porta.
Pois quem me alcança alcança a vida
e goza do favor do Senhor.
Quem me perde arruína-se a si mesmo;
os que me odeiam amam a morte"
(8,32-36; cf. 1,20-33; 2,1-5; 3,21-25; 9,1-2).

— A sabedoria ensina a justiça e o direito, e livra de todos os perigos seus seguidores:

"Então compreenderás a justiça e o direito,
a retidão e toda boa conduta,
porque entrará em tua mente a sabedoria
e sentirás gosto no saber,
a sagacidade te guardará,
a prudência te protegerá
para livrar-te do mau caminho,
do homem que fala perversamente,
dos que abandonam a senda reta
para seguir caminhos tenebrosos" (2,9-13).

— Compreende-se por que os mestres insistem tanto na aquisição da sabedoria, custe o que custar:

"Adquire a sabedoria, adquire a inteligência,
não a esqueças, não te afastes de meus conselhos,
não a abandones, e ela te guardará;
ama-a, e ela te protegerá.
Este é o princípio da sabedoria: 'Adquire a sabedoria',
com todos os teus haveres adquire a prudência;
estima-a, e ela te fará nobre;
abraça-a, e ela te fará rico;
porá em tua cabeça um diadema formoso,
te cingirá com uma coroa esplendorosa" (4,5-9).

4.2. Provérbios e a vida pessoal

Agora nos propomos analisar a riqueza do conteúdo de Provérbios do ponto de vista do leitor. Partimos do leitor, como o círculo central e menor.

a. O indivíduo, o primeiro aluno

O indivíduo é o auditório mais próximo do mestre. Antes que a qualquer outro, a ele se dirigem também os avisos, as correções e admoestações:

"Filho meu, atende a minhas palavras,
presta atenção a meus conselhos:
que eles não se apartem de teus olhos,
guarda-os dentro do coração;
pois são vida para quem os consegue,
são saúde para sua carne.
Acima de tudo guarda teu coração,
porque dele brota a vida [...]
aplaina os caminhos de teus pés,
que todos os teus caminhos sejam seguros,
não te desvies à direita nem à esquerda,
afasta teus passos do mal" (4,20-27; cf. 4,10-13; 7,1-2).

A sabedoria antiga e os provérbios 75

Ao mestre interessa que o discípulo adquira antes de tudo a sensatez, garantia dos bens sem conta:

"Filho meu, não os percas de vista,
conserva o tino e a reflexão:
serão vida para tua alma
e adorno para teu pescoço;
assim seguirás tranqüilo teu caminho
sem que tropecem teus pés;
descansarás sem apreensão;
deitarás, e tranqüilo será seu sono" (3,21-24; cf. 6,20-23; 15,31s).

b. Desprestígio do preguiçoso

Em Provérbios ensina-se e fala-se positivamente que é necessário ser diligente no trabalho:

"O braço diligente enriquece" (10,4b; cf. 11,16d; 12,27b).

"O diligente sacia seu apetite" (13,4b; cf. 10,5a).

"A mulher trabalhadeira é a coroa do marido" (12,4a; ver 31,10-31).

Os autores de Provérbios reconhecem na prática que a repreensão irônica do vício é muito mais eficaz que a simples recomendação da virtude. Por isso se comprazem em multiplicar os provérbios que desautorizam a vadiagem; ao mesmo tempo ridicularizam o preguiçoso, que apesar de tudo "julga-se mais sábio que sete pessoas que respondem com acerto" (26,16).

— Vêm em primeiro lugar os provérbios que falam dos grandes desejos do preguiçoso sem passar daí:

"O preguiçoso muito deseja e nada obtém;
o diligente sacia seu apetite" (13,4; cf. 21,25).

— Há os provérbios que descrevem os graves males que acompanham o preguiçoso:

"A indolência desaba no sonho;
o preguiçoso passará fome" (19,15).

"Os beberrões e os comilões se arruinarão,
e o preguiçoso se vestirá de farrapos" (23,21; cf. 10,4; 11,16cd; 12,24.27).

— A preguiça paralisa todas as forças e recursos do preguiçoso, e faz surgir os fantasmas do medo:

"'Lá fora tem um leão!', diz o preguiçoso,
'me matará bem no meio da rua'" (22,13; cf. 26,13).

"O preguiçoso mete a mão no prato
e não tem coragem de levá-la à boca" (26,15; cf. 19,24).

"A porta dá voltas no gonzo,
o preguiçoso na cama" (26,14).

— Há também os provérbios que se relacionam com o trabalho sazonal do campo:

"O preguiçoso não ara no outono;
na colheita pede e não encontra" (20,4; cf. 10,5; 12,11).

— Por último, encontramos repetida em Provérbios uma mesma reflexão, precedida por duas descrições típicas: a da formiga em Pr 6,6-11, anteriormente citada, e a da preguiça:

"Passei pelo campo do preguiçoso, pela vinha do homem sem juízo: era tudo espinheiro que crescia, os cardos cobriam sua extensão, a cerca de pedras estava derrubada. Fiquei olhando, refleti com atenção. Vi, e aprendi uma lição: dormir um pouco, cochilar um pouco, espreguiçar um pouco, de mãos cruzadas, e a pobreza chegará à tua casa como que de passeio; a indigência, qual um velho guerreiro" (24,30-34; cf. 15,19).

c. Prudência no falar

É por meio de sua palavra que, em qualquer cultura, o homem descobre aquilo que é mais oculto em si, aquilo que o caracteriza; em um meio eminentemente oral, a palavra ocupa um lugar privilegiado. Por isso os sábios a estimam tanto. Provérbios dá testemunho disso:

— Com suas sentenças sobre o reto uso da palavra:

"Que alegria saber responder,
que boa coisa é a palavra oportuna" (15,23).

— Com as recomendações para guardar segredos ou manter-se em silêncio:

"Quem morde os lábios é discreto" (10,19b).

"Quem guarda a boca e a língua
guarda-se dos perigos" (21,23; cf. 11,13b).

— Com a crítica acerba ao falar demasiado pelas más conseqüências:

"No muito falar não faltará pecado" (10,19a);
"Quem fala demais acaba revelando segredos" (11,13a; cf. 12,18s; 14,23b; 29,20).

d. A justiça antes de tudo

A sensibilidade dos sábios pela justiça fica plasmada em provérbios que são a herança de uma humanidade massacrada pelas injustiças. Eles procuram inculcá-la nos discípulos com aplicações práticas de grande transcendência:

— Como testemunho da própria existência:
"Quem respira a verdade fala com justiça;
a falsa testemunha, com mentiras" (12,17);

— Por seu valor intrínseco e em comparação com as riquezas:
"Mais vale o pouco com justiça que o muito com ganância injusta" (16,8);

— Pelos frutos e pela recompensa garantida:
"Quem semeia justiça tem garantida a recompensa" (11,18a);
"Quem mede o que é justo viverá" (11,19a);
"Quem busca a justiça e a misericórdia alcançará a vida e a glória" (21,21).

e. Atitude diante da riqueza e da pobreza

Anteriormente recordamos alguma coisa que os sábios pensam e dizem acerca do desocupado e preguiçoso. Aduzimos então como testemunho importante a passagem de Pr 10,4 que diz: "A mão preguiçosa empobrece, o braço diligente enriquece" (cf. 11,16cd; 12,27). A pobreza é vista, pois, como conseqüência lógica da atitude reprovável do preguiçoso, e a riqueza como prêmio louvável da laboriosidade e do trabalho. De acordo com isso, a riqueza em si não é má, mas boa e desejável.

Contudo, muitos são os provérbios que contêm um juízo negativo das riquezas. A que se deve essa aparente contradição?

Em primeiro lugar, temos de reconhecer que a simples acumulação de bens por si mesma não é um valor absoluto; as riquezas oferecem ao homem um ponto de apoio bastante frágil, quando nelas se confia cegamente (cf. 18,11) ou quando se espera tudo delas. A experiência ensina que "quem confia em suas riquezas decai" (11,28a), não se salva do tributo do tempo, dos contratempos, da morte; sua situação é a mesma daquele que nada possui. Diante da justiça venal humana, o poder do dinheiro talvez possa alguma coisa (17,23); porém, na hora da verdade, "no dia da ira de nada serve a fortuna" (11,4a), quando chega a desgraça inevitável, o dia do acerto de contas diante de Deus.

No caso de riquezas mal-adquiridas, o juízo negativo é ainda mais severo:

"Nada se aproveita dos tesouros mal-adquiridos" (10,2a).

"Acumular tesouros com língua mentirosa
é vento que se esvai, laços mortais" (21,6).

"O avarento sacrifica-se para se enriquecer
e não sabe que a miséria se abaterá sobre ele" (28,22).

Não existe, todavia, em Provérbios um juízo positivo da pobreza; mas sim uma atitude abertamente favorável ao pobre em circunstâncias particulares:

"Mais vale ser modesto e ter apenas um criado
que passar por rico e nada possuir" (12,9).

"Mais vale um pedaço de pão seco com paz
que a casa cheia de festas e desavenças" (17,1; cf. 15,16; 16,8).

Também há elogios à piedade para com o pobre e ameaças a quem o despreza, com motivações teológicas:

"Feliz de quem tem compaixão dos pobres" (14,21b).

"Quem zomba do pobre afronta seu Criador,
quem se alegra com a desgraça alheia não ficará impune" (17,5).

É, portanto, muito razoável a atitude serena do sábio que defende a *aurea mediocritas*:

"Duas coisas eu pedi a ti;
não me recuses este pedido enquanto eu viver:
afasta de mim a falsidade e a mentira;
não me dês riquezas nem pobreza,
concede-me minha porção de pão;
não aconteça que, saciado, eu te renegue,
dizendo: 'Quem é o Senhor?';
não aconteça que, necessitado, roube
e zombe do nome de meu Deus" (30,7-9).

Esses versos propõem um elevado ideal de vida, que parece inspirar-se em Dt 8,7-18 (cf. 1Tm 6,8).

4.3. Provérbios e a vida em família

A família é uma das instituições mais favorecidas em toda a tradição sapiencial, tanto fora como dentro de Israel. Em todo lar se conserva e se transmite de pai para filho o legado dos antepassados, constituído, entre outras coisas, pela sabedoria acumulada, em boa parte forjada no seio da família.

O cabeça ou pai de família é o depositário desse precioso legado. Por direito lhe são reservadas as funções de mestre, especialmente a de ensinar e corrigir, mas não necessariamente é sempre ele quem fala.

Pr 3-4 contêm ensinamentos paternos de toda ordem:

"Meu filho, não esqueças minha instrução,
conserve em tua memória os meus preceitos" (3,1).

"A bondade e a lealdade não te abandonem" (3,3).

"Confia no Senhor de todo o coração
e não te fies em tua própria inteligência;
tenha-o presente em todos os teus caminhos
e ele aplainará tuas sendas.
Não te julgues sábio,
respeita o Senhor e evita o mal" (3,5-7; cf. vv. 9.11s).

"Não te recuses a fazer o bem a quem de direito,
se realizá-lo está a teu alcance.
Se tens, não digas ao próximo:
'vai-te embora, passa depois, amanhã eu te darei'.
Não trames danos contra teu próximo [...]
Não entres em demandas contra ninguém sem motivo [...]
Não tenhas inveja do violento,
jamais escolhas nenhum de seus caminhos" (3,27-31; cf. 4,1-7).

Contra o adultério e a sedução da prostituta, ver Pr 6,24-29 e 7,1ss.

Abundantes são também os provérbios que contêm correções expressas dos pais (e mestres):

"Meu filho, escuta os avisos de teu pai,
não desprezes as instruções de tua mãe" (1,8; cf. 5,7).

"Escutai, filhos, a correção paterna;
prestai atenção para aprender a prudência" (4,1).

"O filho sensato aceita a correção paterna,
o insolente tampa os ouvidos à repreensão" (13,1; cf. 15,5.16.20.27).

Nesse contexto, em que se ressalta freqüentemente a autoridade paterna, compreende-se que sejam muito rígidas as normas para a educação dos filhos:

"A vara e as repreensões devolvem a razão,
a criança mimada envergonha sua mãe" (29,15).

"Não poupes castigo à criança:
ela não vai morrer pelo fato de a corrigires com a vara;
ao corrigi-la com a vara, livras a vida dela do Abismo" (23,13s).

"Quem poupa a vara odeia seu filho,
quem o ama corrige-o desde cedo" (13,24; cf. 19,18; Sr 30,1-13).

A mesma forma de proceder aplica-se a Deus, pois se diz: "Não resistas, meu filho, ao castigo do Senhor, não te aborreças por sua repreensão, pois o Senhor repreende a quem ele ama, como faz um pai a seu filho querido" (3,11-12). Normas parecidas têm vigorado até quase nossos dias nos sistemas educativos de todas as sociedades. É o que mostram alguns ditados:

"Quem não faz o filho chorar chora por eles".
"A letra com sangue entra."
"Ao filho querido, o maior presente é o castigo."

Uma última prova do grande apreço em que se tinha a vida familiar é que para os antigos o lar feliz era aquele em que conviviam várias gerações: desde os avós até os netos (ver Rute e *Tobias*), pois "a coroa dos anciãos são os netos, a honra dos filhos são os pais" (17,6).

4.4. Provérbios e a vida na sociedade

Do círculo íntimo familiar vamos para o espaço mais amplo da vida em sociedade. Nela ocorrem as mais variadas relações, e Provérbios, como o livro que inicia na vida os mais inexperientes, praticamente faz delas um exaustivo inventário. Analisaremos apenas algumas visões de conjunto, o quadro das injustiças sociais, os perigos morais que ameaçam onde quer que seja e, por último, a realidade transcendente da autoridade civil (o rei) na sociedade.

a. Visões gerais das antíteses

É fato bem conhecido que as antíteses "polares" indicam universalidade, totalidade: por exemplo, *céu/terra* equivale a *todo o universo*. Vamos mencionar apenas três pares de antíteses "polares" no livro dos Provérbios, a saber: *sensato/néscio, honrado/malvado* e *pobre/rico*.

— Sensato/néscio

O binômio nos é familiar, visto que no meio sapiencial sua utilização é freqüente. Serve para assinalar as duas atitudes fundamentais que o homem pode ter na vida do ponto de vista da sabedoria: a *correta* (a do sensato) e a *incorreta* (a do néscio). Num primeiro momento, a qualificação de sensato ou de néscio não implica moralidade alguma. Trata-se de atitudes *acertadas* ou *não-acertadas,* por exemplo, nos negócios, na administração. As conseqüências seriam positivas para um (o *sensato*), negativas para o outro (o *néscio*); mas não necessariamente boas ou más. Na prática falta muito pouco para que se realize a equiparação entre *sensato = honrado* e *néscio = malvado*.

No Livro dos Provérbios são numerosas as sentenças em que aparece a antítese *sensato/néscio* com valor totalizante:

"Filho sensato, alegria de seu pai;
filho néscio, aflição de sua mãe" (10,1; cf. 10,8.23).

"O néscio está contente com seu procedimento,
o sensato escuta o conselho" (12,15; cf. 12,16.23).

"O sagaz age com prudência,
o néscio propaga sua nescidade" (13,16; cf. 14,3.8.16).

"A sabedoria está diante do sensato,
mas o néscio olha para os confins do mundo" (17,24).

— Honrado/malvado

Este binômio antitético apresenta a totalidade da vida moral do homem segundo suas faces positiva e negativa. A antítese não dá lugar a condutas ambíguas ou neutras. Talvez a visão geral peque por simplicidade e por falta de matização; mas o conteúdo dos provérbios é irrefutável, como podemos ver nos seguintes exemplos:

"A boca do justo é um manancial de vida,
a boca do malvado esconde a violência" (10,11; cf. 10,16; 12,13; 16,22).

"Ao malvado sucede o que teme,
ao honrado é concedido o que deseja" (10,24; cf. 10,25-32).

"Os maus se inclinarão diante dos bons,
e os malvados, à porta do homem honrado" (14,19; cf. 14,32; 29,27).

"O malvado foge sem que o persigam,
o homem honrado caminha seguro como um leão" (28,1).

— Pobre/rico

O indivíduo capaz de relacionar-se com outros semelhantes é o protagonista da vida social. Todavia ele se caracteriza, de fato, pela situação social que ocupa na comunidade. Certamente essa situação é secundária e circunstancial; mas na maioria dos casos é decisiva. O que nos ocupa é um claro exemplo disso. O fato de ser rico ou pobre não é circunstancial ao homem: uma mesma pessoa pode ser rica e converter-se em pobre ou vice-versa. Quase todos os provérbios que tratam do rico e do pobre no livro vão no encalço dos juízos equivocados que prevalecem na sociedade daquele tempo (e de todos os tempos). Alguns afirmam simplesmente:

"Mais vale o pobre que procede com integridade
que o rico pervertido de conduta fingida" (28,6; cf. 13,8; 1 6,19).

Outros apresentam motivações religiosas muito profundas:
"O rico e o pobre se encontram,
a ambos fez o Senhor" (22,2).

"Não explores o pobre porque é pobre;
não ofendas o infeliz no tribunal,
porque o Senhor defenderá sua causa
e despojará da vida os que o despojam" (22,22s; cf. 19,17; 21,13; 28,27).

Grande parte dos provérbios constata a distinção entre ricos e pobres, e reflete o sentimento vulgar sobre a realidade, em muitos casos com bastante cinismo:

"Há quem se finge de rico e nada tem,
e quem se passa por pobre e tem uma fortuna" (13,17).

"A riqueza multiplica o número de amigos,
mas o mísero fica privado de seus amigos" (19,4; cf. 6s; 14,20).

"A fortuna do rico é seu baluarte,
a miséria é o terror do pobre" (10,15; cf. 18,11).

b. O excesso e a moderação no vinho

Anteriormente (§ 3.6) mencionamos a descrição, literariamente plástica, do estado a que chega o empedernido beberrão segundo Pr 23,29-35. O vinho resume o lado negativo das antíteses precedentes, quando se bebe em excesso:

— O vinho transforma em insensato quem o bebe em demasia:
"O vinho é insolente, o licor é ruidoso;
quem perde o juízo por ele não se tornará sensato" (20,1).

— Por excesso de vinho o governante não reparte a justiça:
"Não é próprio de reis, Lamuel,
não é próprio de reis entregar-se ao vinho
nem de governantes entregar-se ao licor,
porque bebem e esquecem a lei
e traem a causa dos pequenos" (31,4-5).

Aquele que se entrega ao vinho tomou o caminho seguro do pobre mendigo:
"Quem ama os festins acabará mendigo,
quem ama o vinho e os perfumes não chegará a ser rico" (21,17).

Todavia, a Sagrada Escritura não poupa elogios ao vinho, quando bebido com moderação. A videira e seu fruto, o vinho, estão entre os bens mais apreciados da Palestina. Melquisedeque oferece a Abraão, como o melhor agasalho, pão e vinho (cf. Gn 14,18). Na fábula de Joatão, as árvores quiseram eleger rei a videira, "mas disse a videira: 'e eu vou deixar meu vinho novo, que alegra os deuses e os homens, para ir me balançar sobre as árvores?'" (Jz 9,13; cf. Sl 104). O melhor elogio do vinho é feito por Jesus Ben Sirac:
"Para os homens, o vinho é como a vida
se a gente o toma com moderação.
Que vida leva aquele a quem falta o vinho!
Por isso mesmo foi inventado nas origens, para trazer a alegria" (Sr 31,27).

Em Pr 3,10 considera-se o vinho uma bênção para quem honra ao Senhor:
"Honra ao Senhor com tuas riquezas [...]
e teus celeiros ficarão abarrotados de grãos,
teus lagares transbordarão de vinho novo" (3,9-10).

E em Pr 9,2.5 o vinho faz parte do menu preparado pela Sabedoria em seu banquete:

"[A Sabedoria] matou os animais, misturou o vinho e pôs a mesa [...]
'Vinde comer meus manjares
e beber do vinho que misturei'".

Em certas ocasiões, é até bom oferecer vinho e licor a quem se sabe que o vai beber em excesso:

"Dai licor ao vagabundo
e vinho ao aflito.
Que beba e esqueça sua miséria,
que não se lembre de suas penas" (31,6-7).

c. Injustiças sociais

Os profetas de Israel distinguiram-se por sua valentia, denunciando publicamente as injustiças cometidas pelos poderosos. Os sábios também as denunciaram, com os meios a seu alcance: não com discursos ardentes, mas com ditados e provérbios, que eram como espadas e flechas afiadas.

A divisão dolorosa entre ricos e pobres gerava situações de extrema injustiça. Pr 14,31 alude a isso: "Quem explora o necessitado afronta seu Criador; quem se compadece do pobre o honra".

Em uma sociedade sadia, os tribunais existem para administrar a justiça. Se esta impera, então reina a paz, a segurança, a prosperidade, pois "a justiça faz prosperar uma nação" (14,34a). Porém, se os juízes se deixam subornar por dinheiro ou por pressão do poder estabelecido, isto é um sinal evidente de que a sociedade está corrompida na raiz. Neste particular, o Livro dos Provérbios é claro:

"O malvado aceita suborno às escondidas, para desviar o curso da justiça" (17,23).

"Não é justo favorecer o culpado
negando ao inocente seu direito" (18,5).

"Não é justo ser parcial ao julgar:
quem declara inocente o culpado
é reprovado e amaldiçoado pelo povo" (24,23s; cf. 17,15).

As injustiças acontecem também entre os cidadãos, quando, por exemplo, se falsificam os pesos e as medidas:

"O Senhor desaprova os pesos desiguais,
não é justa a balança com fraude" (20,23; ver também 20,10; 11,1; 16,11)

ou se mudam de modo fraudulento as divisas:
"Não removas as divisas antigas
que teus avós colocaram" (22,28; cf. 23,10s).

Não basta a condenação das injustiças sociais, mesmo que categórica; é necessário atacar mais profundamente a raiz.

Há provérbios que formulam princípios gerais e positivos, tais como:
"Quem trata com desprezo seu próximo comete pecado" (14,21a; cf. 11,12a);

ou negativos, como:

"Não trames danos contra teu próximo,
enquanto vive confiando em ti.
Não entres em demanda contra ninguém sem motivo [...]
Não tenhas inveja do violento" (3,29-31).

Com suas motivações de ordem religiosa:

"Porque o abomina o perverso,
mas se confia ao homem reto,
O Senhor amaldiçoa a casa do malvado
e abençoa a casa do honrado" (3,22s).

d. Os perigos que ameaçam

Uma das principais funções dos mestres de sabedoria é prevenir os jovens contra os perigos graves que surgem por todas as partes, e aqui o valor da experiência aparece em todo seu esplendor.

Tão importante quanto seguir o reto caminho, as sendas dos homens de bem — "E tu, meu filho, escuta e torna-te sábio, e seguirás o reto caminho" (23,19) —, é separar-se dos néscios e dos homens de má vida:

"Deixa a companhia do néscio,
pois não descobrirás saber em seus lábios" (14,7).

"Não te ajuntes aos beberrões nem procures a companhia dos comilões,
pois beberrões e comilões se arruinarão,
e o preguiçoso se vestirá de farrapos" (23,20s);

porque "o caminho dos malvados é tenebroso, não sabem onde tropeçarão" (4,19), nem em que fossa profunda hão de cair. Portanto:

"Não tomes o caminho dos maus,
nem o dos perversos;
evita-o, não o atravesses;
afasta-te dele e segue adiante" (4,14s).

É preciso se fazer de surdo diante das solicitações dos ímpios (cf. 1,10-19) e, especialmente, às doces e sedutoras palavras que a adúltera e a prostituta dirigem ao jovem inexperiente (cf. 7,4-23), já que "seus pés fazem descer à Morte e seus passos levam para o Abismo" (5,5; cf. 7,26s). É prudente afastar-se de sua presença (cf. 5,8) como se se afasta do fogo:

"Poderá alguém levar fogo consigo
sem que sua roupa seja queimada?
Poderá alguém caminhar sobre brasas
sem queimar os próprios pés?" (6,27s).

Ao contrário, terá depois de se lamentar em vão (cf. 5,11-14; 6,30-35):
"Fossa profunda é a mulher má,
poço estreito é a prostituta;
põe-se à espreita como um assaltante
e provoca traições entre os homens" (23,27s).

e. A amizade

Se de fato a sociedade é como um deserto em que o peregrino enfrenta perigos por toda parte, é verdade também que existe oásis no deserto: o amigo sincero na sociedade não-solidária e inimiga. Jesus Ben Sirac o exalta como nenhum outro sábio; são dele estas palavras:
"Tenho na conta de amigo o amigo fiel;
quem o encontra encontra um tesouro;
um amigo fiel não tem preço,
nem se pode pagar seu valor;
um amigo fiel é um talismã:
quem teme a Deus o alcança" (Sr 6,14-16).

No Livro dos Provérbios encontramos também alguns sobre o amigo fiel comparáveis aos de Sirácida. A amizade comprovada, e ainda mais se vem de muito tempo, deve manter-se; é mais fiel que o amor de um irmão. Vem-nos à memória a amizade entre Davi e Jônatas (cf. 2Sm 1,17-27).
"Não abandones o amigo teu e de teu pai,
e na desgraça não vás à casa de teu irmão.
Mais vale um vizinho perto que um irmão distante" (27,10).

"Há amigo que é mais unido que irmão" (18,24b).

"O amigo ama em qualquer ocasião,
o irmão nasceu para o perigo" (17,17).

O melhor conselho é o conselho de um amigo:
"Perfume e incenso alegram o coração,
o conselho do amigo faz recobrar o ânimo" (29,9).

O amigo verdadeiro busca sempre o que é melhor para seu amigo, mesmo que para isso tenha de repreender e ferir diante das dissimulações do inimigo velado:
"Mais vale a repreensão aberta
que a amizade falsa.
Leal é o golpe do amigo,
falaz o beijo do inimigo" (27,5-6).

A amizade autêntica "dissimula a ofensa" (17,9a); todavia, perde-se com a repetição das infidelidades (cf. 17,9b; 16,28). A acusação falsa será sempre uma traição desleal; e se é contra um amigo machuca e despedaça seu coração:
"Maça e espada e flecha afiada
é o falso testemunho contra seu amigo" (25,18).

f. A autoridade civil em Provérbios

O modelo de sociedade presente no Livro dos Provérbios esteve vigente em Israel a partir do advento da monarquia com Saul e Davi. É o mesmo modelo reinante em todo o Crescente Fértil antigo, da Mesopotâmia ao Egito. Em todas as manifestações, a autoridade civil emana de um monarca absoluto, que a recebe da divindade.

Em Israel o rei é modelo do eleito do Senhor, seu filho adotivo por excelência, seu representante visível na terra. Davi é a encarnação do modelo permanente, como manifesta a profecia de Natã constantemente lembrada: "Vai dizer a meu servo Davi [...] Assim diz o Senhor dos exércitos: 'Eu te tirei dos apriscos, te fiz parar de andar atrás de ovelhas, para seres chefe de meu povo, Israel [...] E, quando chegar o momento de ir-te com teus pais, estabelecerei depois de ti um descendente teu, um de teus filhos, e consolidarei seu reino [...] Eu o estabelecerei para sempre em minha casa e em meu reino, e seu trono permanecerá eternamente'" (1Cr 17,4.7.11.14; cf. 2Sm 7,5-16).

No Livro dos Provérbios, a Sabedoria ocupa o lugar de Deus:

"Por mim [a Sabedoria] reinam os reis
e os príncipes aplicam decretos justos;
por mim governam os governantes
e os nobres dão sentenças justas" (8,15s).

O homem jamais poderá compreender Deus, por isso em Isaías lê-se: "Verdadeiramente és um Deus escondido" (45,15). Segundo a mentalidade israelita, o rei entra, de alguma maneira, na esfera do divino. Assim se explica que se inculque naquele que vai ser ou é funcionário do rei o respeito e o temor salutar diante de Deus e do rei:

"Meu filho, teme o Senhor e o rei;
não provoques nenhum dos dois,
pois de repente salta seu castigo,
e quem conhece seu furor?" (24,21-22).

O rei idealizado (o governante colocado à frente do povo e identificado com sua sorte e destino) alcança dimensões cósmicas:

"A altura do céu, a profundeza do chão
e o coração dos reis são insondáveis" (25,3).

Todavia, este coração insondável está manifesto em Deus, e em suas mãos é manejado como a água que escoa por um canal:

"O coração do rei é um canal de água nas mãos de Deus:
ele o leva para onde quer" (21,1).

Como um juiz nascido do povo, o rei deve investigar a fundo as causas que lhe são apresentadas (25,26), para que se possa aplicar-lhe com razão o provérbio: "Há um oráculo nos lábios do rei: sua boca não erra na sentença" (16,10).

Na ordem moral, o rei ideal pratica a justiça como Josias, pai de Joaquim, segundo o profeta Jeremias: "Se teu pai [Josias] comeu e bebeu e tudo correu bem, é porque ele praticou a justiça e o direito; fez justiça aos pobres e indigentes; e isso significa conhecer-me — oráculo do Senhor" (Jr 22,15s):

"Um rei justo dá estabilidade a seu país,
aquele que o esmaga com impostos o arruína" (29,4).

"Quando um rei julga com lealdade os desvalidos,
seu trono está firme para sempre" (29,14).

Para que um povo subsista e prospere (cf. 11,14), além do bom governo é necessário que o príncipe seja leal, magnânimo, misericordioso:

"Misericórdia e lealdade guardam o rei,
a misericórdia assegura seu trono" (20,28).

É preciso também que deteste o mal:

"O rei reprova o agir injustamente,
porque seu trono é assegurado pela justiça" (16,12; 25,5; 31,3-15).

Por fim, que se apegue ao bem:

"O rei aprova os lábios sinceros
e ama quem fala com retidão" (16,13).

"O rei ama o coração limpo
e aprecia o falar com simpatia" (22,11).

Algumas conseqüências disso são:

— a eliminação da maldade:

"Um rei sentado no tribunal
com seu olhar varre tudo que é maldade" (20,8; cf. v. 26);

— o máximo respeito, manifesto normalmente pelo temor reverencial:

"Como o rugido de leão o terror do rei:
quem o provoca põe em risco sua vida" (20,2).

"Rugido de leão é a ira do rei,
orvalho sobre a erva seu favor" (19,20; cf. 25,6s);

— o poder do rei de dar morte e vida:

"A ira do rei é arauto de morte,
o homem sensato consegue aplacá-la.
O rosto sereno do rei traz a vida,
seu favor é nuvem que traz a chuva" (16,14s).

Quando o rei não corresponde à imagem do governante ideal, a prepotência selvagem, especialmente sobre os fracos, imperará no reino:

"Leão rugidor e urso faminto
é o governante malvado para os indigentes.
Um príncipe imprudente oprime a muitos" (28,15-16a).

Por último, nem tudo é devido ao rei. Boa parte do êxito ou do fracasso do governo de um povo se deve aos ministros conselheiros do príncipe:

"O governante que tolera os embustes
terá criminosos por ministros" (29,12).

"Quando os honrados governam, o povo se alegra;
quando são os malvados que mandam, o povo se queixa" (29,2).

4.5. Provérbios e o âmbito religioso

Na maioria dos parágrafos precedentes, é possível descobrir o sentimento religioso dos sábios; agora abordaremos este assunto explicitamente e de forma minuciosa pela importância do tema em si e em relação com a vida pessoal do sábio e de seus possíveis alunos ou pupilos.

a. Deus criador

Os sábios que compilaram e redigiram as coleções de provérbios anônimos e em muitos casos os cunharam eram homens que haviam herdado a fé viva no Deus de Israel. Aqui e ali eles manifestaram essa fé, instrumento com o qual conformam uma visão coerente do mundo e que serve de fundamento para uma interpretação da vida dentro das coordenadas do espaço e do tempo.

Em lugar algum do Livro dos Provérbios procura-se provar a existência de Deus ou defendê-la de possíveis ataques. Os sábios vivem simplesmente imersos em uma concepção de fé religiosa em um Deus que é Senhor e Criador absoluto de tudo que existe; do mundo em primeiro lugar:

"O Senhor alicerçou a terra com destreza
e estabeleceu o céu com perícia" (3,19; cf. 8,22-31).

É a mesma fé que os profetas professam, encontrada no frontispício da Torah: "No princípio criou Deus o céu e a terra" (Gn 1,1).

Fé também em Deus criador do homem, formulada com expressões em que as partes são tomadas pelo todo:

"Ouvido que escuta, olho que perscruta:
ambas as coisas foram feitas pelo Senhor" (20,21)

ou uma classe de homens por todas:

"Quem zomba do pobre afronta seu Artífice" (17,5a).

b. Tudo é manifesto aos olhos de Deus

Mais que princípio fundamental, essa afirmação é uma conclusão da fé no senhorio absoluto de Deus. É evidente seu valor pedagógico, pois reflete bem o espírito religioso que o ilumina por completo.

Deus está presente em todo lugar e tempo; não precisa de luz exterior alguma, porque é "artífice da luz, criador das trevas" (Is 45,7); "os olhos do Altíssimo são mil vezes mais brilhantes que o sol" (Sr 23,19a). É impossível que algo fique oculto a seus olhos, pois, "se o Inferno e o Abismo são manifestos a Deus, quanto mais o coração humano" (15,11). Assim, pois, o mais íntimo do homem é como um livro aberto diante do Senhor: "Os caminhos humanos estão manifestos a Deus, examina todas as suas sendas" (5,21; cf. 15,3; 24,12; Sr 23,19b).

Esse ensinamento é doutrina firme em Israel (cf. Sl 11,4s; 2Cr 16,9; Zc 4,10a; Sr 16,17-23) e em todo o meio semítico. Um provérbio árabe atesta isso: "Na noite negra, sobre uma pedra negra, uma formiga negra: Deus a vê".

c. Deus protetor, providente

A onipresença e a clarividência de Deus não geram nos crentes angústia ou temor paralisante, mas segurança:
"Pois o Senhor se colocará a teu lado
e guardará teus pés da armadilha" (3,26; cf. Sl 91,14-16; 121,3).

Tal sentimento é reforçado por uma convicção sólida, firme:
"Torre fortificada é o nome do Senhor:
nela se refugia o homem honrado, e é inacessível" (18,10; cf. Sl 20,8).

Quem é fiel confia que o Senhor está a seu lado:
"O caminho do Senhor é um refúgio para o homem perfeito,
e é o terror para os malfeitores" (10,29).

E com mais razão ainda do lado dos pobres e desvalidos, como se afirma em 22,22s:
"Não despojes o indefeso: é um indefeso!
Nem oprimas, no tribunal, o homem de condição humilde;
pois o Senhor defenderá a causa deles
e despojará a vida dos que os despojaram".

Por tudo isso os sábios exortam à confiança incondicional em Deus:
"Confia no Senhor de todo o coração" (3,5a; cf. 22,19a);
proclamam ditoso aquele que confia nele (cf. 16,20b) e estão seguros do êxito em suas empresas:
"Quem confia no Senhor prosperará" (28,25b; cf. 3,6; 20,22b; 29,25b).

d. Deus tem a última palavra

Deus é o verdadeiro Senhor da natureza e da história, nada pode escapar a seu domínio; mas isso não diminui a liberdade humana. Vários provérbios questionam esse ensinamento, cada um formulando um aspecto diferente:

"O homem articula muitos planos,
mas o desígnio do Senhor é cumprido" (19,21).

Esse provérbio corresponde ao nosso "O homem põe e Deus dispõe". Somente Deus conhece os fios ocultos da vida; às vezes, nem mesmo o homem pode ser o juiz de si mesmo:

"O homem julga reto seu caminho,
mas é Deus quem pesa os corações" (21,2).

E, no caso do futuro, mesmo que seja o mais preparado dificilmente acertará, pois:

"a sorte de cada um se agita em suas entranhas,
mas a sentença vem do Senhor" (16,33; cf. 29,26; 16,1).

De nada adiantam habilidade e forças humanas diante da vontade do Senhor:

"De nada valem habilidade e prudência diante do Senhor;
prepara-se o cavalo para a batalha,
mas a vitória é dada pelo Senhor" (21,30s).

e. Deus diante do mal e do bem

Os sábios de Provérbios não têm dúvida quando falam dos sentimentos do Senhor diante das coisas que vão ruim ou daquelas que caminham no bem:

"Seis coisas detesta o Senhor
e uma sétima aborrece seu coração:
olhos arrogantes, língua mentirosa,
mãos que derramam o sangue inocente,
coração que maquina planos perversos,
pés que correm para a maldade,
falsa testemunha que profere mentiras,
e quem semeia discórdia entre os irmãos" (6,16-19).

O engano e a mentira não são tolerados pelo Senhor (cf. 11,20; 12,22), e muito menos quando abalam a justiça:

"O Senhor reprova as balanças fraudulentas
e gosta das medidas exatas" (11,1; cf. 20,10.23);

"O Senhor reprova quem absolve o culpado
e quem condena o inocente" (17,15).

f. Doutrina sobre a retribuição

Quanto ao problema da retribuição, Provérbios é fiel ao ensinamento da tradição: a linha do horizonte não ultrapassa a barreira da morte. A retribuição, portanto, deve realizar-se durante a vida, mas sem que a dura realidade abale a firmeza das afirmações:

"Caem por chão os malvados e desaparecem,
mas a casa do homem honrado permanece" (12,7; cf. Sl 37).

Tal convicção é repetida em outras ocasiões:

"Tarde ou cedo o malvado paga,
a descendência dos honrados será salva" (11,21; cf. vv. 7.23.30s).

"Tudo caminha bem para o homem honrado,
os malvados andam carregados de desgraças"
(12,21; cf. 13,9.21s; 14,11.19; 25,6.25; 17,13; 21,12; 22,4; 24,15s.19s).

As contrariedades na vida são parte da pedagogia de Deus, e é preciso suportá-las com respeito e dignidade:

"Não desprezes, meu filho, o castigo do Senhor,
não fique chateado por sua repreensão,
porque o Senhor repreende a quem ele ama,
como um pai repreende seu filho querido" (3,11s; cf. 17,3; Jó 5,17s).

g. O temor do Senhor

Os ensinamentos sobre o temor do Senhor estão intimamente ligados à literatura sapiencial, sendo expressão de uma forma de piedade muito comum em Israel. Nesse contexto, temor é sinônimo de reverência e respeito, não de medo ou terror. Significa, pois, o reconhecimento do senhorio e da sabedoria de Deus sobre tudo e sobre todos, a confissão de sua grandeza e transcendência acima de toda realidade e acontecimento. O temor ou respeito diante do Senhor coloca o homem em seu lugar adequado; o provérbio diz:

"O temor do Senhor é a escola da sabedoria,
diante da glória vai a humildade" (15,33);

e em outro lugar:

"Aquele que procede retamente teme o Senhor,
aquele que perverte sua conduta o despreza" (14,2).

Sabemos que o homem sem a sabedoria é um néscio que não tem futuro; e "o princípio da sabedoria é o temor do Senhor" (9,10a; cf. 1,7; 2,5). Esse temor é também um "manancial de vida que afasta dos laços da morte" (14,27; cf. 22,4; 8,13; 16,6b) e "prolonga a vida" (10,27a; cf. 19,23), porque "é baluarte seguro" (14,26a). Na luta de cada dia "mais vale o pouco com o temor do Senhor que grandes tesouros com aflição" (15,16; cf. 31,30).

Mais adiante, um discípulo do experiente Qohélet resumirá o ensinamento de seu mestre com este conselho: "Teme a Deus e guarda seus mandamentos" (Ecl 12,13), fazendo eco à tradição expressa em Provérbios: "Não te arvores de sábio, tema o Senhor e evita o mal" (3,7; cf. 23,17; 24,21).

O homem verdadeiramente piedoso, aquele que teme o Senhor, tributa-lhe um culto sincero (cf. 3,9s), que não pode se conciliar com a prática da maldade, por ela ser abominável ao Senhor (cf. 15,8.29; 21,27). Sabe muito bem que "Deus prefere a prática do direito e da justiça aos sacrifícios" (21,3; cf. Os 6,6), doutrina recolhida em Mt 9,13.

VI

A sabedoria antiga e o *Sirácida*

Entre o Livro dos Provérbios e o *Sirácida* decorreu um tempo considerável, durante o qual se desenrolou a crise da sabedoria, como veremos no capítulo VII. Todavia, o espírito e a sensibilidade de um são semelhantes aos do outro, pelo menos nas questões fundamentais. O *Sirácida* segue a corrente da tradição sapiencial em Israel, como se nada houvesse no âmbito dos sábios. Por isso, o estudo da sabedoria no *Sirácida* sucederá aqui a análise dessa mesma sabedoria em Provérbios.

1. Jesus Ben Sirac, autor do *Sirácida*

O *Livro do Sirácida* foi escrito em hebraico por Jesus Ben Sirac. Entretanto, jamais fez parte do cânon judaico palestinense dos livros sagrados, motivo pelo qual alguns Padres da Igreja, especialmente são Jerônimo, negaram sua canonicidade.

No prólogo, o tradutor para o grego do *Sirácida* chama a seu autor "meu avô Jesus" (ver mais adiante 50,27 gr.). Esse prólogo, escrito pelo próprio tradutor, é um caso único em toda a Bíblia; não pertence ao texto, mas seu valor é incalculável. Por ele conhecemos, afinal, as razões que motivaram o neto a traduzir a obra do avô para os judeus residentes no Egito, as mesmas razões que teve o avô para "compor por sua conta algo na linha da sabedoria e instrução; para que os desejosos de aprender, familiarizando-se também com isso, pudessem avançar numa vida segundo a lei" (Prólogo ao *Sirácida*).

Jesus Ben Sirac era de Jerusalém; é o que diz *Sr* 50,27, na versão grega, e isso se confirma pelo grande interesse, revelado em todo o livro, pela vida cidadã e suas instituições. Jesus Ben Sirac é também um sábio, coisa de que tem plena consciência. O verdadeiro sábio, segundo ele, é

"aquele que se entrega por inteiro à meditação da lei do Altíssimo, investiga a sabedoria de seus predecessores e estuda as profecias, examina as explicações de autores famosos
e penetra o sentido das parábolas obscuras,
investiga o mistério de provérbios e se debruça sobre os enigmas" (33,16s).

A plenitude volta a aflorar em 39,12:

"Pensei mais coisas e as exporei,
pois estou pleno como uma lua cheia".

Em *Sr* 24,23-29, a Lei, que é a sabedoria, foi comparada a correntes permanentes e fecundas de água: em mares e oceanos transbordantes, símbolos da plenitude absoluta; nesse caso, de vida. A partir de 24,30, o autor compara-se àquela primeira água fecundante a percorrer um pequeno veio na terra e que mais tarde se faz rio e se converte em mar:

"Saí como canal de um rio
e como um rego que irriga um jardim;
disse: 'Regarei meu horto e encharcarei meus canteiros;
e em mim o sulco fez-se rio
e o rio fez-se lago'".

A sensação de plenitude transbordante predomina nesses versos. Assim se sente o sábio que assimilou a revelação da vontade de Deus, consignada na Lei, nos profetas e nos restantes dos livros paternos. Em 24,32 aparece uma nova metáfora, a luz:

"Farei brilhar meu ensinamento como a aurora
para que ilumine as distâncias".

Já não é a água que rega e umedece primeiro o horto particular e fechado e depois as várzeas amplas e abertas. Agora é a luz da aurora que ilumina todo o horizonte, símbolo talvez de todos os povos (cf. Is 5,26; 57,19; Zc 6,15; 10,9) ou, mais provavelmente, do povo judeu na diáspora. Ao falar das futuras gerações a que sua doutrina chegará, Ben Sirac está se referindo ao mesmo povo, estendido no tempo:

"Derramarei a doutrina como profecia
e a transmitirei às futuras gerações" (24,33).

A estima que Jesus Ben Sirac tem por seu ensinamento é grande, atrevendo-se a compará-lo com a profecia. Todavia, em lugar algum considera a si mesmo profeta, tampouco portador de qualquer mensagem da parte de Deus. Ele é simplesmente um sábio, forjado pouco a pouco, dia a dia, com seu trabalho. Porém tem consciência de que seu esforço não foi em vão:
"Vede que não trabalhei apenas para meu proveito,
mas para todos os que a buscam" (24,34; cf. 33,18).

Provavelmente contava, como todo mestre da sabedoria, com discípulos e imaginava que não haveriam de faltar com o passar do tempo. Certamente seu magistério foi exercido em Jerusalém nos primeiros decênios do século II a.C., pois seu livro já estava escrito provavelmente em torno de 180 a.C. O neto e tradutor do livro para o grego diz no Prólogo: "No ano 38 do reinado de Evergetes, fui ao Egito, onde passei uma temporada". Nesse período traduz o livro e o publica. A julgar pela longa duração de seu reinado, o rei Evergetes, ou Benfeitor, só pode ser Ptolomeu VIII (VII) Evergetes II, chamado também Fiscon, que desde 170/169 a.C. é co-regente com seu irmão Ptolomeu VI Filometor (180-145 a.C.) e soberano único no Egito de 145 a 116 a.C. A chegada do neto de Jesus Ben Sirac ao Egito ("o ano 38 do reinado de Evergetes") se dá em 132 a.C. Portanto, podemos afirmar que Jesus Ben Sirac exerceu seu magistério em Jerusalém no início do século II a.C.

Jesus Ben Sirac chegou a ser um verdadeiro doutor nas Sagradas Escrituras e nos temas universais da sabedoria, ou seja, um mestre consumado. Pertencia ele à classe sacerdotal ou era simplesmente um leigo bem preparado? Recentemente defendeu-se a tese de que Jesus Ben Sirac pertencia à hierocracia de Jerusalém, que do templo dirigia o povo judeu. Entre os *biblistas*, todavia, prevalece a opinião de que Jesus Ben Sirac era leigo. Seguramente gozava de uma posição econômica bastante privilegiada, que lhe permitia dedicar-se por completo ao estudo da Lei, à atividade magisterial pública e, de vez em quando, a fazer as vezes de embaixador oficial nos países estrangeiros.

Em resumo: Jesus Ben Sirac era homem de fé profunda, extremamente religioso e observante da Lei. Sabia conciliar a fé com seu espírito relativamente aberto às correntes helenistas de então. Tudo indica que pertencia a uma facção pré-saducéia contrária aos "assideus", antecessores dos fariseus e essênios. Isso pode ser deduzido de seu liturgismo, suas simpatias pelo sacerdotal, sua afeição pelo bem-estar material, sua estima da liberdade, sua pouca ou nula atenção ao messiânico e sua adesão à doutrina tradicional sobre a sorte do homem depois da morte. Apesar da grande estima de que já gozava o livro na época, esses traços provavelmente influenciaram a sentença não-aprobatória do *Sirácida* como livro sagrado por parte dos rabinos fariseus do concílio de Yamia (90 d.C.).

2. Composição e estrutura do *Sirácida*

Para a composição do livro, Jesus Ben Sirac contava com ilustres modelos. Além das instruções e dos ensinamentos estrangeiros, como os do Egito, provavelmente por ele conhecidos, tinha diante dos olhos o volume autenticamente israelita da sabedoria: o Livro dos Provérbios.

Os longos anos de estudo e reflexão sobre "a Lei, os profetas e os restantes dos livros paternos" (Prólogo), o vasto conhecimento dos problemas relacionados com a sabedoria comum aos povos estrangeiros e circunvizinhos e a prática prolongada do ensinamento, tudo isso capacitava Jesus Ben Sirac a escrever um volume "na linha da sabedoria e instrução". Efetivamente, foi necessário que pusesse por escrito, pouco a pouco, as conclusões a que chegava em seu estudo, ou seja, sua própria sabedoria (ver, p. ex., *Sr* 44ss). A isso reuniu o que lhe pareceu mais aproveitável dos sábios, seus predecessores, depurado por sua visão pessoal. O resultado foi uma verdadeira enciclopédia de sabedoria do ponto de vista de sua fé javista.

No *Sirácida* não se descobre uma ordem interna ou estrutura na disposição das matérias. Dois hinos, um à sabedoria (24) e outro ao Criador (42,15-43,33), ou bem encerram os respectivos volumes (I 1-24; II 25-43), ou simplesmente ocupam lugares privilegiados no conjunto do livro: *Sr* 24, centro do livro, fecha um volume e abre o outro; *Sr* 42,15–43,33, também um hino independente, é porém colocado no final do segundo volume e antes do início do terceiro. O elogio dos Pais desde o começo do mundo dá corpo ao volume III (44,50). É provável que *Sr* 51 seja um epílogo acrescentado ulteriormente por outra ou outras mãos, já que 50,27-29 é uma autêntica conclusão. 51,1-12a não tem originalidade, é uma "centena de motivos tomados do Saltério"; o segundo apêndice (51,12b), hino litânico não-numerado, semelhante ao Sl 136, não concorda com o espírito de Jesus Ben Sirac; o poema alfabético (51,13-30) pode ter sido escrito por qualquer mestre de sabedoria.

3. Variedade de formas no Sirácida

Nos aspectos meramente formais, o *Sirácida* tem muita coisa em comum com o Livro dos Provérbios; porém, são notáveis também as diferenças. No capítulo anterior, dissemos que em Provérbios reinava o *māšāl*, especialmente na forma de *sentenças* e de *conselhos* breves, independentes, soltos; no *Sirácida*, todavia, os provérbios independentes, isolados são exceção (cf. cc. 7-8). Naquele, encontramos as estrofes maiores e os pequenos tratados apenas nos capítulos 1-9; neste, essas formas predominam do começo ao fim.

Outras formas constatadas em Provérbios encontram-se também no *Sirácida* (e são comuns em toda a literatura sapiencial), por exemplo:

3.1. Paralelismo

É a forma mais elementar e universal.

— *paralelismo sinonímico*:
"Quem honra seu pai obtém o perdão de seus pecados,
quem respeita sua mãe acumula tesouros" (3,3; cf. 14,3; 26,13-18);

— *paralelismo antitético*:
"A bênção do pai aprofunda as raízes,
a maldição da mãe arranca o que foi plantado" (3,9; cf. 20,9; 26,22-26);

— *paralelismo sintético ou completivo*:
"Quem teme o Senhor honra seus pais
e serve seus pais como fossem senhores" (3,7; cf. 3,18; 7,15).

3.2. Formas valorativas

As formas valorativas manifestam a aceitação ou o repúdio do Senhor e, conseqüentemente, a aprovação ou a desaprovação do autor, do homem em geral:
"Ai do coração covarde, das mãos inertes,
ai do homem que anda por dois caminhos!
Ai do coração que não confia,
porque não alcançará proteção!
Ai dos que abandonam a esperança!
Que fareis, quando tiverdes de prestar contas ao Senhor?" (2,12-14).

A fórmula mais freqüente é "mais vale... que..." ou equivalentes, quando se trata de comparar dois termos:
"Mais vale viver com leões e dragões
que viver com uma mulher encrenqueira" (25,16).

"Mais vale quem trabalha e possui uma propriedade
que quem se vangloria e carece de pão" (10,27; cf. 29,22; 30,14.17);

ou "ditoso aquele que...", quando se trata da felicidade de uma pessoa por sua situação ou modo de proceder:

"Ditoso o homem a quem não afligem suas palavras
e não tem de sofrer remorsos;
ditoso o homem a quem a consciência não reprova
nem perdeu a esperança" (14,1-2; cf. 25,7-9; 26,1; 31,8; 50,28).

Quando são três os termos comparados, Ben Sirac utiliza a fórmula "melhor que os dois", muito próxima à dos provérbios numéricos:

"Amigo e companheiro ajudam no momento oportuno:
melhor que os dois uma mulher prudente.
Irmão e protetor salvam do perigo:
melhor que os dois salva a esmola.
Ouro e prata dão firmeza aos pés:
melhor que os dois é um bom conselho"
(40,23-25; cf. o conjunto 40,18-26).

3.3. Comparações e metáforas

Como recurso estilístico é dos mais simples, daí sua abundância não ser estranha:

"Como pássaro fechado num cesto
é o coração do soberbo:
espreita como o lobo sua presa [...]
vendedor ambulante, como um urso,
espreita a casa dos insolentes,
como espião busca um ponto desguarnecido"
(11,30; cf., p. ex., 24,13-17; 43,18s; 50,6-10)

"Flecha cravada na coxa,
assim é a notícia nas entranhas do néscio" (19,12).

"Mulher perversa é canga que sacode,
quem a carrega agarra um escorpião" (16,7; cf., p. ex., 26,25.27; 32,5s).

3.4. Discursos e pequenos tratados

Como todo mestre da sabedoria, Jesus Ben Sirac dirige a palavra a seus discípulos em tom de exortação (cf. 16,24–18,1), utilizando o apelativo "filho meu" (cf. 2–3; 4,20–9,16) ou falando da sabedoria por meio dela mesma (cf. 1,1-21; 4,11-19; 14,20–15,10; 24,1-34).

O recurso literário mais utilizado pelo *Sirácida*, porém, é o dos pequenos tratados ou conjuntos de vários provérbios unidos pelo tema. Seu uso se repete de tal maneira que é difícil encontrar versos independentes ao estilo do Livro dos Provérbios. Isso será demonstrado quando tratarmos dos temas no *Sirácida*.

3.5. Retratos históricos

Chamo retratos históricos à descrição que Jesus Ben Sirac faz de pelo menos 34 personagens das Escrituras canônicas em 44-50; ele os chama "elogio dos homens de bem, da sucessão de nossos antepassados" (44,1). Precede-os um magnífico resumo dos títulos honoríficos que correspondem à grandeza dos personagens que serão recordados (cf. 44,1-15). As descrições costumam ser breves, aduzindo apenas os traços mais significativos segundo o juízo do autor:

"Henoc caminhou com o Senhor,
exemplo de religião para todas as idades.
O justo Noé foi um homem íntegro,
no tempo da destruição foi o renovador;
graças a ele um resto do povo ficou vivo,
e por sua aliança cessou o dilúvio;
com sinal perpétuo foi sancionado seu pacto
de não destruir outra vez os viventes" (44,16-18).

"O nome de Josias é incenso aromático
preparado por um mestre perfumista;
sua lembrança é doce mel para o paladar
ou música no banquete:
porque sofreu por nossa conversão
e acabou com a abominação dos ídolos;
entregou-se a Deus de todo o coração
e em tempos de violências foi compassivo" (49,1-3).

De maneira especial, Jesus Ben Sirac se alegra na descrição dos personagens relacionados ao culto divino, como é o caso de Aarão (45,6-22) e do sumo sacerdote Simão II, filho de Onias II, contemporâneo de Jesus Ben Sirac, no começo do século II a.C. (50,1-21).

3.6. Outros recursos estilísticos

Fazemos aqui apenas um resumo desses recursos, sem pretensão de querê-lo exaustivo:

- *Enumerações* (cf. 40,18-26; 41,17–42,1.2-8);
- *Repetições* de termos ou fórmulas, como "antes de..." (cf. 18,19-23), "pergunta o..." (cf. 19,13-17); "Há..." (cf. 19,23-26; 20,1-12.21-23);
- *Plasticidade* nas imagens:

"Fica com mão suja quem mexe no piche,
quem anda com o cínico aprende suas artimanhas" (13,1).

"O ocioso é como pedra enlameada: toda gente o despreza por sua infâmia.
O ocioso é comparável a um monte de esterco: todos os que o tocam sacodem a mão" (22,1-2).

"Quem fere os olhos arranca lágrimas,
quem fere o coração revela seus sentimentos;
quem atira pedras a pássaros os espanta,
quem critica um amigo destrói a amizade" (22,19s; cf. 22,24.27).

"A vinha sem tapume será saqueada,
homem sem mulher andará feito vagabundo;
quem há de confiar em soldados que vivem saltando de cidade em cidade?
Assim é o homem sem lar,
que se deita lá onde a noite o encontra" (36,30s).

• *Questões retóricas*: recurso conhecido pelo Livro dos Provérbios, que se estende a todos os gêneros literários que passaram pelas escolas:

"A raiz da sabedoria: a quem foi revelada?
A destreza de suas obras: quem a conheceu?" (1,6)

"Fixa-os nas gerações passadas:
Quem confiou no Senhor, e foi enganado?
Quem esperou nele, e foi abandonado?
Quem gritou por ele, e não foi ouvido?" (2,10)

"Uma linhagem honrosa? — A linhagem humana;
uma linhagem honrosa? — Os que temem a Deus.
Uma linhagem abjeta? — A linhagem humana;
uma linhagem abjeta? — Os que violam a lei"
(10,19; cf. 11,23s; 18,8; 23,18; 31,8-11).

"Pode a hiena conviver com o cão?,
pode o rico conviver com o pobre?" (13,18)

"O que é mais pesado que o chumbo?
Como se chama? — Néscio" (22,14).

"Para os homens, o vinho é como a vida
se a gente o toma com moderação.
Que vida leva aquele a quem falta o vinho!
Por isso mesmo foi inventado nas origens, para trazer a alegria" (31,27).

• *Provérbios numéricos*: o uso dos números nas composições literárias é bastante artificioso, o que os torna bastante chamativos nas poucas vezes em que aparecem:

— Com os números dois e três:

"Duas coisas me entristecem,
e uma terceira me enche de raiva:
rico que caiu na indigência,
gente famosa que cai no esquecimento,
e quem passa da justiça para o pecado:
o Senhor o destina a perecer pela espada" (26,28; cf. 23,16s; 50,25s).

— Com o número três:

"Há três coisas que minha alma deseja apaixonadamente
e que são belas aos olhos do Senhor e dos homens:
a concórdia entre irmãos, a amizade entre vizinhos,
e uma mulher e um homem em perfeito acordo.
Há três espécies de pessoas que minha alma detesta,
e cujo comportamento me irrita profundamente:
o pobre arrogante, o rico mentiroso,
e o velho adúltero, desprovido de inteligência" (25,1s).

— Com os números três e quatro ver 26,5, e com o nove e dez 25,7-11.

— Pode-se considerar *poema alfabético* 51,13-29, de cujo original hebraico conservou-se apenas uma parte. O poema foi juntado ao final do livro, como última exortação do autor à busca apaixonada da sabedoria.

4. Variedade de temas no *Sirácida*

É quase impossível enumerar todos os temas que Jesus Ben Sirac aborda em seu livro, e ainda mais resumi-los em poucas linhas, já que trata todos os temas comuns à sabedoria. Já dissemos que o *Sirácida* era uma espécie de enciclopédia sapiencial de seu tempo e dos séculos precedentes. Jesus Ben Sirac não se distingue por sua originalidade, tampouco pretende isso; todavia está convencido de que a leitura de seus livros será tão fecunda quanto o leito de um rio na agricultura (cf. 24,31-34).

Na exposição da doutrina contida no *Sirácida*, seguimos, em parte, o esquema já utilizado a propósito do Livro dos Provérbios.

4.1. A sabedoria

A partir dessa epígrafe é possível compreender todos os ensinamentos do *Sirácida*; isto é, os temas comuns da sabedoria universal e os específicos da de Israel; isso, entretanto, seria bem amplo e genérico. Limitamo-nos, pois, às principais passagens em que se fala da origem divina da sabedoria, de sua dignidade e de seus frutos.

a. Origem divina da sabedoria

Jesus Ben Sirac é um homem de fé profunda em Deus; e essa fé se manifesta de maneira particular quando ele fala da sabedoria, cuja origem é o próprio Deus e de cuja companhia jamais se separa. É o que afirma no primeiro verso de seu livro: "Toda a sabedoria provém do Senhor e com ele permanece para sempre". Seguindo a doutrina tradicional em Israel (cf. Pr 8,22), considera a sabedoria criatura do Senhor:

"O próprio Senhor foi quem a criou, a conheceu e a mediou, derramando-a sobre todas as suas obras" (1,9; cf. 24,3);

e mais, como as primícias de sua criação:
"Antes que tudo fosse criado, a sabedoria já existia" (1,4a; cf. 24,9).

b. A sabedoria é digna de ser amada

Por sua origem divina, nada há que possa superar em nobreza e dignidade a sabedoria. Ela é digna de ser amada em si mesma, porque "os que a amam amam a vida" (4,12); como recompensa, serão amados por Deus (cf. 4,14b). A sabedoria se apresenta e fala como um ser pessoal, com quem se pode estabelecer uma relação de reciprocidade. Ela pode dizer para quem a ama: "Quando seu coração se entrega a mim, voltarei a ele para guiá-lo e revelar meus segredos" (4,17b-18).

Às vezes, como uma mãe, ela sai ao encontro de quem a busca (cf. 15,2; 4,11); outras vezes, é o homem quem vai atrás dela como o jovem atrás da noiva (cf. 51,13-22); ou é ela quem o recebe "como a esposa da juventude" (15,2). Por tudo isso, é digna de ser adquirida como um tesouro (cf. 20,30s), "ao possuí-la não mais a soltas" (6,27; cf. 15,7-10; 51,25). Seus frutos tornam-se abundantes como uma boa colheita (cf. 6,19), que enche as despensas das casas, sacia o homem e traz paz, saúde e vida longa (cf. 1,16-20). A mesma sabedoria proclama:

"Vinde a mim os que me amais,
e saciai-vos de meus frutos.
Meu nome é mais doce que o mel,
e minha herança melhor que os favos de mel.
Quem me come terá mais fome ainda,
quem me bebe terá mais sede ainda" (24,19-21).

A sabedoria sacia a fome e a sede e, ao mesmo tempo, suscita-as ainda mais. Preenche o vazio que convida à busca de sentido, de paz, de bem, do Senhor; e faz que brote e renasça um imenso desejo de agradar ao Senhor, cumprindo os mandamentos expressos em sua Lei (cf. 1,26; 2,15; 15,1; 23,27). A Lei já não é mais trabalho nem canga; é a própria sabedoria (cf. 24,23).

4.2. O homem

O homem é o eixo em torno do qual gira todo o mundo sapiencial. É o ponto de partida de toda a observação, o sujeito que fala, cria ditados e sentenças; é também o objeto de suas próprias reflexões, imagens refletidas no espelho de sua mente. O *Sirácida* registra essa realidade tão elementar e primária.

O homem em sua plenitude constitui uma surpresa permanente. Nele descobrimos o céu e o inferno, o que tem mais valor e o que é mais desprezível, a pura contradição:

"Uma linhagem honrosa? A linhagem humana [...]
Uma linhagem abjeta? A linhagem humana" (Sr 10,19).

Portanto, a condição humana é a de um ser criado, limitado em suas possibilidades. O homem, certamente, é capaz de grandes ações, mas a ele cabe também a responsabilidade de enormes erros: "O homem não é como Deus, pois nenhum filho de Adão é imortal; que há mais brilhante que o sol? Pois também o sol sofre eclipses" (17,30s).

Jesus Ben Sirac expressa a realidade contraditória do homem por meio dos tradicionais binômios antitéticos: *sensato/néscio, justo/malvado* etc., numa mesma sentença em versos paralelos, ou em sentenças isoladas nas quais se fala de um extremo e outras vezes de outro.

a. Sensato/néscio

Esse é o binômio que mais se repete em toda a literatura sapiencial, implicando sempre um juízo de valor, não necessariamente um juízo moral:

"O sábio cala-se até o momento oportuno,
o néscio não aguarda a oportunidade" (20,7).

"O saber do sábio é torrente que se avoluma,
seu conselho é fonte de vida;
a mente do néscio é como uma vasilha quebrada,
não pode reter nada do que aprende" (21,13s).

O néscio tem a mente nos lábios,
o sábio tem os lábios na mente" (21,26).

Entre néscios controla teu tempo,
entre sábios detém-te" (27,12; cf. 20,13; 21,7.15-24).

Segundo a mentalidade de Jesus Ben Sirac, ser sábio é sempre fonte de benefícios, não só para o sábio como indivíduo mas também para a comunidade a que pertence, pois:

"há os sábios que são sábios para si,
e se carregam com o fruto de seu saber;
há sábios que são sábios para seu povo,
e os frutos de seu saber são duradouros.
Quem é sábio para si goza de prazeres,
os que o vêem o cumprimentam;
o sábio para seu povo é herdeiro de glória,
e sua fama vive para sempre" (37,22-24.26; cf. 24,34; 33,18).

Ao contrário, o néscio não tem um só aspecto positivo. Os termos de comparação são sempre negativos.

— No âmbito do material:

"O que é mais pesado que o chumbo?
Como se chama? — Néscio.
A areia, o sal, uma bola de ferro se suportam melhor que um insensato" (22,14s; cf. 22,9a.).

— No meio social, o beberrão:

"Quem dá explicações a um néscio é como se as desse a um beberrão; no fim ele lhe responde: de que se trata mesmo?" (22,10)

— E, na maior das hipérboles, o morto:

"Chora o morto porque lhe falta a luz,
chora o néscio porque lhe falta o sentido;
é muito melhor chorar o morto, que já descansa,
pois a vida do néscio é pior que a morte;
o luto de um morto dura sete dias,
o de um néscio ou ímpio, a vida inteira" (22,11s).

Por isso é preciso evitar o néscio como se evita uma enfermidade contagiosa:

"Não fales demais com o insensato,
não andes com o ignorante;
guarda-te dele, que não venhas a tropeçar
ou te salpique quando se sacode;
afasta-te dele e estarás tranqüilo
e não te irritarás a nescidade" (22,13).

Jesus Ben Sirac também chama a atenção para a vergonha no campo da moralidade mediante a correspondência entre o sensato ou sábio e o justo, entre o néscio e o malvado (cf. 27,11; 32,18; 32,2s).

b. Justo/malvado

Está clara para os sábios a equivalência entre sabedoria e bem, e entre a não-sabedoria ou nescidade e o mal. Jesus Ben Sirac o diz explicitamente:

"A ciência do mal não é a sabedoria,
o conselho dos pecadores não é a prudência.
Há uma astúcia que é detestável
e há insensatos que carecem de sabedoria.
Mais vale a pessoa de pouco talento e temente ao Senhor
que o superinteligente violador da lei" (19,22-24).

O binômio *justo/malvado* é introduzido de maneira clara na moralidade das atitudes e dos atos dos indivíduos em concreto:

"Não se juntam o lobo e o cordeiro
nem o malvado e o justo" (13,17).

"O mal acompanha os malvados,
porém o dom do Senhor é para o justo" (11,16b-17a).

"Faze o bem ao justo e obterás a recompensa,
se não dele, ao menos do Senhor.
Não fica bem ajudar o malvado" (12,2-3a).

"Dá àquele que é bom, não ajude o malvado" (12,7a).

"Diante do mal está o bem, diante da vida a morte,
diante do honrado o malvado, diante da luz a treva"
(33,14; cf. 16,13; 26,28c; 39,25.27).

c. Rico/pobre

Os sábios observam o que acontece a seu redor, constatam os fatos e os propõem à consideração de seus discípulos (ouvintes ou leitores). São muitas as sentenças que Jesus Ben Sirac deixou sobre a riqueza e a pobreza, o rico e o pobre, demonstrando, assim, que esse tema se destacava na sociedade de seu tempo, como na nossa.

Existe uma tendência geral que valora positivamente a riqueza em si mesma (o ser rico) e negativamente a pobreza (o ser pobre). Tal tendência corresponderia à doutrina sobre a remuneração intra-histórica que considera a riqueza um prêmio à justiça (ao justo) e a pobreza um castigo à maldade (ao malvado). Assim se expressa o Sl 37, em que se lê, por exemplo: "Fui jovem, agora sou velho: nunca vi um justo abandonado nem sua gente mendigando o pão. Afasta-te do mal e faze o bem, e sempre terás uma casa; porque o Senhor ama a justiça e não abandona seus fiéis. Os iníquos são exterminados [...] mas os justos possuem a terra" (vv. 25.27-29). Eclesiastes não concordava com essa visão da vida, chegando a escrever: "Já vi de tudo em minha vida sem sentido: gente honrada que perece em sua honradez e gente malvada que vive longamente em sua maldade" (Ecl 7,15).

Jesus Ben Sirac não dá valor à riqueza e à pobreza em si mesmas, isto é, sem considerar as circunstâncias reais:

"Há pobres respeitados por sua sensatez,
há homens respeitados por suas riquezas;
respeitado por sua riqueza: como?
Desprezado por sua pobreza: como?
Se é respeitado na pobreza, quanto mais na riqueza;
se é desprezado na riqueza, quanto mais na pobreza" (10,30s).

O que normalmente acontece é o rico ser respeitado por sua riqueza e o pobre desprezado por sua pobreza, como demonstraremos a seguir. Porém, se o pobre é respeitado e o rico desprezado, isso se deve a alguma coisa mais valiosa que a riqueza, a algo que o pobre possui e o rico não; a saber, a sensatez ou a sabedoria: "Por sua sabedoria o pobre erguerá sua fronte" (11,1a). Jesus Ben Sirac diz, ainda, que "a boa riqueza é aquela adquirida sem culpa e a má pobreza aquela causada pela arrogância" (13,24; cf. 40,26). O ideal é, pois, a soma dos dois valores: a sensatez e a riqueza; e a maior desgraça, a acumulação dos dois contravalores: a pobreza e a nescidade.

Na sociedade convivem o rico e o pobre. A preocupação do sábio não é apenas descobrir como efetivamente acontecem as relações entre ricos e pobres, mas recomendar também as que deveriam acontecer. A pergunta retórica de Jesus Ben Sirac: "Pode a hiena conviver com o cão? Pode o rico conviver com o pobre?" (13,18), não pretende suavizar uma realidade cruel: que o rico e o pobre vivem em contenda como a hiena e o cão ou, pior ainda, como o lobo e o cordeiro (cf. 13,17). A realidade social do tempo de Jesus Ben Sirac assemelha-se mais à vida selvagem entre as feras que à convivência entre seres racionais, entre pessoas, entre irmãos: "O asno selvagem é presa do leão, o pobre é pasto do rico" (13,19). Com o passar dos séculos não temos melhorado: continuamos a nos morder, a nos matar uns aos outros. O quadro que Jesus Ben Sirac pinta da sociedade de seu tempo poderia passar como o retrato da nossa:

"O rico ofende e ainda por cima se vangloria,
o pobre é ofendido e ainda por cima pede perdão.
Se lhe fores útil, ele te explorará;
se estiveres na penúria, deixar-te-á cair;
se possuíres alguma coisa, te dirigirá bonitas palavras,
mas te explorará sem dó nem piedade;
se precisar de ti, passará a te agradar,
e com sorrisos te infundirá confiança;
amavelmente te dirá: de que necessitas?,
e com seus manjares te fará sentir encabulado;
enquanto aproveitar de ti, te enganará,
na segunda e na terceira vez te fará ameaças;
mais tarde, ao ver-te, fingirá que não te viu
e meneará a cabeça te reprovando" (13,3-7).

"O soberbo aborrece ao humilde,
o rico aborrece ao indigente.
O rico tropeça, e seu vizinho o sustenta,
tropeça o pobre, e seu vizinho o empurra;

o rico fala, muitos o aprovam
e acham eloqüente seu falar desajeitado;
o pobre se equivoca e lhe dizem: 'vai-te, vai-te';
fala com acerto, e ninguém faz caso;
o rico fala e o escutam em silêncio,
e põem nas nuvens seu talento;
fala o pobre, e dizem: 'quem é?';
e, se tropeça, empurram-no para fazê-lo cair" (13,20-23).

Não se oculta à visão perspicaz do *Sirácida* o lado oculto que sempre acompanha o intento violento de acumular riquezas avidamente (cf. 31,1-7). Por isso o livro canta a saúde corporal, que não pode ser comprada nem comparada com toda a riqueza do mundo, mas pode ser possuída pelo pobre:

"Mais vale o pobre robusto e são
que um rico cheio de achaques;
é preferível uma boa saúde que o ouro
e o bom ânimo aos colares;
não há riqueza como um corpo robusto,
e não há bens como um coração contente" (30,14-16).

E tece o mais elevado elogio ao pobre cuja nobreza de alma não se rendeu à fascinação das riquezas:

"Ditoso o homem que se conserva íntegro
e não se perverte por causa da riqueza:
Quem é? — Vamos felicitá-lo,
porque fez algo admirável em seu povo.
Quem na prova manteve firme a confiança?
— Terá paz e terá honra.
Quem podendo desviar-se não se desviou,
podendo fazer o mal não o fez?
— Sua bondade está confirmada,
e a assembléia cantará seus louvores" (31,8-11).

Quem não se sentiu fascinado pelo brilho do ouro? Quem não se deixou atrair pelo feitiço das riquezas? Quem não experimentou a sensação de segurança que dá o dinheiro? Jesus Ben Sirac chama a atenção: "Não confies em tuas riquezas, tampouco digas: 'sou poderoso'" (5,1; cf. v. 8), pois "da noite para o dia muda a situação: diante do Senhor tudo passa às pressas" (18,26). Como medida de prudência: "Mais vale a vida pobre no sossego do próprio teto que banquete em casa alheia; contenta-te com o que possuis, pouco ou muito, e não ouvirás zombarias da vizinhança" (29,22ss; cf. vv. 24-28). Pobre, mas honrado: "Em tudo proceda com moderação e não padecerás desgraças" (31,22b), ao menos irreparáveis.

d. Generoso/avarento

A generosidade ou a avareza são qualidades das pessoas que manifestam magnanimidade, desprendimento, desinteresse e nobreza de alma, ou, pelo contrário, mesquinharia, mesquinhez, visão curta das coisas e perversidade de espírito. O binômio *generoso/avarento* (expresso concretamente no modo adjetivo) relaciona-se de maneira direta com as riquezas ou a acumulação de bens, segundo o uso que delas faz seu dono. Generoso é a pessoa de espírito nobre que não se fecha em si mesma, mas está atenta e aberta às necessidades dos que a rodeiam, sejam de ordem espiritual ou material, sempre disposta a dar a mão a quem necessita. O fato de ser generoso não depende de se possuir mais ou menos riquezas; também quem é privado delas, o pobre, pode ser generoso, pois sempre haverá alguém mais necessitado que ele, e, sobretudo, dispõe de sua pessoa, origem e fonte de toda a generosidade:

"A aragem refresca o ar abafado,
assim a palavra vale mais que o dom;
na verdade não vale mais a palavra que o dom
quando ela procede de um homem caridoso? (18,16).

É possível ser generoso com todos: com Deus (cf. 14,11), com o amigo (cf. 14,13), com o pobre (cf. 29,8), com os vivos e os mortos (cf. 7,33). Normalmente a generosidade anda junto com a esmola, uma vez que esta é a manifestação mais concreta, não a única, daquela.

Recordemos que a esmola era o único meio de subsistência de todos os membros da sociedade — uma multidão — que nada possuíam: "O pão da esmola é a vida do pobre; quem o recusa é um homicida" (34,21). A Escritura recomenda a esmola e dela faz os maiores elogios (cf. Dt 15,7s; Sl 41,2; Pr 19,17; Tb 4,7-11; Lc 11,41; At 10,4.31). Jesus Ben Sirac resgata essa magnífica tradição e a desenvolve mais que nenhum outro autor sagrado.

Em primeiro lugar, reprova energicamente, como trágica, a situação de quem se vê obrigado a mendigar: "É preferível morrer que viver mendigando" (40,28b). Considera que não é vida digna do homem depender da mesa alheia, seja pela desonra permanente, seja pela vergonha subseqüente, que abrasa as entranhas como fogo (cf. 40,29).

Supondo que essa situação social generalizada de indigência não possa ser remediada, Jesus Ben Sirac admite, elogia e recomenda a esmola, por ser o único recurso capaz de eliminar ou aliviar a urgente necessidade do próximo:

"A água apaga o fogo ardente;
assim a esmola alcança o perdão do pecado" (3,30).

É necessário lutar contra a tendência egoísta do homem de fechar-se em si mesmo; por isso, Jesus Ben Sirac insiste: "não tenhas as mãos abertas para receber e fechadas na hora de dar" (4,31); para não guardar teu dinheiro "debaixo de uma pedra" deixando-o a perder (29,10b). Assim, pois, "não negues a esmola ao indigente" (4,3c); "não regules tuas esmolas" (7,10b), mas "ajuda teu próximo segundo tuas possibilidades" (29,20a). Próximo é todo aquele que está a sua volta e se encontra em necessidade (cf. Lc 10,29-37):

"Sê generoso com o pobre,
não faças rodeios quando lhe deres esmolas;
em sua indigência não o deixes ir de mãos abanando;
perca teu dinheiro pelo irmão e pelo próximo" (29,8-10a).

O indigente é como ferida aberta que deve ser curada com suavidade e doçura; muito cuidado ao tocá-la:

"Meu filho, [...] não ofendas com palavras quando dás esmola [...]
O néscio insulta sem caridade;
presente dado com má vontade faz chorar" (18,15.18).

"Não provoques quem se sente abatido
nem aflijas o pobre que pede tua ajuda" (4,3).

A esmola revela o lado luminoso e bom do homem. Deus não pode ficar indiferente diante desse gesto que imita suas entranhas misericordiosas. Por isso, ao final a esmola é uma inversão:

"Perde teu dinheiro pelo irmão e por teu próximo,
não deixes que teu dinheiro se perca embaixo de uma pedra;
muda teu tesouro conforme o mandato do Altíssimo,
e te será mais frutuoso que o ouro;
guarda esmolas em tua despensa,
e elas te livrarão de todo mal;
melhor que um escudo resistente ou poderosa lança,
lutarão a teu favor contra o inimigo" (29,10-13).

Deus garante a recompensa ao misericordioso, e sua aprovação descerá como uma bênção:

"Quem dá esmola será recompensado,
cada um receberá conforme suas obras" (16,14).

"O Senhor guarda, como um selo seu, a esmola do homem,
e sua caridade, como a menina do olho.
Depois se levantará para retribuí-las
e fará recair sobre eles o que merecem" (17,22s).

"Estende as mãos ao pobre também,
para que tua bênção seja completa" (7,32).

"A misericórdia jamais perecerá,
a esmola dura para sempre" (40,17).

Com tal garantia, Jesus Ben Sirac pode sentenciar: "Irmão e protetor salvam do perigo: mais que os dois salva a esmola" (40,24; cf. 3,31).

À luminosidade do generoso opõe-se a obscuridade do mesquinho. Este nem sequer é merecedor das riquezas que possui (cf. 40,3). A vida do mesquinho não tem sentido: quem acaba tirando proveito de seus esforços são pessoas estranhas; "sua mesquinharia volta-se contra si mesmo" (40,6). Com ironia, Ben Sirac afirma que "se chega a fazer algum favor é por mero descuido" (40,7). A honra da pessoa avarenta anda de boca em boca; seu proceder mesquinho e avarento é motivo de provocação, gracejos e zombaria: "O hóspede mesquinho acaba sendo motivo de zombaria na praça, e a fama de sua mesquinhez é permanente" (31,24).

e. Alegre/triste

Há estados de espírito e situações pessoais que evidenciam mais o sujeito que as desfruta ou sofre do que o ambiente em que vive; é o caso das situações pessoais motivadas pela alegria e pela tristeza. A alegria é como uma fonte de água ou de luz que brota do coração, do mais íntimo do homem, do profundo de sua consciência. É conseqüência natural da paz interior, do equilíbrio, da saúde plena do homem.

Em seu livro, Jesus Ben Sirac deixou-nos observações sutis sobre a alegria:

"A alegria do coração é vida para o homem,
o gozo prolonga seus anos; [...]
O coração alegre é um grande festim
que traz proveito àquele que come" (30,22.25).

Algumas vezes sentimo-nos alegres e não sabemos por quê. As causas da alegria podem ser internas ou externas ao homem. A ausência de enfermidades, a boa saúde, é uma causa interna; Ben Sirac assim o expressa:

"Prefiro ter boa saúde a ouro
e prezo mais o bom estado de espírito que os colares;
não há riqueza como um corpo robusto,
nem há bens como um coração contente" (30,15s).

Com grande otimismo, Jesus Ben Sirac acredita que a ascese também pode nos conduzir à alegria: "O homem paciente suporta até o momento oportuno, e no fim sua recompensa é a alegria" (1,23; cf. 2,4s). Porém, como causa interna principal temos a paz com Deus, fruto das boas relações da pessoa com o divino, o que em *Sirácida* é expresso pelo temor do Senhor:

"O temor do Senhor é glória e honra,
é gozo e coroa de júbilo;
o temor de Deus alegra o coração,
traz gozo e alegria e vida longa".
"A coroa da sabedoria é temer o Senhor:
sua origem são a paz e a saúde" (1,11s.18; cf. 2,9).

Ben Sirac menciona como uma das causas externas da alegria no homem o ambiente familiar, especialmente a boa esposa:

"Feliz o marido de uma boa mulher:
os anos de sua vida serão dobrados".
"A boa mulher é um bom partido
que o Senhor dá a quem o teme:
seja rico ou pobre, andará contente
e terá sempre um semblante alegre" (26,1.3s; cf. 25,8a).

"A beleza da mulher ilumina o rosto
e ultrapassa a tudo que se possa desejar;
se além disso fala acariciando,
seu marido não é um mortal" (36,27s; cf. 26,13-15; 40,20b).

Também o filho bem-educado é motivo de alegria para o pai (cf. 30,5; 25,7b).

Fora da vida de família, o amigo verdadeiro é a fonte mais segura de momentos inigualáveis de prazer e satisfação. Em 25,9 diz-se: "Feliz quem encontra um amigo"; e em 6,14: "Considero amigo o amigo fiel, e quem o encontra encontra um tesouro".

Com os amigos celebram-se as festas, manifestação típica e ruidosa da alegria. Geralmente são ocasiões em que se consegue passar bem e desfrutar efêmera alegria. Jesus Ben Sirac chega a atribuir ao vinho, bebido com moderação, a causa de tal alegria:

"Para os homens, o vinho é como a vida
se a gente o toma com moderação.
Que vida leva aquele a quem falta o vinho!
Por isso mesmo foi inventado nas origens, para trazer a alegria.
O vinho traz a alegria do coração e o júbilo da alma
quando bebido a propósito e na medida certa" (31,28; cf. 20,20a).

A tristeza é o lado negativo da alegria: obscuridade da alma, castigo, aflição, vazio interior, horizonte fechado, sensação de asfixia, de sufocação, de falta de vida e de ilusão. Daí Ben Sirac aconselhar sabiamente: "Não te deixes vencer pela tristeza" (30,21a). Se a causa da tristeza reside no sentimento de culpa (cf. 30,21b), é necessário ir à raiz mais profunda da consciência e eliminá-la: "Feliz o homem cuja consciência não o reprova e que não perdeu a esperança" (14,2).

Atingida essa meta, Jesus Ben Sirac torna a recomendar:
"Consola-te, recobra o ânimo,
afasta de ti o desgosto,
porque muita gente morreu por causa da tristeza,
e nada se ganha com o desgosto" (30,23).

f. Humilde/soberbo

Não pretendemos ser exaustivos na enumeração das virtudes e vícios; apenas acrescentamos exemplos de binômios que Jesus Ben Sirac generosamente desenvolveu; ou que implicam uma atitude pessoal tão radical que determinem uma forma de vida. Nesse sentido, *humildade/ /soberba* constitui um estilo de vida que afeta o indivíduo enquanto tal e como ser que se relaciona com os demais e com Deus.

Na opinião de Jesus Ben Sirac, não existe melhor maneira de proceder que a simplicidade e a naturalidade: "Meu filho, procede com humildade em teus negócios e serás mais estimado que o homem generoso" (3,17). Como conhece a tendência natural do homem de julgar-se mais do que é, aconselha: "Humilha ao máximo tua soberba" (7,17a; cf. 1,30). Ao conselho acompanha o motivo: "Pois à espera do homem estão os vermes" (7,17b), motivo que desenvolverá amplamente em 10,9-11:

"Por que se enche de soberba o pó e a cinza,
se ainda em vida as suas entranhas já apodrecem?
Um mal súbito, e o médico fica desnorteado:
hoje rei, amanhã cadáver.
Morre o homem e tem por herança vermes,
lombrigas, larvas, insetos".

Também no caso de se gozar de alta estima e poder na sociedade, a atitude humilde é a mais adequada: "Faz-te pequeno nas grandezas humanas" (3,18a; cf. 5,1); "Conserva tua honra com moderação" (10,28a).

Mesmo que pareça um paradoxo, no trato social a humildade é como um perfume de primeira qualidade, a exalar à sua volta. "Partilha teu pão com gente humilde" (9,16a), diz Ben Sirac. E adverte: "Não te julgues mais que teus peões" (7,16a).

A atitude contrária inspira-se na soberba, que, "odiosa ao Senhor e aos homens, para os dois é delito de opressão" (10,7). Por essa razão o soberbo é uma ameaça permanente, o que está claro em 10,30: "Como pássaro fechado num cesto é o coração do soberbo: como o lobo, espreita sua presa". Com relação ao Senhor, o soberbo é repelido (cf. 10,14) e o humilde alcança seu favor (cf. 3,18; 1,27), "porque a misericórdia de Deus é grande, e revela seus segredos aos humildes" (3,20; cf. Mt 11,25).

g. Mortal/imortal

Antes de tudo é preciso esclarecer que ao falar de imortal não nos referimos a uma sobrevivência pessoal depois da morte; disso não existe no *Sirácida* sequer um mínimo indício; referimo-nos, sim, à imortalidade que advém da fama.

O tema da morte, um dos mais tratados por Jesus Ben Sirac, obscurece intensamente a visão da existência humana: "O homem não é como Deus, pois nenhum filho de Adão é imortal" (17,30). A lembrança de nossa condição mortal está sempre presente no *Sirácida*:

"Deus distribuiu uma grande fadiga
e um jugo pesado aos filhos de Adão,
do momento em que saem do ventre materno
até retornar à mãe dos viventes:
preocupações, temor de coração
e angustiosa espera do dia da morte"
(40,1-2; cf. 8,7; 11,18s.26-28; 14,12-19; 17,1s; 33,24; 38,16-23; 40,11).

O autor chama atrevidamente à morte "o dia eterno" (10,10). Misturam-se sentimentos contraditórios com relação ao destino mortal do homem: sentimentos de angústia e de temor pelo próprio fato de ter de morrer, como acabamos de ver, ou por ter de deixar o que tanto preza:

"ó morte, quão amarga é tua lembrança
para quem vive tranqüilo em suas possessões,
para o homem satisfeito que em tudo prospera
e tem saúde para gozar dos prazeres!" (41,1).

Sentimentos de consolo pela esperança da libertação de todo o sofrimento:

"ó morte, quão doce é tua sentença
para o homem abatido e debilitado,
para o homem que tropeça e fracassa,
que vive se queixando e perdeu a esperança!
Não temas tua sentença de morte [...]" (41,2s).

Para Jesus Ben Sirac o horizonte da vida não vai além do túmulo: "O que vem do nada volta ao nada" (41,10; cf. 10,9-11; 17,27s). A única imortalidade que admite é a que subsiste na memória dos filhos e na boa reputação (cf. 30,4-6; 39,9-11; 40,19; 41,11-13; 44,8-15). Temos aqui uma adesão à doutrina tradicional chamada a propósito de *retribuição*: "Não te alegres com o insolente que triunfa, que pensa que não morrerá impune" (9,12), pois "o mal acompanha os malvados; porém o dom do Senhor é para o justo, e seu favor assegura o êxito" (11,16s; cf. 3,1-16; 11,12-28; 16,6-23; 17,15-23; 33,1s). Jesus Ben Sirac conhece muito bem as incongruências práticas dessa doutrina (cf. 13,1-23); todavia, sua fé em Deus, "juiz justo" que "faz justiça", é mais forte (35,18[22]). Provavelmente o problema não foi formulado com toda sua crueza, visto que Ben Sirac não percebe que entrou em um beco sem saída, ou a encontra na confiança em Deus:

"Fixa-os nas gerações passadas:
Quem confiou no Senhor, e foi enganado?
Quem esperou nele, e foi abandonado?
Quem gritou por ele, e não foi ouvido?" (2,10).

Junto a essa confiança em Deus, Ben Sirac desenvolve com amplidão a doutrina sobre "o temor do Senhor", a quintessência da piedade mais pura de seu javismo, pois "o temor do Senhor é a síntese da sabedoria, cumprir sua lei é toda a sabedoria" (19,20; cf. § 4.5.d).

4.3. Vida em sociedade

Após ter exposto o tema genérico do homem no *Sirácida*, vamos analisar sua vida em sociedade. Partindo do aspecto formal da palavra, seguimos pelas formas concretas de realização do homem: os ofícios; e terminamos com os meios ou esferas em que sua vida se desenvolve: a familiar e a extrafamiliar.

a. A palavra

A palavra é o meio mais universal que o homem possui para se comunicar com os demais. Por meio dela revelamos nossos sentimentos mais íntimos e trocamos experiências comuns. Apesar da universalização da cultura escrita, a palavra manteve seu privilégio no decurso da história e não o perdeu em nosso tempo, em que predomina a cultura da imagem. Isso mostra que o homem é essencialmente um ser capaz de falar.

Jesus Ben Sirac dedica especial atenção à palavra como meio utilizado pelo homem para se comunicar com o mundo que o cerca. A preocupação do sábio é ensinar ao aluno o reto uso da palavra em suas relações com os semelhantes e com Deus.

Essa tarefa não é fácil, pois isso suporia que o sujeito que fala já conseguiu o domínio perfeito dos meios expressivos.

Já no início de suas reflexões de sábio, Ben Sirac diz: "Vigia teus lábios" (1,29b). Quem vigia os próprios lábios controla a si mesmo e não cometerá injustiças com a palavra. É o que ele dá a entender em outro lugar: "Balança e pesos para as palavras; porta e ferrolho para a boca" (28,25). A prudência é uma virtude típica do sábio, especialmente se é conselheiro; junto com ela vão a serenidade e a retidão:

"Não te agites ao sabor de qualquer vento,
nem sigas qualquer direção.
Sê conseqüente em teu modo de pensar e coerente com tuas palavras;
sê solícito em escutar e calmo em responder;
estando ao teu alcance, responda ao próximo;
senão, põe a mão na boca" (5,9-12).

A palavra na hora certa vale mais que o ouro; por isso "o sábio fica calado até o momento oportuno; já o néscio não aguarda a oportunidade" (20,7). Eclesiastes diz que "para tudo tem hora, e tempo para todo assunto sob o céu; [...] tempo para calar, tempo para falar" (3,1.7b). Não convém falar quando é preciso ficar calado, nem calar quando é preciso falar (cf. Pr 25,4-5); "o prudente pesa as palavras na balança" (Sr 21,25; cf. Pr 11,12b), evitando assim os males provenientes do mau controle da língua (cf. 11,8; 19,6; 20,18; 25,8b; 28,26). Entretanto, as circunstâncias podem exigir que o sábio fale: "Não retenhas a palavra oportuna nem escondas tua sabedoria; pois falando se manifesta a sabedoria; e a inteligência, na resposta da língua" (4,23s; cf. 21,17; 18,29). Algumas vezes, o acerto ou desacerto não está no que se diz, mas no modo como é dito (cf. 18,15.18; 20,20; 21,16.25s; 23,8); outras vezes, em ambas as coisas (cf. 27,13-15; 20,13).

Se é difícil dizer uma palavra na hora certa (cf. 19,16), que dizer de quem fala demais: "Quem fala demais acaba sendo odiado" (20,8a; 21,25a; 20,5b); ou de quem mente com pleno conhecimento: "A mentira é uma infâmia para o homem" (20,24a; cf. 7,13; 20,25s; 28,17s).

Entre os perigos de falar demais está o de revelar segredos e confidências. Jesus Ben Sirac é categórico:

"Não fiques sempre reclamando,
assim não sairás prejudicado;
não contes nada, nem de amigo nem de inimigo,
assim ninguém fica sabendo [...]
Ouviu alguma coisa? Que isso morra dentro de ti;
agüenta firme, que não te arrebentarás.
O néscio coloca no mundo uma notícia,
dá à luz como a uma criatura;
flecha cravada na coxa é a notícia
nas entranhas do néscio" (19,7s.10-12; cf. 42,1a).

Nessa matéria é melhor desconfiar de todos que confiar em um só (cf. 18,17-19): "Pode-se atar uma ferida, pode-se remediar um insulto; mas quem revela um segredo não tem esperança" (27,21); e menos ainda se esse segredo é o de um amigo (cf. 27,16-20).

b. Os ofícios

Uma das acepções da sabedoria antiga é a perícia ou mestria, referente à habilidade no desempenho de um ofício. Uma particularidade de Jesus Ben Sirac é prestar especial atenção aos ofícios, dedicando-lhes mais espaço que nenhum outro sábio. Está familiarizado com os trabalhos do homem do campo ao ar livre, como é o caso da guarda do gado (cf. 7,22) e do cultivo da terra (cf. 40,22), e com a observação dos fenômenos da natureza em campo aberto: o arco-íris, as nuvens, o granizo, o raio, o trovão, o vendaval, a neve, a geada, o gelo, o orvalho (cf. 43,11-22).

Ben Sirac diverte-se na descrição dos artesãos em plena atividade: o lavrador que ara a terra, o boiadeiro, o tecelão, o escultor, o ferreiro, o oleiro (cf. 38,25-30). "Todos confiam em sua destreza e são competentes em seu ofício" (38,31). É grande a estima em que Jesus Ben Sirac tem estes artesãos:

"Sem o trabalho deles a cidade não tem casas,
nem habitantes, nem transeuntes";
"mantêm a antiga criação
ocupados em seu trabalho de artesão" (38,32-34b).

Entretanto, considera-os categoria inferior:
"Não são eleitos senadores,
não se destacam na assembléia,
não tomam assento no tribunal
não discutem a sentença justa,
não expõem sua sentença ou decisão,
nem entendem de provérbios" (38,33-34a).

O médico ocupa um lugar privilegiado na escala particular de Ben Sirac:
"O médico recebe de Deus sua ciência
e do rei seu sustento.
A ciência do médico é motivo para ele levantar a cabeça
e apresentar-se diante dos nobres.
É Deus quem faz a terra produzir os remédios:
e o homem prudente não os desprezará".
"Com eles o médico alivia a dor
e o boticário prepara seus ungüentos" (38,2-4.7).

Em caso de enfermidade é preciso rezar a Deus (cf. 38,9) e procurar o médico:
"Dá lugar ao médico, pois o Senhor criou também a ele;
e não te falte,
pois também precisas dele,
há momentos em que depende dele o êxito,
e também ele reza pedindo a Deus

para fazer um diagnóstico acertado
e aplicar a medicina salutar.
Peca contra seu Artífice
quem se faz de forte diante do médico" (38,12-15).

Nada, porém, é comparável ao estudioso e, mais particularmente, a quem se dedica inteiramente ao estudo e à meditação da lei do Altíssimo (cf. 38,24; 39,1-5):

"Se o Senhor o quiser,
será repleto do Espírito de inteligência;
Deus derramará sobre ele palavras sábias
e ele confessará o Senhor em sua oração;
Deus guiará seus prudentes conselhos
e ele meditará seus mistérios;
Deus lhe comunicará sua doutrina e ensinamento,
e ele se gloriará da lei do Altíssimo" (39,6-8).

A fama do perito na Lei será grande em vida e se perpetuará nas gerações futuras (cf. 39,9-11).

c. Vida familiar

O círculo familiar é o ambiente mais próximo em que decorre a vida de uma pessoa nas diferentes etapas de sua existência. Por isso, os sábios de todos os tempos mostraram particular interesse pela família. O *Sirácida* tem uma palavra singular para cada um de seus membros.

c.1. O matrimônio

A instituição familiar, e nela o matrimônio, constitui o centro da vida de um israelita: "Tomar mulher é o melhor negócio" (36,29). Pela mesma razão, a paz do lar é uma das grandes aspirações do sábio:

"Minha alma compraz-se com três coisas
agradáveis a Deus e aos homens:
a concórdia entre irmãos, o amor ao próximo,
a harmonia entre mulher e marido" (25,1).

Em uma sociedade de estrutura patriarcal, é natural que o marido ocupe o centro das atenções. É em torno dele que gira e se constrói a família; daí "marido feliz, família feliz":

"Feliz o o marido de uma boa mulher:
os anos de sua vida serão dobrados.
A mulher trabalhadeira faz o marido prosperar,
ele completará seus dias na paz.
A boa mulher é um bom partido
que o Senhor dá a quem o teme:

seja rico ou pobre, andará contente
e terá sempre um semblante alegre" (26,1.4; cf. 25,8a; 26,13s.23b).

Jesus Ben Sirac não poupa elogios à boa e formosa mulher, aplicando-lhe os mais belos símbolos:

"A mulher modesta duplica seu encanto:
não há beleza que pague um ânimo casto.
O sol brilha no céu do Senhor;
a mulher bela, na casa bem-arrumada.
Lâmpada que brilha no candelabro sagrado
é um rosto formoso sobre um tipo esbelto;
colunas de ouro sobre pedestais de prata
são as pernas firmes sobre pés formosos" (26,15-18).

Quando esse belo ideal se realiza, o marido que o desfruta rompe os limites dos mortais: "A beleza da mulher ilumina o rosto e ultrapassa tudo que se possa desejar; se fala acariciando, seu marido não é um mortal" (36,27s).

O homem também aprecia os filhos e os amigos, pelo valor que têm em si mesmos:

"A prole e uma plantação fazem o nome florescer:
melhor que essas duas coisas é uma esposa enamorada".
"Amigo e companheiro ajudam no momento de precisão:
melhor que os dois é uma mulher prudente" (40,19b.23).

Vale a pena conservar esse bem, como ouro em um tecido, e não dar motivos para perdê-lo (cf. 9,1s). Infelizmente, porém, em muitos casos a realidade da vida matrimonial é bastante cruel. Jesus Ben Sirac descreve a infelicidade do marido que não teve a sorte de uma boa esposa:

"Coração abatido, rosto sombrio,
sofrimento no fundo da alma, é a mulher perversa;
braços débeis, joelhos vacilantes,
quando a mulher não faz feliz o marido" (25,23; cf. 25,13-20).

"Mulher perversa é canga que sacode,
quem a carrega agarra um escorpião.
A mulher beberrona é uma grave doença,
e não pode ocultar sua infâmia" (26,7s).

Caso extremo é o da mulher infiel, merecedora do repúdio e condenação da comunidade (cf. 23,22-26; 42,13s). É um perigo permanente a jovens inexperientes e gente grande (cf. 9,3-10; 26,9-12); perigo que é necessário evitar a todo custo (cf. 25,21.15).

É injusto, entretanto, qualificar Jesus Ben Sirac como misógino, pois, ao falar a respeito da mulher, ressalta tanto o lado obscuro como o lado luminoso; é o que se pode ver em 26,22-27, onde se mesclam os dois aspectos.

c.2. Os filhos

É bastante conhecido o modo de pensar dos semitas acerca dos filhos. São eles que perpetuam o nome após a morte, e aqui não se está falando de outra coisa senão da fama, pois até a etapa final do Antigo Testamento não se reconhece a sobrevivência pessoal: "Os filhos e uma cidade perpetuam o nome [...] Uma prole e uma plantação fazem o nome florescer" (40,19; cf. 30,4-6).

Os filhos são a alegria dos pais (cf. 30,5; Pr 10,1). Jesus Ben Sirac insiste na necessidade de uma boa educação: "Se tens filhos, educa-os" (7,23); "O filho malcriado é uma desgraça para o pai! E, se for uma filha, a desgraça não é menor" (22,3). O sistema educativo do tempo é muito severo; o castigo é moeda corrente: " (não te envergonhes) de educar com rigor o teu filho" (42,4b; cf. 30,1-3.7-13).

O pai deve arranjar uma mulher para seu filho (cf. 7,23; 22.4s; 42,9-12).

O *Sirácida* fala também das relações filhos-pais; praticamente se restringem ao dever de honrá-los e alimentá-los:

"Honra teu pai com todo o coração
e não te esqueças do trabalho de tua mãe;
lembra-te de que eles te geraram;
o que lhes dará em troca do que te deram?" (7,27s; cf. 3,1-6).

Seguramente, a realidade ultrapassaria o estritamente obrigatório.

Entre irmãos, cultiva-se o afeto: "Não mudes de amigo por causa de dinheiro, nem teu irmão querido pelo ouro de Ofir" (7,18). E, como manda a tradição, "entre irmãos, honra-se o mais velho" (10,20a; cf. Gn 24,29-60).

c.3. Os servos

Na sociedade antiga, a escravidão era uma instituição estabelecida por lei, tão arraigada que sem ela não se podia conceber nem a organização nem o funcionamento da vida econômico-social. Em Israel, a legislação sobre a escravidão era bastante mitigada, se comparada à de seu tempo (cf. Dt 15,12-18; Ex 21,2-11; Lv 25,39-55); mas continuava a existir uma distinção fundamental entre escravos e livres, israelitas e não-israelitas.

Os servos fazem parte do patrimônio familiar, como a terra, a casa e os animais domésticos. Jesus Ben Sirac não faz distinção entre servos israelitas e não-israelitas. Em geral, o tratamento que lhes dispensa depende do comportamento deles: "Não maltrates o servo cumpridor" (7,20); todavia: "(Não te envergonhes) de bater num mau servo" (41,5c), a mesma coisa que se faz com os animais:

"Para o asno ração, chicote e carga;
ao servo sujeição e tarefas;

se levanta a cabeça e te atraiçoa,
faz o servo trabalhar sem descanso;
faz o servo trabalhar para que não se rebele,
porque a preguiça acarreta muitos males;
canga e correias e a vara de quem o guia,
ao mau servo muitas correntes" (33,25-30a).

Tal comportamento não é considerado inumano nem injusto, uma vez que logo a seguir lemos: "Mas não te excedas com homem algum nem faças nada injustamente" (33,30bc). Uma mescla de conveniência e humanidade transparece nestas outras normas de comportamento:

"Se tens apenas um servo, trata-o como a ti mesmo,
pois o adquiriste a preço de sangue;
se tens apenas um servo, trata-o como a um irmão,
pois ele te é necessário como tua alma.
Se o maltratas, ele fugirá e o perderás,
por que caminhos poderás encontrá-lo?" (33,31s).

Até aproximar-se da formulação da regra de ouro: "Ama o servo habilidoso como a ti mesmo e não lhe negues a liberdade" (7,21), o que provavelmente reflete uma prática habitual.

d. Vida extrafamiliar

O indivíduo sempre passou grande parte de seu tempo com personagens alheios ao círculo estritamente familiar. Em núcleos mais restritos da população, a margem de opções no relacionamento com as pessoas era muito pequeno: necessariamente o indivíduo tinha de conviver quase sempre com as mesmas pessoas. À medida que os núcleos de população se ampliaram em número e extensão, ampliaram-se também as possibilidades de contato com pessoas de fora do círculo familiar ou desconhecidas. Por essa razão os sábios, e entre eles Jesus Ben Sirac, julgaram oportuno e necessário doutrinar acerca das vantagens e inconveniências dessa inevitável convivência extrafamiliar, pois nem todas as pessoas com que convivemos são iguais; nem sempre sua influência sobre nós é positiva. Daí as advertências para ser cauteloso no tratamento com as pessoas tidas como perigosas, os conselhos para ser prudente no relacionamento com os poderosos e as recomendações para incrementar as relações com os amigos.

d.1. As más companhias

A prudência mais elementar aconselha ter os olhos bem abertos, quando o inimigo anda à espreita por toda parte ou o caminho que percorremos está cheio de armadilhas. Jesus Ben Sirac adverte: "Eis que caminhas entre laços, que avanças através de uma rede" (9,13c). O exemplo mais claro é o da adúltera: "Não te aproximes de mulher estranha, e não cairás em suas redes; não tenhas intimidade com a mulher da vida, e não cairás em seus laços" (9,3). Entretanto, não é o único, pois os malvados e os insensatos são inumeráveis e deles é preciso se guardar (cf. 9,11s; 11,33ab; 22,13a). Caso particular diz respeito àquele que sabemos ser nosso inimigo, mas age com astúcia e falsidade: "Jamais confies no teu inimigo; [...] mesmo que ele te dê atenção portando-se com modéstia, tem cuidado e desconfia dele" (12,10s; cf. 12,16-18).

Nestes casos é melhor afastar-se (cf. 9,13ab; 11,33cd; 22,13d), porque, do contrário, há de se lamentar quando já não existir remédio:

"Quem se compadece do encantador de serpentes mordido
ou daquele que se aproxima de animais ferozes?
Acontece a mesma coisa com quem se junta ao arrogante
e se mancha com seus delitos" (12,13s).

"Quem mexe no piche fica com a mão suja,
quem se junta ao cínico aprende suas artimanhas" (13,1; cf. 19,2).

d.2. Os poderosos

Poderosos são os que na sociedade podem decidir sobre a vida e o trabalho das pessoas; de fato, têm eles nas mãos o poder político e financeiro. Dito de outra maneira, detêm a autoridade e o dinheiro, sendo, na maioria dos casos, as mesmas pessoas. Jesus Ben Sirac fala dos poderosos em sentido negativo:

"Ai de vós, poderosos,
que deixais de lado a lei do Altíssimo!
Se derdes fruto, será para que se malogre;
se nascerdes, será para o luto;
quando cairdes, haverá gozo eterno;
quando morrerdes, sereis malditos" (41,8s).

O semita admite de boa vontade que o poder provém de Deus (cf. Pr 8,15s; Sr 10,4). Ben Sirac não discute a legitimidade ou ilegitimidade do poder, mas critica com veemência as pessoas que o detêm. Segundo ele, são presunçosos, caprichosos, astutos, malvados (cf. 13,8-12). Conseqüentemente, aconselha:

"Não entres em demanda com um poderoso,
para não vires a cair em suas mãos;
não te ponhas a brigar com um homem rico:
pesará teu preço, e estarás perdido" (8,1s).

Compreende-se assim que desaconselha pedir a Deus o poder, pois cederá com facilidade diante da arrogância dos nobres, vendendo por dinheiro sua dignidade e integridade (cf. 7,4-6). Por trás desse ensinamento conferido ao aluno, descobre-se uma crítica contundente à classe social dominante, aos poderosos do seu tempo.

d.3. Os amigos

Felizmente nem tudo é negativo na vida da sociedade. Além da família, existem os amigos; deles Jesus Ben Sirac fala bastante e com verdadeiro entusiasmo, parecendo tratar de uma experiência simultaneamente gratificante e dolorosa.

Amigos de verdade há poucos; por isso é "feliz quem encontra um amigo" (25,9a); "e quem o encontra encontra um tesouro" (6,14b), e mais que um tesouro:

"Um amigo fiel não tem preço
nem se pode pagar seu valor;
um amigo fiel é um talismã:
o quem teme a Deus o encontra;
como ele é, tal será seu companheiro,
e suas ações como sua fama" (6,15-17).

"Ama teu amigo e confia nele" (27,17a), somente nele: "um entre mil" (6,6; cf. 6,14a). Verdadeiro amigo é aquele capaz de dar sua vida pelo outro: "O amigo fiel lutará contra teu inimigo, empunhará contra ele o escudo" (37,5; cf. Jo 15,13).

Muitos se comportam como se fossem amigos, mas na realidade não o são (cf. 37,1); como distinguir o amigo verdadeiro do falso?:

"Não é na prosperidade que se conhece o amigo,
nem o inimigo se oculta na desgraça;
na prosperidade o inimigo se faz amigo,
na desgraça o companheiro se afasta" (12,8s).

É na desgraça que a verdadeira amizade se manifesta (cf. 6,8-12); até passar por tal prova, não se saberá quem é o verdadeiro amigo (cf. 40,23a). Entretanto, é preciso cautela: "Não abandones o velho amigo, pois do novo amigo nada se sabe; amigo novo é vinho novo: deixa que envelheça e o beberás" (9,10; cf. 6,7.13). Em toda ocasião, a fidelidade é a melhor companheira da amizade:

"Não me envergonho de saudar um amigo,
nem me escondo de seu olhar;
se algum mal me acontecer por sua culpa,
quem tomar conhecimento disso tomará cuidado com ele"
(22,25s; cf. 7,12.18; 19,13.15; 41,18c.21.22b).

Tudo é possível entre os homens, também a ruptura de uma amizade verdadeira. Jesus Ben Sirac o lamenta profundamente: "Não é um desgosto mortal quando o amigo íntimo vira inimigo?" (37,2; cf. 22,19s). As causas dessa perda tão dolorosa são muitas; Ben Sirac destaca particularmente a infidelidade ao revelar segredos (cf. 7,12.18; 22,22b; 27,16-18).

Apesar disso, é possível recuperar uma amizade perdida:
"Mesmo tendo empunhado a espada contra o amigo,
não percas a esperança, que ainda há remédio;
mesmo tendo aberto a boca contra o amigo,
não temas, podes reconciliar-te" (22,21s).

Ainda que seja difícil as coisas voltarem a ser como antes, vale a pena tentar.

d.4. As festas

É com a família ou os amigos que celebramos com júbilo os momentos alegres. Nessas celebrações ou festas são imprescindíveis os banquetes e, nos banquetes, o vinho e a música.

Provavelmente Jesus Ben Sirac conhecia, por experiência própria, o ritual dos banquetes, pois pertencia à classe abastada de Jerusalém. Fala da solicitude do anfitrião (cf. 32,1s), das boas maneiras que todo convidado há de observar à mesa (cf. 31,12-19), sobretudo do ancião (cf. 32,3s) e do jovem (cf. 32,7-10). Também conhece as conseqüências desagradáveis de comer em demasia (cf. 31,19-21).

Banquete e alegria andam sempre unidos: "Coração alegre é festim generoso, que traz proveito àquele que dele come" (30,25). No banquete alegre não pode faltar o vinho:

"Para os homens, o vinho é como a vida
se a gente o toma com moderação.
Que vida leva aquele a quem falta o vinho!
Por isso mesmo foi inventado nas origens, para trazer a alegria.
O vinho traz a alegria do coração e o júbilo da alma
quando bebido a propósito e na medida certa" (31,27s; cf. 40,20a).

É preciso manter o equilíbrio, a medida certa na bebida, visto que os excessos do vinho não são bons para o bebedor: "Dor de cabeça, tartamudez, vexame, assim é o vinho bebido com paixão e irritação" (39,29); e acarreta conseqüências funestas (cf.19,1-3; 31,25s.30s.).

A música é o ornamento máximo nos banquetes, portanto jamais deveria faltar:

"Jóia de azeviche em colar de ouro
é o canto no meio do banquete;
Engaste de ouro com selo de esmeralda
são os instrumentos entre a delícia do vinho" (32,5s; cf. 49,1).

4.4. A injustiça social

Este foi sempre um dos temas da maior importância no Antigo Testamento. A sensibilidade dos profetas, consciência viva do povo, diante das injustiças está à flor da pele. Pela Escritura sabemos que Deus esteve e sempre está ao lado da justiça. No oráculo de Is 61,8, o Senhor fala na primeira pessoa: "Porque eu, o Senhor, amo a justiça"; o Cronista vale-se do rei Davi, para confessar: "Sei, Deus meu, que sondas o coração e amas a justiça" (1Cr 29,17); o salmista proclama, no fim de sua meditação, o fundamento de sua confiança em Deus: "Porque o Senhor é justo e ama a justiça" (Sl 11,7). Por meio de seus enviados, os profetas, Deus reclama a prática da justiça em favor dos necessitados, fracos e desamparados:

> "Ai dos que convertem a justiça em amargura e arrastam por terra o direito [...] Odeiam os fiscais do tribunal e detestam quem depõe com exatidão! Já que pressionastes o indigente exigindo dele um tributo de grãos, não habitareis nas casas de pedra lavrada que construístes; nem bebereis do vinho das vinhas selecionadas que plantastes. Conheço bem seus muitos crimes e inumeráveis pecados: oprimis o inocente, aceitais suborno, desprezais os pobres no tribunal [...] Buscai o bem, não o mal, para que vivais, e assim o Senhor, Deus de todo poder, como costumais dizer, estará convosco" (Am 5,7.10-14; cf. Mq 2,1; 3,9-11; Jr 22,13-17).

O único caminho que leva a Deus é a prática da justiça e de todos os seus equivalentes: retidão, eqüidade, bondade:

> "É este o jejum que eu quero — oráculo do Senhor —: abrir as prisões injustas, fazer soltar os ferrolhos dos cepos; libertar os oprimidos, quebrar todos os cepos; repartir o pão com os famintos, acolher os pobres que não têm teto, vestir quem está nu e não te fechares diante daquele que é tua própria carne. Tua luz então romperá como a aurora e logo depois te brotará a carne sã; a justiça te abrirá caminho, atrás irá a glória do Senhor" (Is 58,6-8).

> "Quero misericórdia, não sacrifício; conhecimento de Deus, não holocausto" (Os 6,6; cf. Mt 9,13; 12,7).

Como em todos os sábios, em Jesus Ben Sirac mantém-se viva a sensibilidade dos profetas diante das injustiças sociais. Para ele "a injustiça é espada de dois gumes, e sua ferida é incurável" (Sr 21,3). A injustiça pode estar presente entre o povo simples: "Dificilmente o comerciante se livra da injustiça" (26,29; cf. 42,4); porém, seu lugar quase natural é entre os poderosos, como ensinam os profetas.

Paradoxalmente, Jesus Ben Sirac aponta como instituições que podem ser subornadas (cf. 40,12) as de justiça, os juízes (cf. 4,27b; 7,7) e sobretudo os poderosos, que, por meio dos sacrifícios cultuais, parecem ter a pretensão de subornar o próprio Deus. Ben Sirac, homem reconhecidamente piedoso, detém-se nessa parte do culto. Deus se compraz com os sacrifícios do justo:

"A oferenda do justo enriquece o altar,
e seu aroma chega ao Altíssimo.
O sacrifício do justo é aceito,
sua oferenda memorial não será esquecida" (35,5s).

Para ele o justo age positivamente:

"Quem observa a lei faz uma boa oferenda;
quem guarda os mandamentos oferece sacrifício eucarístico;
quem faz favores oferece flor-de-farinha;
e quem dá esmola oferece sacrifício de louvor" (35,1s).

E negativamente evita o exercício da injustiça:

"Afastar-se do mal é agradável a Deus,
afastar-se da injustiça é expiação" (35,3).

Pelo contrário, ainda que numerosas, as oferendas do ímpio não são agradáveis ao Senhor:

"Sacrifícios de bens injustos são impuros,
nem são aceitos os dons dos iníquos;
o Altíssimo não aceita as oferendas dos ímpios,
nem por seus muitos sacrifícios perdoa-lhes o pecado" (34,18s; cf. Os 6,6),

porque tais oferendas são produto de roubo aos pobres, fruto de iniqüidade equiparado ao homicídio:

"Tirar dos pobres para oferecer sacrifício
é sacrificar um filho diante de seu pai.
O pão da esmola é a vida do pobre,
e quem o recusa é homicida;
mata seu próximo quem lhe tira o sustento,
quem não paga o justo salário derrama sangue" (34,20-22).

Neste mundo injusto, o clamor do pobre é como a voz num deserto; porém, Deus a escuta: "O Senhor escuta a súplica do pobre e faz-lhe justiça de imediato" (21,5). O sábio Jesus Ben Sirac exorta diretamente à prática da justiça por motivos humanitários e profundamente religiosos:

"Livra o oprimido do opressor,
e não te repugne fazer justiça.
Seja pai para os órfãos
e marido para as viúvas:
e Deus te chamará filho,
e seu favor te livrará da desgraça" (4,9s).

"Até a morte luta pela justiça,
e o Senhor pelejará a teu favor" (4,28).

4.5. Âmbito religioso

Jesus Ben Sirac é um exemplo claro de israelita crente e piedoso. Em cada uma das páginas de seu livro descobre-se uma profunda fé em Deus. Para ele, é natural falar de Deus, sempre respeitando o mistério; e em nenhum caso seu discurso é banal; ao contrário, é sério e profundo. Nada há na vida dos homens nem na natureza que não dependa da presença ativa do Senhor: "Bem e mal, vida e morte, pobreza e riqueza, tudo provém do Senhor" (11,14; cf. 33,14s). Segundo Jesus Ben Sirac, a resposta adequada do homem ao Senhor é a de Henoc, que "caminhou com o Senhor", como Noé, "homem reto e honrado" (Gn 6,9) e "exemplo de religião para todas as idades" (Sr 44,16; cf. Gn 5,21-24).

A seguir aduzimos, agrupadas em três tópicos, as principais sentenças de Jesus Ben Sirac sobre Deus; depois exporemos seus ensinamentos sobre o temor de Deus, chave de compreensão e resumo de uma concepção religiosa.

a. Deus em si mesmo: o bom, o misericordioso

De um israelita de boa linhagem deve-se esperar uma confissão inequívoca em Deus, um e único: "O Senhor é o único sem mancha; e não existe outro fora dele" (18,2); "é aquele que vive eternamente" (18,1). Ele é a única fonte de tudo quanto existe; o único sábio de verdade (cf. 1,8; Is 31,2). Diante dele, o homem tem de confessar sua incapacidade de compreensão e de explicação:

> "Ninguém é capaz de contar suas obras,
> quem rastreará suas grandezas?
> Quem poderá medir sua grandeza
> e quem contará seus favores?
> Não é possível aumentar nem diminuir,
> nem se podem rastrear suas maravilhas;
> quando o homem termina, está começando,
> e quando se detém fica assombrado" (18,4-7).

Em Jó 33,12, lemos que "Deus é maior que o homem"; Ben Sirac pondera ainda mais esse reconhecimento: "Ele é maior que todas as suas obras" (43,29b). "Quem o viu para poder descrevê-lo? Quem o louvará tal qual ele é?" (43,31; cf. 43,27-32; 11,4). Essa confissão de grandeza não se opõe ao reconhecimento de sua misericórdia, "pois, assim como é sua grandeza, assim também é sua misericórdia" (2,18b; cf. 3,20; 17,29a).

Deus conhece a fragilidade humana; sua compaixão e sua misericórdia não têm limites (cf. 18,11-14). Ele ama tudo que criou (cf. Sb 11,24) e com tudo se mostra como é, bom e misericordioso: "Todas as criaturas conhecem sua compaixão" (16,16), principalmente os mais necessitados, os pobres e desvalidos:

"Porque é um Deus justo
que não pode ser parcial;
não é parcial contra o pobre,
escuta as súplicas do oprimido;
não deixa de escutar o grito do órfão
ou da viúva quando repete sua queixa;
enquanto as lágrimas correm por sua face,
e o gemido se junta às lágrimas,
suas penas alcançam seu favor
e seu grito chega até as nuvens;
o clamor dos pobres atravessa as nuvens
e não descansa até alcançar Deus;
não cessa até que Deus o atenda,
e o juiz justo lhe faça justiça" (35,12-18).

O homem, entretanto, não deve abusar da bondade do Senhor. Como disse são Paulo: "De Deus não se zomba" (Gl 6,7; cf. Jó 13,9). Nesse contexto, tem pleno sentido a sentença: "O Senhor é temível em extremo" (43,29a; cf. 1,8a). Jesus Ben Sirac tem sua atenção voltada para quem age de modo irresponsável e zomba de Deus por ser paciente e misericordioso:

"Não digas: 'quem tem poder sobre mim?'
porque o Senhor te pedirá contas;
não digas: 'pequei e nada de mau me aconteceu',
porque ele é um Deus paciente;
não digas: 'o Senhor é compassivo
e apagará todas as culpas'.
Não te fies em teu perdão
para acrescentar culpas sobre culpas,
pensando: é grande sua compaixão
e perdoará minhas inumeráveis culpas;
porque tem compaixão e cólera,
e sua ira recai sobre os malvados" (5,3-6).

b. Deus criador

Para Jesus Ben Sirac, como para qualquer crente israelita, o universo ou mundo criado é objeto de contemplação gozosa e motivo para louvar ao Senhor, facilmente reconhecível em sua obra (cf. Sb 13,1-9): "E agora bendizei ao Senhor de Israel, que fez maravilhas na terra" (50,22a).

Muitas são as passagens do *Siracida* que atestam sem hesitação a fé em Deus, criador de tudo quanto existe: "Aquele que vive eternamente

criou o universo" (18,1; cf. 24,8; 51,12s e o grandioso hino 42,15-43,33).
É a mesma fé já expressa em Gn 1 e na vida litúrgica de todo o povo
nos salmos (cf. Sl 33,6-9; 104; 124,8; 146,6; 148). A sabedoria, primícia
da criação e nela presente, é como a ponte pela qual o homem ultrapassa o abismo insondável entre as coisas e Deus (cf. 1,1.4.9s; 24,9a).

"Pela palavra de Deus são criadas (todas as coisas), e de sua vontade recebem sua tarefa" (42,15b). Efetivamente, segundo Jesus Ben Sirac, a cada criatura é atribuída uma função diferente, à qual fielmente se submete:

"Quando no princípio o Senhor criou suas obras,
ao fazê-las separou suas partes.
Ordenou suas obras para a eternidade,
desde sua origem até seu futuro longínquo.
Elas não têm fome nem se afadigam,
e não abandonam suas tarefas.
Nenhuma entra em choque com a do lado,
e jamais desobedecem à sua palavra" (16,26-28; cf. 39,16-34; 42,23-25).

Se Deus concedeu o ser singular e concreto a todas as criaturas e por ele "todas vivem e duram eternamente" (42,23), pode-se dizer, sem perigo de ser chamado de panteísta: "Ele é o todo" (43,27).

A visão do mundo de Jesus Ben Sirac é otimista:

"Faz tempo que estou convencido,
que refleti e o coloquei por escrito:
'As obras de Deus são todas boas,
e cumprem sua função a seu tempo'.
Não digas: 'esta é má, para que serve?',
porque cada uma é útil a seu tempo" (39,32-34; cf. 39,16).

Por isso o autor pode dirigir-se ao Senhor em forma de hino: "Quão amáveis são todas as suas obras!" (42,22).

Como bom escriba, Ben Sirac estudou e meditou a lei do Altíssimo (cf. 39,1); prova disso é o que escreve sobre a criação do homem:

"O Senhor formou o homem da terra
e o fez voltar de novo a ela;
concedeu a ele um prazo de dias contados
e a ele deu o domínio sobre a terra;
revestiu-o de um poder semelhante ao seu
e o fez à sua própria imagem;
impôs seu temor a todo vivente,
para dominar as bestas e as aves.
Dotou-os de boca e língua e olhos
e ouvidos e mente para entender;
cumulou-os de inteligência e de sabedoria
e ensinou a eles o bem e o mal" (17,1-7; cf. 50,22).

O homem é criatura e obra das mãos de Deus; mas distingue-se dos demais seres criados pelo destino dado a ele por Deus: "Um lugar em sua presença" (33,13); e porque o fez livre, dono de vontade própria: "No princípio o Senhor criou o homem e o entregou ao poder de seu livre-arbítrio" (15,14). Por isso, o homem é a imagem de Deus e seu representante visível e tangível, mesmo que Deus seja infinitamente "maior que todas as suas obras", incluído o homem (cf. 43,28).

c. Deus, Senhor providente

O poder sem limites do Senhor é um poder benéfico, ao qual nada escapa do que acontece: "É imensa a sabedoria do Senhor; grande é seu poder, e ele tudo vê; os olhos de Deus vêem as ações; ele conhece todas as obras do homem" (15,18s). Diante de Deus tudo está patente, passado, presente e futuro; o mais profundo da terra e o abismo dos abismos, o coração humano:

"[Deus] sonda o abismo e o coração;
penetra todas as suas tramas;
dá a conhecer o passado e o futuro
e revela os mistérios escondidos.
Nenhum pensamento fica-lhe oculto,
nenhuma palavra lhe escapa" (42,18-20).

O olhar do Senhor compara-se à luz penetrante do sol, que dissipa toda a treva: "Os olhos do Altíssimo são mil vezes mais brilhantes que o sol e sondam todos os caminhos dos homens e penetram até o que está mais escondido" (23,19; cf. 17,19s). Duvidar do conhecimento total de Deus é próprio dos insensatos (cf. 16,17-23).

O governo do Senhor — sua providência — assenta-se firmemente em seu poder, seu conhecimento e sua bondade:

"(O Senhor) governa o universo com a palma da mão:
e todas as coisas cumprem sua vontade;
é rei universal e poderoso
que separa o santo do profano" (18,3; cf. 10,4s).

Por isso o homem deve aceitar com confiança os caminhos do Senhor (cf. 7,17) e não confiar nos triunfos históricos dos malvados:

"Não admires as ações do perverso,
espera no Senhor e aguarda sua luz; ao alcance do Senhor está
enriquecer num átimo o pobre.
A bênção do Senhor é a sorte do justo,
e a seu tempo floresce sua esperança" (11,21s; cf. 10,14-17; 11,11-13).

d. O temor do Senhor

Esta expressão, repetida com freqüência no *Sirácida*, é a síntese do ideal religioso de Jesus Ben Sirac. Traduz o respeito e a reverência ao Senhor, não o medo ou terror diante do desconhecido e do tremendo. Por sua relação direta com a sabedoria, nota-se o valor que o temor de Senhor tem para Jesus Ben Sirac; dele se diz que é princípio da sabedoria (1,14), raiz da sabedoria (1,20), plenitude, coroa, perfeição da sabedoria (1,16.18; 21,11b) e, por último, síntese da sabedoria (19,20a).

Os que temem o Senhor são os justos, os que esperam, os que nele confiam, os que o amam:

"Vós que temeis o Senhor, esperai em sua misericórdia,
vós que temeis o Senhor, confiai nele [...]
vós que temeis o Senhor, esperai bens,
gozo perpétuo e salvação".
"Os que temem o Senhor buscam seu favor,
os que o amam cumprem a lei;
os que temem o Senhor dispõem o coração
e se humilham diante dele" (2,7-9.16s).

O sentido positivo do temor do Senhor é permanente:

"O temor do Senhor é glória e honra,
é gozo e coroa de júbilo;
o temor de Deus alegra o coração,
traz gozo e alegria e vida longa.
Aquele que teme o Senhor terá um final feliz,
no dia de sua morte o louvarão" (1,11-13; cf. 1,27s).

A honra, o amor, o respeito são praticamente intercambiáveis com o temor do Senhor (cf. 7,19-31; 9,16; 10,19,24). Se a vida é amável e desejável, "Temer ao Senhor é vida" (50,28d). Também: "Os que temem o Senhor viverão, porque confiam em seu salvador" (34,13; cf. 34,14s; 33,1).

Em termos de comparação, o temor de Deus é melhor que as riquezas e o poder (cf. 40,26). Ainda assim, na escala de valores de Jesus Ben Sirac, nada certamente é comparável ao temor do Senhor:

"Grande é aquele que alcança a sabedoria,
e ninguém como aquele que teme ao Senhor;
o temor do Senhor supera a tudo, e quem o possui é incomparável"
(25,10s; cf. 10,24b; 23,27).

Por isso "o temor de Deus é paraíso de bênção e baldaquino repleto de glória" (40,27).

O temor do Senhor está em perfeita relação com a lei de Deus, expressão de sua vontade. Assim diz Jesus Ben Sirac: "Nada é mais importante que temer o Senhor; nada mais doce que guardar seus mandamentos" (23,27; cf. 15,1; 37,12; 19,20b.24). Conseqüentemente, quem teme ao Senhor repele o pecado, a desobediência etc. (cf. 1,21; 2,15; 15,13); e, se pecou, "arrepende-se de coração" (21,6b), fazendo que tudo retome o equilíbrio da vontade do Senhor.

É estranho que um livro como o de Jesus Ben Sirac não tenha sido incluído pelos rabinos da Palestina no cânon dos livros sagrados (cf. pp. 95-96, acima). Foi, entretanto, bem aceito pela comunidade judaica, em Alexandria; prova disso é o fato de o livro ter sido traduzido para o grego por seu próprio neto. Desde o começo, a comunidade cristã aceitou como seu o cânon ou a lista de livros sagrados vigente em Alexandria. De fato, o livro de Jesus Ben Sirac foi tão utilizado na Igreja que, por isso, foi também chamado *Eclesiástico*.

Dos primeiros séculos até o século XVI, entre os cristãos discute-se o fato de o *Sirácida* ser ou não livro sagrado. Grande parte das Igrejas o aceita como tal e assim ficou sancionado definitivamente pelo Concílio de Trento para os católicos, em sua Sessão IV, dia 8 de abril de 1546 (ver tudo que diremos do *Livro da Sabedoria*, que corre um caminho paralelo, nas pp. 225-228 abaixo).

Crise da sabedoria

Já vimos que os sábios, mediante sentenças e conselhos, buscavam adaptar a vida humana à ordem e ao equilíbrio observados na natureza, reflexo da vontade de Deus Criador. Este é o modo ou método peculiar que caracteriza a literatura da sabedoria em contraposição à dos historiadores e profetas. Estes últimos contam a história de seu povo e refletem sobre ela, ou examinam as relações de fidelidade-infidelidade do povo de Israel com Deus, insistindo que volte ao compromisso assumido, que retorne ao pacto inicial.

Entretanto, podemos perguntar: os sábios de Israel se preocuparam sempre com os mesmos problemas? A sabedoria se mostrou sempre assim tão segura dos próprios recursos, tão retilínea em suas conclusões? Ou, pelo contrário, manifestou alguma falha, alguma hesitação ao longo de sua dilatada história?

Nessa história distinguem-se com clareza diversas orientações correspondentes a sensibilidades diferentes; e estas podem muito bem coincidir no tempo.

1. Orientação otimista da sabedoria

Em primeiro lugar, temos a orientação positiva e otimista da sabedoria, a chamada corrente tradicional antiga. Nela não se detectam contradições entre o que se crê ou pensa e o que se vê e experimenta (tema já estudado de Provérbios e *Sirácida*).

Em sua primeira fase, a sabedoria (isto é, a atividade dos sábios como tais) procura descobrir o significado imediato das coisas (a natureza) e dos acontecimentos (a história), entre os quais discorre bem mais pacificamente sobre a vida do homem (do sábio). Em sua atividade incessante, a sabedoria busca refletir o sentido mais profundo da realidade: o sentido originário e último das realidades do mundo e, particularmente, o sentido do homem, coroação de todas as coisas. Nessa busca, o sábio descobre que Deus, Criador e Senhor de tudo, está presente na origem e no término de tudo. O pensamento sapiencial se teologiza, enquadrando-se em uma corrente de otimismo que admite a ordem e o equilíbrio perfeitos não apenas na natureza, mas também na comunidade humana, sempre dentro de um horizonte temporal cujo limite está marcado pela realidade da morte. Essa visão otimista e abertamente religiosa fundamenta-se na admissão sem titubeios da doutrina da retribuição temporal e histórica: Deus premia sempre os bons com o êxito e a vitória; aos maus dá sua merecida derrota, não obstante as aparências contraditórias da realidade.

2. Irrupção do espírito crítico

À medida que o povo passa por provas históricas, os indivíduos vão amadurecendo, surgindo, ao mesmo tempo, perguntas e dúvidas que põem em xeque uma concepção religiosa mantida até então quase sem fissuras. O profeta Jeremias, injustamente perseguido, eleva sua queixa a Deus com estas palavras:

"Senhor, mesmo que fiques com a razão quando discuto contigo,
quero te propor um caso: Por que os ímpios prosperam e os traidores vivem em paz?" (Jr 12,1).

Assim aparece o espírito crítico que, em Israel, vai se polarizar sobretudo em dois livros sapienciais: Jó e Eclesiastes. Mas não apenas neles. No salmo 73, o orante observa o triunfo dos malvados: "Para eles nada é desagradável. Gozam de boa saúde e têm aspecto roliço; não passam dificuldades nem sofrem como os demais" (vv. 4-5), e exclama escandalizado:

"Então, para que conservei minha consciência limpa e lavei minhas mãos em sinal de inocência?
Para que me agüento firme todo o dia
e fico me corrigindo a cada manhã?"
"Meditava para entender tudo isso,
porém me é difícil compreendê-lo" (Sl 73,13-14.16).

Parece que estamos ouvindo um companheiro de Jó ou um precursor de Qohélet. Como em Provérbios 30,1-4:

"Oráculo do homem: 'Que fadiga,
Deus, que fadiga inútil!'
Sou um néscio, menos que homem,
não tenho inteligência humana,
não aprendi a ser sensato
nem cheguei a compreender o Santo.
Quem subiu aos céus e logo desceu?
Quem deteve o vento com o punho?
Quem encerrou o mar num manto?
Quem fixou os confins do mundo?
Qual é seu nome e seu sobrenome,
se é que o sabes?"

O destaque é do *Sirácida*; mas as reflexões são esporádicas. Em Jó primeiro e, mais tarde, em Qohélet, temos a autêntica irrupção do espírito crítico. São eles que verdadeiramente questionam a sabedoria da corte tradicional. As causas desse questionamento e dessa ruptura têm de ser múltiplas. O mais provável é que, ao menos as principais, nasçam de uma experiência dolorosa (individual ou coletiva) que leva os sábios a perceber a contradição evidente entre a teoria da retribuição temporal e a prática, entre o que se ensina e proclama (ver os amigos de Jó) e a dura realidade (de Jó).

O autor de Jó dramatiza seus ensinamentos. Jó é justo, inocente e, apesar disso, sofre, padece. Como é possível continuar falando em retribuição justa? De maneira mais contundente: é possível continuar falando de Deus, que é bom, durante ou depois das cenas de Jó sofredor?

Qohélet, com sua frieza de exposição, é mais drástico:
"Há uma vaidade que sucede na terra:
há justos que padecem a sorte que cabe aos injustos,
enquanto há injustos que gozam a sorte que cabe aos justos.
Digo que também isto é vaidade" (8,14).

"As coisas sucedem da mesma maneira a todos:
um único destino é reservado ao justo e ao injusto,
ao puro e ao impuro,
a quem oferece sacrifícios e a quem deixa de os oferecer,
ao bom e ao pecador,
a quem jura e a quem faz restrição em jurar.
Este é o mal de tudo que acontece sob o sol:
um único é o destino de todos" (9,2-3).

A sabedoria tradicional é um fracasso total. Na verdade, tudo se dissipa como a fumaça, como o vento; nada é consistente; o fim de tudo e de todos é o mesmo: não acontece retribuição alguma. O único valor permanente e absoluto é Deus; tudo que resta, absolutamente tudo, é vaidade, orgulho, vento, fogo-fátuo.

As conseqüências são imediatas: do primeiro otimismo passa-se a um pessimismo que beira o extremo. Neste novo período, destaca-se de maneira especial a impotência do homem em descobrir os mistérios da sabedoria (cf. Jó 28; *Br* 3,9-31), os planos de Deus (cf. Ecl 8,17) e, sobretudo, do próprio Deus (cf. Ecl 5,1; 9,1).

3. Primeiras soluções

De qualquer forma, a saída da crise no âmbito sapiencial será questão de tempo. Nos próprios livros de Jó e de Eclesiastes propõe-se uma primeira solução; em Jó, a humildade diante de Deus ao reconhecer em todos os planos as limitações naturais do homem:

> "Eu, que deturpei teus desígnios com palavras sem sentido, falei de grandezas que não entendia, de maravilhas que superam minha compreensão [...] Por isso retrato-me e me arrependo lançando-me ao pó e à cinza" (Jó 42,3.6).

E em Eclesiastes "desdramatizando" o destino mortal do homem e aceitando as pequenas alegrias que a vida oferece espontaneamente:

> "Não há nada melhor para o homem que comer e beber e desfrutar seu trabalho. Observei também que isso procede de Deus. Pois quem pode comer e quem pode gozar independentemente dele?" (cf. Ecl 2,24s; cf. 3,12s.22; 5,17; 8,15; 9,7-9).

No âmbito sapiencial do Antigo Testamento, a solução definitiva não chegará até o *Livro da Sabedoria*. Nos dois capítulos a seguir estudaremos mais a fundo a crise da sabedoria em Israel.

O Livro de Jó

O Livro de Jó é um dos pontos literários mais altos a que chegou o homem na história da literatura universal. Sem dúvida, Jó é o livro mais difícil de todos os sapienciais do Antigo Testamento. Sua linguagem é altamente poética; em torno do tema, singular, giram e giram longuíssimos e monótonos monólogos.

O autor apresenta magistralmente um homem justo, triturado pelo sofrimento, que busca com tenacidade uma explicação da situação em que padece. Nessa empresa sobre-humana, Jó remove céus e terra, enfrentando a Deus e aos homens. Nada o faz recuar, a tudo se arrisca, sempre consciente de sua inocência. Queixa-se e grita desesperadamente para que Deus rompa o silêncio e de uma vez para sempre a justiça seja feita. O grito de Jó perde-se na noite escura de sua alma como lamento em poço sem fundo, voz no meio do deserto. Apesar disso, o autor guarda uma surpresa para o fim, para o leitor e para o próprio Jó.

1. Problemas introdutórios

Antes de analisar a parte mais significativa do conteúdo do livro, fazemos referência a vários temas-chave para a compreensão de seu enigmático conteúdo.

Em linhas gerais, a *estrutura* do Livro de Jó é clara: um prólogo (1–2) e um epílogo (42,7-17) em prosa encerram um poema em verso (3,1–42,6). Ao menos em parte, o poema está concebido em forma de diálogo; na realidade, consta de longuíssimos monólogos de Jó e de seus amigos, um após o outro, somando-se a isso uma longa e inesperada intervenção de um personagem chamado Eliú (32–37). Há indícios de esses capítulos terem sido acrescentados ao poema por mão distinta.

Certamente é preciso falar de uma pluralidade de autores originais, todos desconhecidos. Quando dizemos *autor* de Jó, o singular é coletivo, a não ser que o reservemos para o redator final, que nos deixou o livro assim como chegou até nós, à exceção de possíveis mudanças de lugar de algumas passagens. Pertence aos sábios e é dos mais representativos do gênero não só na literatura israelita, mas também na literatura internacional do antigo Oriente Médio.

O gênero literário, se é que podemos falar no singular, é muito variado; em seu conjunto, não existe igual nem em Israel nem fora dali. O marco do poema, ou seja, o *prólogo* e o *epílogo*, pertence ao gênero dos contos ou das anedotas folclóricas, também assimilado pelos sábios. O poema em si é uma jóia da literatura sapiencial. Distingue-se dos demais livros sapienciais do Antigo Testamento por tratar fundamentalmente de um só tema e pela forma dialogada em que o desenvolve. A obra é lírica e didática às vezes, e o gênero sapiencial não é único: há diálogos, hinos, discursos, sentenças, processo judicial etc.

A *data da composição* varia conforme as partes. No que diz respeito ao *prólogo* e ao *epílogo*, foi possível contar com um material muito antigo, adaptado mais ou menos pelo autor do poema. Quanto à data, tudo indica que o poema foi escrito depois do desterro babilônico. O poeta tem afinidade de linguagem com o Segundo Isaías, mas não parece posterior a ele; de fato, não conhece o verbo *bārā'* para expressar a ação criadora de Deus, nem a teoria da substituição vicária para explicar o sofrimento do justo: duas notas muito próprias do Dêutero-Isaías. A datação mais apropriada poderia ser o começo do século V a.C.

O Livro de Jó é conhecido por seu personagem principal e, em especial, como aparece nos dois primeiros capítulos. Jó é o tipo do homem paciente e sofrido, que aceita calado as desgraças, como aceita as bênçãos da parte de Deus:

"Nu saí do ventre de minha mãe,
e nu a ele voltarei.
O Senhor deu, o Senhor tirou:
bendito seja o nome do Senhor!" (1,21).

Menos conhecida é a parte poética do livro em que aparece o outro Jó. Não existe na Bíblia um personagem que mais se queixe de suas dores e sofrimentos do que este Jó, protótipo do homem rebelde. É, pois, necessário falar desses dois personagens cujo nome é o mesmo. Trataremos primeiramente do Jó paciente e depois do rebelde.

2. O Jó paciente

Referimo-nos aqui ao Jó do prólogo (cf. 1-2), apresentado como o homem ideal, moralmente perfeito: "Uma vez no país de Hus havia um homem chamado Jó: era justo e honrado, religioso e não conivente com o mal". Jó é o herói protagonista de um conto oriental, como o demonstram o ambiente familiar que o cerca e as riquezas fabulosas que possui. Além disso, na ficção da cena celeste, o autor eleva Jó a paradigma universal do homem, segundo os planos de Deus: "Reparaste no meu servo Jó? Na terra não há outro como ele: é um homem justo e honrado, religioso e não conivente com o mal" (1,8; 2,3).

Satã aqui nada tem a ver com o Satanás posterior do judaísmo, o adversário de Deus e dos homens. Satã, pura criação literária, cumpre uma função na corte celeste: é aquele que fiscaliza o reino, aquele que examina e acusa os homens; é, em particular, o acusador de Jó: "E acreditas que [Jó] teme a Deus em vão?" (1,9). Acaso não é fácil ser piedoso e íntegro quando se vive na abundância e sem necessidade de superar uma mínima contrariedade? Que mudem as coisas e logo veremos.

Jó é submetido a um exame rigoroso para ver se sua piedade religiosa e sua integridade moral são produtos de uma atitude interessada ou, pelo contrário, conseqüência de uma relação de gratuidade, lealdade e amor entre ele e Deus. Satã aposta na atitude interessada de Jó; Deus está seguro da fidelidade desinteressada de seu servo. Quem ganhará a aposta? Jó sofre três avalanchas devastadoras em círculos concêntricos que vão do mais exterior ao mais interior. Primeiro perde todas as suas posses (1,12-17); depois, todos os seus filhos (1,18s), e por último é ferido "com chagas malignas da planta dos pés ao alto da cabeça" (2,7). E supera com honra todas as provas: "Apesar de tudo, Jó não pecou nem acusou Deus de desatino" (1,22; cf. 2,10). Dele Deus se sente orgulhoso (cf. 2,3).

Este é o Jó justo e paciente, figura gigantesca e sobre-humana, criada pelo autor para servir de ponto de referência na discussão posterior sobre o sentido ou a falta de sentido do sofrimento humano. O autor focaliza muito bem o problema a nós apresentado no caso mais extremo possível: um homem justo e perfeito diante de Deus, que sofre pacientemente as maiores e inimagináveis adversidades.

Como é possível resolver esse enigma: que um justo sofra injustamente com o consentimento de Deus? Como se pode estar de acordo com essa realidade, não ficção, que tantas vezes se repete na vida (por exemplo, no sofrimento das crianças e inocentes)? Como conciliar isso com o que sempre se ensinou sobre a bondade e a justiça de Deus? Diante do incompreensível e inexplicável, o silêncio vale somente como primeira resposta. Além disso, qual deve ser a resposta definitiva ao problema formulado? A esta pergunta responde o autor do poema 3,1-42,6.

3. O Jó rebelde

Sabemos pelo capítulo anterior que a evolução no modo de pensar dos sábios de Israel põe em dúvida aquilo que desde tempos imemoráveis se afirmava em Israel acerca da retribuição: os bons no tempo oportuno seriam premiados por Deus na vida antes da morte; e os maus, castigados.

A retribuição já aparecera como tema antigo em Israel, mas nem sempre a perspectiva fora a mesma. No começo a preocupação era mais com o interesse comunitário e coletivo que com o individual; o aspecto negativo e punitivo foi destacado excessivamente: por culpa de um ou de poucos, muitos pagaram; às vezes, contudo, o aspecto positivo também foi levado em consideração: a inocência de uns poucos garantia o perdão de muitos: "Eu, o Senhor, teu Deus, sou um Deus zeloso: quando me aborrecem, castigo a culpa dos pais nos filhos, netos e bisnetos; porém, quando me amam e guardam meus preceitos, ajo com lealdade por mil gerações" (Ex 20,5s; cf. Gn 18,24-32; Js 7;2 Sm 21,1-14; 24, que deve ser comparado com 1Cr 21).

Quanto à retribuição individual, foi prontamente formulada como princípio em Dt 24,16, incluída nos códigos legais (cf. Ex 21,12ss) e aplicada em 2Rs 14,5s: "Quando [Amasias] consolidou seu poder, matou os ministros que haviam assassinado seu pai. Todavia, conforme o livro da Lei de Moisés [Dt 24,16], promulgada pelo Senhor: 'Os pais não serão executados pelas culpas de seus filhos, nem os filhos pelas de seus pais; cada um morrerá por seu pecado', não matou os filhos dos assassinos". Ez 18 e 33,1-20 expressam a doutrina geral sobre o modo de Deus agir.

Essa doutrina aguçou o problema da fé em um Deus justo, pois via-se claramente que em muitos casos o malvado prosperava e o justo caía na desgraça. Se o horizonte de esperança individual não ultrapassava os limites impostos pela morte, o problema de justa retribuição não fica de modo algum solucionado. No caso dos inocentes que sofrem, ele se agrava ainda mais.

3.1. Situação do Jó rebelde

O drama apresentado pelo Livro de Jó no poema é de uma pessoa boa, inatacável, inocente, que chegou a uma situação-limite: padece toda espécie de sofrimento sem saber por quê. A situação é idêntica à do Jó do prólogo, mas não a reação. No prólogo, a reação é de submissão absoluta; no poema, de rebeldia declarada.

Jó não tem consciência de haver cometido pecado ou alguma injustiça que o torne merecedor do castigo que padece. Por que Deus o submete à dura prova de dor? Enquanto não se responde a essa pergunta, subjacente a todas suas reflexões e razão de suas queixas, seu sofrimento e o de qualquer inocente é, segundo sua opinião, uma injustiça.

Jó considera-se inocente; uma e outra vez ele o repete: "Sou inocente" (9,21). Às duras acusações de seus amigos, "consoladores importunos" (16,2), responde resolutamente: "Sei que sou inocente" (16,2), "Longe de mim dar razão a vocês! Até o último alento manterei minha honradez, agarrar-me-ei à minha inocência sem ceder: a consciência não reprova nenhum de meus dias" (27,5s; cf. 6,25-30). Com a mesma convicção dirige-se confiadamente a Deus: "Mesmo que não haja em minhas mãos violência e seja sincera minha oração" (16,17), ouso perguntar: 'Quantos são meus pecados e minhas culpas? Mostra-me meus delitos e pecados'" (13,23). Jó está seguro de que nem o próprio Deus encontrará nele algo reprovável: "Já que ele conhece minha conduta, que me examine, e sairei como o ouro" (23,10; cf. 10,7).

Com imensa nostalgia Jó recorda sua vida anterior, mais distante ainda e idealizada por sua atual situação dolorosa: "Quem me dera voltar aos velhos tempos, quando Deus velava sobre mim" (29,2). Dela só recorda coisas boas:

"Quando saía pela porta da cidade
e tomava assento na praça [...]
ouvido que me ouvia felicitava-me,
olho que me via aprovava-me.
Eu livrava o pobre que pedia socorro
e o órfão indefeso,
recebia a bênção do vagabundo
e alegrava o coração da viúva;
de justiça vestia-me e revestia,
o direito era meu manto e meu turbante.
Eu era os olhos para o cego,
era os pés para o coxo,
eu era o pai dos pobres
e examinava a causa do desconhecido" (29,7.11-16).

"Não chorei eu com o oprimido,
não tive eu compaixão do pobre?" (30,25).

"Se neguei ao pobre o que desejava
ou deixei a viúva consumir-se em pranto;
se comi o pão sozinho,
sem reparti-lo com o órfão;
se vi o vagabundo sem roupa
e o pobre sem nada com que se cobrir,
e não me agradeceram suas carnes,
aquecidas com o pêlo de minhas ovelhas;
se levantei a mão contra o inocente
quando eu tinha o apoio do tribunal,
que meu ombro se desprenda da espádua
e se me desconjunte o braço!" (31,16-22).

Na verdade Jó é um homem justo, como demonstrou em todos os momentos de sua vida, na prosperidade e agora na adversidade. Sua fé em Deus é firme e inabalável; assim não fosse, não teria surgido em sua consciência conflito algum, ou não seria tão radical nem com seus amigos nem com o próprio Deus, a quem apela tão apaixonadamente.

3.2. *Jó se queixa de sua situação*

Uma conseqüência lógica do que foi dito até agora é que Jó experimenta sua situação como algo injusto, que não deveria ter sofrido. Por isso protesta e dirige-se à instância mais alta, ao próprio Deus: "Hoje também me queixo e me rebelo, porque sua mão aumenta meus gemidos" (23,2); "Queixo-me de algum homem ou perco a paciência sem razão?" (21,4). Deus é o único e último responsável pelo que acontece no mundo, por sua ordem ou sua desordem. De que se queixa Jó? Melhor seria perguntar de que ele não se queixa.

Jó não é de pedra, sente-se abandonado de tudo e de todos (cf. 6,12-15). Seus pesares não podem ser medidos nem comparados a nada. O autor leva-nos ao limite da resistência humana: "Se pudesse pesar minha aflição e juntar numa balança minhas desgraças, seriam mais pesadas que a areia; é por isso que minhas palavras desvariam" (6,2s).

Jó está gravemente ferido no corpo e no espírito. Sua imagem no monturo, ferido dos pés à cabeça, é assustadora (cf. 2,7s); suas palavras cheias de aflição descrevem um quadro pavoroso, que nenhum artista plástico foi capaz de levar à tela:

"Meus ossos grudam-se na pele,
só fiquei com a pele de meus dentes.
Piedade, piedade de mim, amigos meus,
que a mão de Deus me feriu!" (19,20s).

"Vermes e crostas cobrem-me,
a pele rasga-se e converte-se em pus" (7,5).

"Chamo a podridão de mãe,
aos vermes, pai e irmãos" (17,14).

"A noite martela-me até os ossos,
pois não dormem as chagas que me roem, [...]
confundo-me com o barro e a cinza" (30,17.19).

Às dores do corpo somam-se as da alma, porque Jó é objeto de humilhação e desprezo: "Dedicam-me cantigas de gozação; sou eu tema de suas zombarias, [...] e ainda por cima me cospem na cara" (30,9s; cf. 30,26-31).

Jó é vítima de uma desordem radical que causa estragos na sociedade, onde tudo está ao revés: "Por que continuam vivos os maus e ao envelhecer tornam-se ainda mais ricos?" (21,7). Uns poucos vivem pomposamente à custa de numerosos pobres e infelizes e, no fim, "este chega à morte sem uma doença, tranqüilo e em paz; [...] aquele morre cheio de amargura; os dois jazem juntos no pó, cobertos de vermes" (21,23-26; cf. 21,8-22; 24,2-17). Este é o lamento das vítimas da injustiça, cujo eco repete-se inutilmente ao longo do tempo (cf. Ecl 2,14-16; 3,19s). Quem é o responsável por tanta irracionalidade e tanto absurdo? Não é por acaso Deus?

3.3. Atitude de Jó diante de Deus

Jó está deparando com Deus em cada grito de dor de sua existência sofredora. E não é uma temeridade atribuir tudo isso a Deus?

"Se uma calamidade semeia morte repentina,
ele zomba da desgraça do inocente;
deixa a terra em poder dos maus
e coloca uma venda nos olhos de seus governantes:
Quem faz isso senão ele?" (9,23s).

Não é temeridade nem irreverência confessar o que se crê com sinceridade, como fez em seu tempo o Segundo Isaías, que assim fala de Deus:

"Eu sou o Senhor, e não há outro:
artífice da luz, criador das trevas,
autor da paz, criador da desgraça;
eu, o Senhor, faço tudo isso" (Is 45,6s).

A Escritura fala também de certo Jacó, que ousou lutar com Deus e saiu vitorioso (cf. Gn 32,26-31). A figura de Jó agiganta-se em sua luta dialética com Deus, porque nele nada há de ficção e, sim, muita sinceridade, purificada pela dor.

a. Jó reconhece a transcendência divina

"Deus não é homem como eu" (9,32); "São teus dias como os de um mortal e teus anos como os de um homem?" (10,5). Para Jó, Deus é onipotente, "quer uma coisa e a realiza" (23,13). A criação inteira dá testemunho de seu poder:

"Ele desloca as montanhas de improviso
e as faz desmoronar com sua cólera;
estremece a terra em seus alicerces,
e suas colunas se abalam;
ordena ao sol que pare de brilhar
e debaixo de selo guarda as estrelas;
e sozinho estende o céu
e caminha sobre o dorso do mar;
criou a Ursa e Órion,
as Plêiades e as Celas do Sul;
faz prodígios incompreensíveis,
maravilhas sem conta [...]
Deus não cede em sua cólera,
sob ele curvam-se as legiões do Caos" (9,5-13; 12,7-9).

E a história também:
"Em seu poder está a respiração dos viventes
e o alento da carne de cada um [...]
O que ele destrói ninguém levanta;
se ele aprisiona, não tem como escapar [...]
Revela o mais profundo da treva
e separa a luz das sombras,
levanta os povos e os leva à ruína,
dilata as nações e as leva de um lugar para outro" (12,10.14.22s).

Assim, quem poderá dizer a Deus: "Que estás fazendo?" (9,12), ou: "Quem poderá enfrentá-lo e sair ileso?" (cf. 9,4). O sentimento de medo e terror pode surgir diante deste Deus que tudo pode e não cabe na estreita lógica humana, porque a supera. De fato, há momentos em que Jó (o autor) sente-se vítima do terror:

"Por isso fico apavorado em sua presença,
só de pensar sinto medo dele;
porque Deus tem me intimidado,
o Todo-poderoso me enche de pavor" (23,15).

Paradoxalmente, esse profundo sentimento religioso de temor não é uma força destrutiva em Jó; não o paralisa; ao contrário, aviva-o e anima na busca de um encontro com Deus, para iniciar um diálogo e discutir face a face com ele. Não são esses sentimentos contraditórios?

Sob o ponto de vista da pura lógica, provavelmente sim. Porém, Jó, tipo do homem crente em sua noite escura, é guiado por uma força interior, superior à lógica: apesar de tudo, tem fé e confiança em Deus. Esperança contra toda esperança, que só pode ser entendida e explicada por quem a experimentou.

b. Jó reconhece sua condição de criatura

Jó ousa enfrentar Deus, partindo não da soberba de um ser que se julga absoluto e independente, mas da humildade de sua condição de simples criatura (cf. 10,3). Essa condição leva-o a pensar no interesse que Deus mostra pelo homem, e se enche de admiração: "Que é o homem para lhe dares importância?" (7,17; cf. Sl 8,5; 144,3).

O autor de Jó mostra que conhece o relato do Gênesis sobre a criação do homem. Ele aplica ao homem todo não apenas o que é dito do primeiro homem, mas também o que a ciência experimental investigou sobre a origem e gestação do feto humano:

"Tuas mãos me formaram, elas modelaram
todo meu contorno, e agora me aniquilas?
Recorda que me fizeste de barro,
e agora me devolves ao pó?
Não me vestiste como o leite?
Não me deixaste coalhar como o queijo?
Não me vestiste de carne e pele?
Não me teceste de ossos e nervos?
Não me concedeste vida e favor,
e tua providência não guardou meu espírito?" (10,8-12; cf. Gn 2,7).

O Jó que reflete é o homem prostrado na dor mais profunda. Não é estranho que sua visão da existência seja pessimista. Esta se estende do nascer: "O homem nascido de mulher" (14,1; 25,4 [Bildad]), até o dia da morte: "Nu saí do ventre de minha mãe e nu a ele voltarei" (1,21), ao seio da mãe terra na tumba. A vida do homem está compreendida entre um ponto de saída (o nascimento) e um ponto de chegada (a morte). É breve, muito breve, inconsistente. O autor do livro destaca com insistência esses aspectos por meio de comparações e metáforas belas e significativas, tomadas do meio rural e comercial palestinense e egípcio:

"O homem nascido de mulher
desgasta-se como um odre,
como vestido puído pelas traças,
curto de dias, farto de inquietação;
como flor abre-se e logo murcha,
foge como a sombra sem parar (13,28–14,2).

"Meus dias correm mais que um mensageiro
e escapam-se sem provar a felicidade;
deslizam como barco de papiro,
como águia que se abate sobre a presa" (9,25s).

Jó tem a certeza de que sua vida está nas mãos de Deus, que conhece, por antecipação, os dias, os meses, os anos:

"Se seus dias estão definidos
e sabes o número de seus meses,
se puseste um limite intransponível,
afasta dele tua vista e deixa-o
até que complete, como operário, sua jornada" (14,5s; cf. 16,22; 10,20a).

Nada pode haver mais próprio do homem que a vida. Entretanto, para Jó o homem não é dono de seu tempo, de sua atividade, quer dizer, de si mesmo:

"O homem está na terra cumprindo um serviço,
seus dias são os de um operário:
como o escravo, suspira pela sombra,
como o operário, aguarda o salário" (7,1s; cf. 14,6).

E depois de cumprir o serviço o homem "se vai" (14,20). Começa "a viagem sem retorno" (16,22; cf. 7,9s; 30,23). Então surge a grande pergunta: "Para onde vai o homem quando morre?" (14,10). A resposta de Jó é: à terra, ao pó, ao sepulcro (cf. 1,21; 7,21; 17,1), "ao país das trevas e sombras, à terra tenebrosa e opaca, de confusão e negrura, onde a própria claridade é sombra" (10,21s), onde não há diferença de classes (cf. 3,17-19), porque simplesmente não existe vida, mas apenas o sonho eterno:

"Falta a água dos lagos,
os rios secam e ficam áridos:
assim o homem deita e não se levanta;
passará o céu e ele não despertará,
nem ressurgirá de seu sono (14,11s).

Onde nem sequer há possibilidade de esperança:
"Nada espero! O Abismo é minha casa,
faço minha cama nas trevas...
Onde ficou minha esperança?
Minha esperança, quem a viu?
Baixará às portas do Abismo
quando descermos juntos à terra" (17,13-16).

A morte, portanto, é o limite último da vida do homem, o ponto sem retorno. Depois dela nada, a não ser o pó da tumba. Essa é a visão comum admitida no âmbito de Israel, antes do século II a.C. É lógica a atitude dos amigos de Jó que admitem a retribuição antes da morte dos indivíduos, já que depois não haverá possibilidade. Mas Jó rebela-se contra tal ensinamento (o da retribuição intra-histórica), porque sua experiência e a de muitos outros provam o contrário: crise da sabedoria (ver capítulo anterior). Por isso Jó dirige-se de novo a Deus, e não a seus amigos, em busca de uma solução.

a. Jó acusa Deus

Este capítulo causa escândalo no livro. O protagonista Jó considera-se inocente (cf. 9,21; 13,18). Ele vê que de nada serviu sua inocência, pois Deus mesmo, "criador da desgraça" (Is 45,7), é também o causador de sua ruína. Jamais ouviu-se que um justo falasse assim de Deus, como fizera Jó que, afinal, tem consciência da gravidade do que disse:

"Calai! Deixai-me! Eu é que vou falar,
pouco importa o que me aconteça.
Tomo minha carne entre os dentes
e quanto tenho arrisco num só lance.
Certamente ele vai matar-me. Não tenho esperança,
Mas quero defender diante dele meu proceder" (13,13-15).

Jó acusa a Deus com toda valentia e fala sem reservas de seu adversário. E faz isso em condição de desigualdade, pois Deus poderia aniquilá-lo sem ter de buscar nenhuma justificativa:

"Mesmo que eu tivesse razão, não receberia resposta,
teria de suplicar a meu adversário;
mesmo que o intimasse a me responder,
não creio que me levasse a sério;
ele me envolveria com a tormenta
e me feriria mil vezes sem motivos;
não me deixaria sequer recobrar alento,
me saciaria de amargura" (9,15-18; cf. 10,16s).

Jó queixa-se amargamente de que Deus o persegue como se fosse seu inimigo:

"Por que me escondes teu rosto
e me tratas como se teu inimigo fosse?
Por que assustas uma folha que rola ao vento
e persegues a palha seca?
Apontas em mim quantas rebeldias,
a mim atribuis as culpas de minha juventude
e me metes os pés em cepos,
vigias todos os meus passos
e examinas minhas pegadas" (13,24-27; cf. 19,22).

Jó foi alvo das flechas de Deus (sua ira, sua cólera), a presa fácil:
"Até quando andarás com a vista pregada em mim
sem que eu possa tragar minha saliva?
Se pequei, o que fiz eu?
Sentinela de homem,
por que me tomaste por alvo
e me converteste em carga para mim?" (7,19s).

"Levo, cravadas, as flechas do Todo-poderoso
e sinto como absorvo seu veneno,
os terrores de Deus abateram-se sobre mim" (6,4; cf. 14,3).

Jó está seguro de que sua atual e desastrosa situação é efeito da ação devastadora de Deus contra ele. E descreve essa ação como o ataque de um guerreiro que despedaça sua vítima em horrível luta corpo a corpo:

"O furor de Deus ataca-me e rasga-me,
range os dentes contra mim
e penetra-me com seus olhos hostis [...]
Deus me entrega aos malvados,
atira-me em mãos criminosas.
Vivia eu tranqüilo quando me esmagou,
agarrou-me pela nuca e esquartejou-me,
fez de mim seu alvo;
cercou-me com suas flechas,
atravessou meus rins sem piedade
e por terra derramou meu fel;
abriu-me a carne brecha a brecha
e me atacou como um guerreiro" (16,9-14; cf. 19,6-12).

Jó explica por que se aterroriza ao pensar no que lhe sobrevém e em Deus Todo-poderoso, que o envia:

"Ele executará minha sentença
e tantas outras que ele tem guardadas.
Por isso fico aterrorizado em sua presença,
sinto medo só em pensar;
porque Deus me tem intimidado,
me tem aterrorizado o Todo-poderoso" (23,14-16; cf. 7,13s; 9,33s).

Mais uma vez repetimos que os sofrimentos de Jó são, a seu ver, manifestações da sentença de Deus. Por isso ele, que se crê inocente, julga Deus como um juiz cruel e implacável (cf. 9,27-31; 10,13-15), um juiz arbitrário:

Mesmo que eu fosse inocente, sua boca me condenaria,
mesmo que eu fosse inocente ele me declararia perverso.

Sou inocente; não me importa a vida,
desprezo a existência;
pois é tudo a mesma coisa, eu juro:
Deus acaba com inocentes e culpados" (9,20-22; cf. 10,15).

No paroxismo do desespero, no abismo sem fundo de dor, Jó não renega a Deus, embora o considere seu carrasco:

"Eu te peço ajuda, e não fazes caso;
insisto, e fulminas com teu olhar.
Te tornaste um carrasco para mim
e me atacas com teu braço musculoso.
Tu me levantas do chão e me deixas suspenso,
e me jogas de um lugar para outro
e me sacodes no furacão" (30,20-22).

Jó é um boneco nas mãos de Deus, convertido em palhaço dos que o rodeiam: "Tu me tens feito de palhaço dessa gente, como quem é cuspido na cara" (17,6; cf. 12,4). Contudo, faltam-lhe forças para intimar Deus em juízo.

d. Jó pede e aguarda um juízo justo

Não é possível representar o pensamento global de Jó como uma linha reta, sem mudanças nem fissuras; pelo contrário, há que representá-lo como uma linha em ziguezague. Entretanto, Jó mantém inalterada e inquebrantável a fé em Deus, o que o faz esperar contra toda esperança.

Jó tem consciência da desigualdade entre ele e Deus: "Deus não é como eu, para dizer-lhe: 'Vamos comparecer em juízo'" (9,32), e sabe muito bem que, "ainda que pretenda discutir com ele, de mil razões ele não responderá uma" (9,3). Mas insiste: "Eu quero dirigir-me ao Todo-poderoso, desejo discutir com Deus" (13,3).

Antes de tudo Jó pede-lhe: "Não me condenes; faz-me saber o que tens contra mim" (10,2). Deseja apresentar-se diante do próprio tribunal de Deus, pois está certo de que todos os argumentos lhe são favoráveis: "Oxalá soubesse eu como encontrá-lo, como chegar a seu tribunal! Apresentaria diante dele a minha causa com a boca cheia de argumentos" (23,3s; ver também v. 7). Porém, seu espírito desolado não sabe onde encontrar Deus e comparecer em sua presença:

"Dirijo-me para o nascente, e ali ele não está;
ao poente, não o distingo;
ao norte, onde ele age, e não o descubro;
esconde-se ao sul, e não o vejo" (23,8s).

Apesar de todos os pesares e do que seu ânimo atormentado manifesta em outros lugares, Jó confia na justiça de Deus. Ele se considera justo:

"Meus pés pisavam suas pegadas,
seguia seu caminho sem desviar-me;
não me afastei de seus mandamentos,
e guardei em meu peito suas palavras" (23,11s).

Isso Deus conhece perfeitamente. Por isso Jó deixa em suas mãos sua causa, com a segurança de que sairá absolvido: "Já que ele conhece minha conduta, que me examine e sairei como o ouro" (23,10).

3.4. Jó não encontra sentido em sua vida

Jó perdeu tudo que o preenchia e dava sentido à sua vida: família, bens, saúde, honra na sociedade. O momento presente é horroroso:

"Por alimento tenho meus soluços,
e meus gemidos transbordam como água.
O que mais temia me acontece,
o que mais me aterrorizava sucede;
vivo sem paz, sem calma, sem descanso,
em puro sobressalto" (3,24-26).

O próprio Deus, até então seu amigo, é-lhe hostil. Para Jó o gosto pela vida é nulo: "Estou desgostoso de viver" (10,1; cf. 7,1). O futuro é pior ainda que o presente: Jó "não encontra caminho [...] Deus lhe fechou a saída" (3,23); no horizonte só enxerga trevas e o absurdo da morte. Que sentido pode ter nessas circunstâncias continuar a viver? Nenhum. Por isso surgem na alma de Jó os sentimentos mais destrutivos.

a. Maldição de Jó

A vida é o bem mais precioso que possuímos. É a condição de possibilidade de todos os bens do homem. A existência é tão pesada a Jó que o enche de aborrecimento, de ódio, e o leva a amaldiçoar não apenas o dia em que nasceu e a noite em que foi concebido, mas também todo momento de sua existência:

"Então Jó abriu a boca e amaldiçoou seus dias dizendo:
Morra o dia em que nasci,
a noite em que se disse: 'um menino foi concebido!'
Que esse dia transforme-se em trevas,
que Deus lá do alto o ignore,
que sobre ele não brilhe a luz,
que o reclamem as trevas e as sombras,
que a nuvem se pouse sobre ele,
que um eclipse o aterrorize;

> que se apodere dessa noite a escuridão,
> que não se some aos dias do ano,
> que não entre no cômputo dos meses,
> que essa noite seja estéril
> e se feche aos gritos de júbilo,
> que a amaldiçoem os que amaldiçoam o dia,
> os que pensam em incitar o Leviatã;
> que se escondam as estrelas de sua aurora,
> que espere a luz e a luz não chegue,
> que não veja o raiar da aurora;
> porque não me fechou as portas do ventre
> e não escondeu de minha vista tanta miséria" (3,1-10).

Para Jó a vida é sofrimento permanente (cf. 3,10.20) que apaga da memória os muitos ou poucos momentos felizes que, com certeza, experimentou em sua vida anterior e pelos quais normalmente se crê que vale a pena viver. Jó, entretanto, até deseja não ter existido. Com uma expressão ousada, lamenta não ter sido "um aborto" que agora estaria enterrado, preferindo assim as trevas à luz:

> "Por que não morri ao sair do ventre
> ou pereci ao sair das entranhas?
> Por que me recebeu um regaço,
> e dois peitos deram-me de mamar? [...]
> Agora seria um aborto enterrado,
> uma criatura que não chegou a ver a luz" (3,11s.16).

b. Jó anseia pela morte

Segundo uma concepção antiga e muito difundida, a morte é como um sono do qual ninguém desperta. É uma imagem de descanso, da paz, a paz dos mortos! (cf. 3,13-19). Jó sofre o indizível e deseja libertar-se dessa dor que perfura sua alma e seu corpo (cf. 7,15). Nada melhor para ele que morrer: "Oxalá eu desvanecesse nas trevas, e meu rosto se escondesse na escuridão!" (23.17; cf. 3,21s). Contudo, nem passa por seu pensamento a idéia de suicídio; tudo se submete à disposição do Senhor:

> "Oxalá o que peço se cumpra
> e Deus me conceda o que espero:
> que Deus se digne triturar-me
> e cortar de uma vez minha trama.
> Para mim seria um consolo" (6,8-10; cf. 10,20b).

É tão forte essa fé e confiança em Deus — seu adversário, seu inimigo, seu carrasco — que, tirando forças da fraqueza, robustece o instinto de conservação quase extinto, e o faz gritar do fundo da alma:

"Eu sei que meu Vingador está vivo
e que no fim se levantará por sobre o pó.
Depois de me arrancarem a pele,
já sem carne verei a Deus;
eu mesmo o verei, não como estranho,
meus próprios olhos o verão.
Meu coração se abrasa dentro de mim!" (19,25-27).

Esse ver a Deus com os olhos não se refere a uma visão direta de Deus além da morte, mas a uma experiência nova de Deus, como a de 42,5.

3.5. Jó e os amigos

Os amigos de Jó, "ao inteirar-se da desgraça que sofrera, saíram de onde estavam e reuniram-se para compartilhar sua pena e consolá-lo" (2,11). Apresentam o modo de pensar tradicional sobre Deus e seu governo do mundo, sobre o homem e a causa de seus males: a retribuição. Postos em seu lugar, é normal que se escandalizem diante da reação de Jó à provação, especialmente de sua maneira de falar de Deus e com Deus. Por isso sentem-se na obrigação de defender a Deus e de acusar a Jó, propondo-lhe os ensinamentos da tradição diante de suas ousadas novidades.

a. Ensinamentos dos amigos de Jó

Erroneamente seus amigos crêem que Jó fala contra os atributos estritamente divinos. Assim ouvimos Bildad, que se interroga: "Pode Deus perverter o direito ou o Todo-poderoso corromper a justiça?" (8,3). O próprio Bildad canta a grandeza de Deus, refletida na criação (cf. 25,1-6; 26,5-14), e sua perfeição inatingível:

"Pretendes investigar a Deus
ou abarcar a perfeição do Todo-poderoso?
É mais alta que o céu: que vais tu fazer?
É mais profunda que o abismo: que sabes tu?
É mais larga que a terra
e mais extensa que o mar" (11,7-9).

O que Jó manifesta é sua incapacidade de compreender como a bondade, a justiça, a imparcialidade de Deus podem ser conciliadas com os ensinamentos dos sábios acerca da retribuição de Deus a justos e malvados. Nesse ponto, as atitudes de Jó e de seus amigos são irreconciliáveis: diante do grito rebelde de Jó, os ensinamentos domesticados e tradicionais dos amigos.

Como princípio geral podem valer as palavras de Elifaz:
"Recordas-te de um inocente que tenha perecido?
Onde se viu um justo ser exterminado?
Eu apenas tenho visto que os que cultivam a maldade
e semeiam a miséria são os que as colhem" (4,7s).

"Não sabes que desde sempre é assim,
desde que puseram o homem na terra?" (20,4).

"Indagamos de tudo isso e é certo:
escuta-o e aproveita-o" (5,27).

"Pergunta às gerações passadas,
atenta ao que teus pais apuraram;
somos de ontem, nada sabemos;
nossos dias são uma sombra sobre a terra.
Mas eles te instruirão,
te falarão com palavras firmes, saídas do coração" (8,8-10).

Deduz-se daqui que, se Jó sofre, isso será devido à sua culpa. De fato, os amigos o acusam com freqüência:

"Acaso te reprova por seres religioso
ou por causa disso te leva ao tribunal?
Antes, não é por tuas numerosas maldades
e por tuas inumeráveis culpas?" (22,4s).

Fazem também acusações mais concretas:

"Além do mais destróis o temor de Deus
e eliminas a oração;
tuas culpas inspiram tuas palavras
e adotas a linguagem da astúcia.
Tua própria boca te condena, não eu;
teus próprios lábios testemunham contra ti" (15,4-6; cf. v. 13).

Compreende-se, até certo ponto, que Jó seja acusado de pecados verbais, mas não é compreensível que os amigos falem de forma tão cruel de suas supostas injustiças com os pobres e desvalidos:

"Sem razão exigias prendas de teu irmão,
arrancavas as vestes de quem estava desnudo,
não davas água a quem tinha sede
e negavas o pão a quem tinha fome.
Como homem poderoso, dono do país,
privilegiado habitante dele,
despedias as viúvas com as mãos vazias,
transformavas em pó os braços dos órfãos" (22,6-9).

Trata-se claramente de falsas acusações, já que jamais foi essa a conduta de Jó. Jó recorda com saudade os tempos passados, antes da provação:

"Eu livrava o pobre que pedia socorro
e o órfão indefeso,
recebia a bênção do vagabundo
e alegrava o coração da viúva;
de justiça vestia-me e revestia,
o direito era meu manto e meu turbante.

Eu era os olhos para o cego,
era os pés para o coxo,
eu era o pai dos pobres
e examinava a causa do desconhecido" (29,7.11-16).

Com solene juramento, o próprio Jó confessa tudo ao contrário das acusações:

"Se neguei ao pobre o que desejava
ou deixei a viúva consumir-se em pranto,
se comi o pão sozinho
sem reparti-lo com o órfão,
se vi o vagabundo sem roupa
e o pobre sem nada com que se cobrir,
e não me agradeceram suas carnes,
aquecidas com o pêlo de minhas ovelhas;
se levantei a mão contra o inocente
quando eu tinha o apoio do tribunal,
que meu ombro se desprenda da espádua
e se me desconjunte o braço!" (31,16-22).

Coerentes com sua doutrina, os amigos vêem com clareza qual é a solução do problema de Jó. Em primeiro lugar, acorrer a Deus e abandonar-se em suas mãos: "Se estivesse em teu lugar, eu acorreria a Deus para colocar minha causa em suas mãos" (5,8). Depois a conversa sincera: "Reconcilia-te e tem paz com ele" (22,21a; cf. 11,13s). A restauração por parte de Deus é vista como uma conseqüência lógica do anterior:

"Porém se madrugas para buscar a Deus
e suplicas ao Todo-poderoso,
se te conservas puro e reto,
ele velará por ti e restaurará tua legítima morada;
teu passado será uma pequenez
comparado com teu magnífico futuro"
(8,5-7; cf. 11,15-19; 22,21b-30).

b. Resposta de Jó aos amigos

Como já vimos, a firme personalidade de Jó manifesta-se nos momentos da dura provação diante de Deus e das distorcidas acusações dos amigos. Jó não cede diante da pressão verbal dos interlocutores inoportunos, mesmo que esteja disposto a escutar:

"Esclarecei-me, e me calarei.
Em que falhei? Mostrai-o a mim!
Seriam ofensivas as palavras de justiça?
Vossa censura, ela censura o quê?" (6,24s).

Eles, porém, não oferecem soluções válidas; sua atitude é a dos sábios envaidecidos (cf. 12,2), que apenas repetem palavras vazias e falsas:

"O que sabeis também eu o sei,
não sou menos do que vós sois.
Quero entretanto me dirigir ao Todo-poderoso,
desejo discutir com Deus,
enquanto vós disfarçais com mentiras
e sois uns médicos charlatães.
Se ao menos ficásseis calados por completo,
isso, sim, seria prova de saber!
Por favor, escutai minha defesa,
atendei às razões de meus lábios;
ou é desejo vosso defender a Deus
com mentiras e injustiças?
Quereis ser parciais a seu favor
ou vos fazer de advogados de Deus?" (13,2-8; cf. 16,2).

Mesmo que Jó tivesse pecado, os amigos deveriam ajudá-lo. Ao contrário, o que fazem com suas reprimendas é ultrajá-lo e afligi-lo ainda mais:

"Até quando continuareis a me afligir
e deprimir com palavras?
Por dez vezes me encheis de vergonha
e me ultrajais irreparavelmente" (19,2s; cf. 21,34).

Jó, entretanto, é inocente. Aqui suas palavras são firmes como uma rocha:

"Escutai com atenção minhas palavras,
prestai ouvido a meu discurso:
preparei minha defesa
e sei que sou inocente" (13,17s; cf. 6,28-30).

Sua figura é enorme como uma montanha:

"Longe de mim dar-lhes razão.
Até o último alento manterei minha honradez,
à minha inocência me agarrarei sem ceder:
a consciência não me reprova nenhum de meus dias" (27,5s).

É do maior interesse do autor que Jó apareça como homem justo que não sabe por que Deus o faz sofrer. Esse homem justo é, além disso, um incompreendido pelos que se consideram porta-vozes da tradição e guardiães da ortodoxia. Criou-se assim uma grande tensão dramática. Se Jó é realmente inocente, Deus parece injusto. Onde está a difícil solução? Quais serão as respostas às perguntas de Jó, as mesmas da humanidade histórica sofredora? É preciso esperar que Deus fale da tormenta. Enquanto isso, que podemos dizer de Eliú?

c. O personagem Eliú

Eliú é um novo personagem, nem apresentado antes nem lembrado depois de sua atuação. No diálogo com Jó, com cuja atitude e modo de pensar não está de acordo, tampouco aprova plenamente o proceder dos três amigos.

O autor de Jó 32,37 parece ter desejado colocar as coisas no devido lugar, pois está plenamente convencido de que nem Jó nem seus amigos falaram corretamente de Deus: os três amigos, "ao não encontrar resposta, jogaram a culpa em Deus" (32,3) e Jó, "que engole sarcasmos como se engole água" (34,7), "ao pecado junta-se a rebelião [...] e multiplica suas palavras contra Deus" (34,37). Eliú tem de sair "em defesa de Deus" (36,2), que é justo: "Longe de Deus a iniqüidade, do Todo-poderoso a injustiça!" (34,10; cf. 36,23; 37,23).

As soluções propostas por Eliú seguem a linha do pensamento tradicional sobre a retribuição: "Deus recompensa o que o homem faz, retribui-lhe conforme sua conduta; certamente Deus não faz o mal, o Todo-poderoso não distorce o direito" (34,11s; cf. 34,19-30; 36,5-14). Eliú insiste na transcendência divina; Deus está muito além de nossas luzes e possibilidades, sua transcendência é absoluta: "Deus é sublime, jamais o conseguiremos entendê-lo" (36,26), "Deus é maior que o homem" (33,12).

Por tudo isso Jó é digno de reprovação, não guardou a justa medida, o equilíbrio. Sua conduta é antes a de um malvado (cf. 34,7s.35-37; 35,16; 36,17); seu pecado é o da soberba, uma vez que a atitude correta diante de Deus é a da humildade e do respeito: "Não podemos alcançar o Todo-poderoso: sublime em poder, rico em justiça, não viola o direito. Por isso, todos os homens o temem e ele não teme os sábios" (37,23s; cf. 34,31s).

Jó 32–37 assemelha-se muito pouco ao poema. Ali não fala o homem atribulado, mas o sábio piedoso de escola, um tanto escandalizado pela atitude e pelas palavras agressivas de Jó. O que para Eliú é pecado de rebeldia, para Jó nada mais é que o desabafo do coração despedaçado diante de Deus; coração que, consciente de que Deus o escuta, espera dele uma resposta que esclareça ou, ao menos, ilumine suas trevas. O autor que está por trás de Eliú não captou a fé profunda do homem que sofre e se lamenta livremente diante de Deus misterioso, que esconde o rosto, cala-se e permite que seus fiéis sejam devorados pela dor e pela injustiça. E, porque ele crê que Deus é o Senhor da história, atribui-lhe as injustiças dessa mesma história. Em Jó não fala o teólogo, mas o homem rasgado e destruído, mas ainda crente. Por tudo isso, os discursos de Eliú tiram a força dramática das perguntas de Jó e da resposta do Senhor.

Jó não responde a Eliú, porque não conhece seus argumentos; contudo, não há motivos para pensar que teria mudado a posição que manteve diante dos três amigos, se tivesse conhecido os discursos de Eliú.

4. Deus responde a Jó do meio da tormenta

Não se pode dizer que seja uma surpresa a intervenção direta de Deus no fim do livro de Jó. O autor do poema preparou esse comparecimento ou "teofania" com as reiteradas petições de Jó, a última em sua derradeira intervenção: "Oxalá houvesse quem me escutasse! [...] Que responda o Todo-poderoso" (31,35).

Como bom diretor, o autor é quem dirige a cena do drama. Ele está por trás de cada personagem, inclusive de Deus, personagem principal. Toda a ação do livro orienta-se para o momento final: o encontro de Jó com Deus. O livro inteiro careceria de sentido se no fim não aparecesse Deus para falar. Talvez se tenha colocado demasiada esperança nesse momento final. Foram muitas as perguntas feitas e os problemas que ficaram sem solução. Na realidade, quem vai responder é o autor, o mesmo que propôs os enigmas. Na ficção literária o autor vale-se de Deus para expressar solenemente suas próprias convicções, as soluções que dá aos problemas formulados por Jó. Tais soluções correspondem à capacidade do autor, não aos atributos divinos da sabedoria, bondade, justiça, poder etc. Por isso não podem satisfazer plenamente, tendo de estar abertas a ulteriores propostas conforme o desenvolvimento da mesma fé em Deus.

Estabelecidas essas premissas, o que diz Deus em Jó 38–41?

4.1. Deus fala do meio da tormenta

"Então o Senhor respondeu a Jó do meio da tormenta" (38,1; 40,6): isso nos traz à memória passagens conhecidas do Antigo Testamento. Nas numerosas manifestações de Deus ou teofanias estão presentes fenômenos atmosféricos, à semelhança de uma tormenta com raios e trovões. A mais solene de todas, a do Sinai, é descrita da seguinte maneira: "Pelo amanhecer do terceiro dia, houve trovões e relâmpagos e uma nuvem densa no monte, enquanto o toque da trombeta aumentava [...] O monte Sinai converteu-se em fumaça, porque o Senhor nele desceu em fogo; a fumaça levantava-se, como de um forno, e toda a montanha estremecia [...] Moisés falava, e Deus respondia com trovões. O Senhor desceu no cume do monte Sinai e chamou Moisés para subir ao cume" (Ex 19,16-20; cf. 20,18; Sl 50,3).

O recurso literário do autor põe em evidência o respeito absoluto diante de Deus. A tormenta sugere-nos o oculto, o indecifrável, o incompreensível de Deus; em uma palavra: seu mistério.

4.2. Deus acusa a Jó

Os autores reconhecem a existência de certo desconcerto na disposição atual dos discursos de Deus (38-39; 40,6-41,26). Duas breves intervenções de Jó fecham cada uma das falas de Deus (40,3-5; 42,1-6).

Jó interpelara a Deus em muitas ocasiões e o acusara de muitas coisas (cf. 3.3.c.), parecendo ter saído vitorioso; agora Deus vai responder, e com uma série interminável de interrogações.

De forma alguma Jó é acusado de delito, mas de excesso de palavras em sua atrevida ignorância: "Quem é esse que denigre meus desígnios com palavras sem sentido?" (38,2). Deus não ignora aquele que se atreveu a criticar seus desígnios: ele conhece a Jó muito bem. A pergunta "quem é esse" é puramente retórica e dá início a uma série de interrogações que assinalam o significado da resposta: só Deus é quem com pleno direito pode perguntar e exigir uma resposta; o homem deve estar sempre preparado para responder ao Senhor: "Se és homem, cinge-te os rins: eu vou te interrogar, e tu me responderás" (38,3; 40,7).

É claro que Deus tem seus planos e seus desígnios sobre o mundo em geral, sobre os homens no mundo e sobre cada indivíduo em particular. Mas o homem não pode abarcar esses planos e desígnios nem compreendê-los, por sua amplitude em comparação com a pequenez e a limitação humanas e, sobretudo, porque são divinos. Esses são os sentimentos expressos em Is 55,8s:

"Meus planos não são vossos planos,
vossos caminhos não são meus caminhos
— oráculo do Senhor —.
Como o céu está acima da terra,
meus caminhos são mais altos que os vossos,
meus planos mais que vossos planos".

Jó não compreende sua própria história de sofrimento nem os planos e desígnios de Deus. Por isso maldisse sua existência (cf. 3,1ss), rebelou-se contra Deus (cf. 9,15-10,22). O sofrimento minou sua existência:

"Que forças me restam para resistir?
Que destino espero para ter paciência?
Minha força é a da rocha,
ou de bronze é minha carne?
Eu não encontro apoio em mim,
e a sorte me abandona" (6,11-13).

Em várias ocasiões, Jó reconhece que esse sofrimento desmedido o faz entrar em desvario, mas também confessa: "Foi Deus quem me transtornou" (19,6; cf. 23,16). Dessa maneira, Jó denegriu os desígnios de Deus com palavras sem sentido. Ele não consegue decifrar os desígnios misteriosos do Senhor que coloca em provação seu fiel servidor de modo tão peculiar. Seu coração não está longe do Senhor, mas suas palavras são inadequadas, não têm sentido.

Por sua vez, Deus vai reconduzir Jó ao caminho da sensatez, estendendo diante de seu olhar atônito a paisagem sem fronteira de sua obra, a criação, da qual Jó não é mais que um minúsculo átomo e sem relevância. Deus não pretende envolver Jó mais uma vez com a avalancha visual e mental do andamento da criação, tampouco aniquilá-lo com seu poder criador. Ao contrário, quer que ele tome consciência do lugar que ocupa no meio de uma realidade que o ultrapassa no tempo e no espaço. Uma avalancha de perguntas, formuladas de modo irônico, cai sobre o aturdido Jó. Todas visam mostrar, por um lado, a sabedoria ilimitada de Deus e seu poder incomparável e, por outro, a insignificância de Jó e sua ignorância extrema:

"Onde estavas quando alicercei a terra?
Dize-me, se é que sabes tanto.
Quem determinou suas dimensões? — se o sabes — [...]
Verificaste a largura da terra?
Conta-me, se tudo sabes.
Por onde se vai à casa da luz [...]
Deves saber, pois já havias nascido naquele tempo
e vivido por tantos e tantos anos" (38,4s.18-21).

O primeiro discurso de Deus (38-39) é bastante heterogêneo. Ali o Senhor faz que Jó percorra, conduzido por ele, a criação inteira. Com a segurança absoluta de quem conhece os mais remotos e intricados lugares, por ser seu Criador, Deus vai mostrando a Jó, como se fosse um guia turístico, a amplidão do universo (cf. 38,4-16.18.31s); seus lugares míticos como "as portas da morte", "os pórticos das sombras", "a casa da luz" e "as trevas", "seu país" (38,17.19s); os meteoros relacionados com a água, o vento, o frio e o calor (cf. 38,22-30.34s.37s). Segue uma mostra do mundo animal em seu estado livre e natural (cf. 38,36.39-39,18.26-30), mais o cavalo, treinado para a guerra (cf. 39,19-25). Essa sessão dos animais compõe-se de breves descrições, preciosas jóias literárias, especialmente a do cavalo por sua beleza e perfeição poéticas.

O segundo discurso (40,6-41,26) é encabeçado por uma interpelação irônica que Deus faz a Jó:

"Se tens um braço como o de Deus
e sua voz retumba com a sua,
veste-te de glória e de majestade,
cobre-te com fausto e esplendor [...]" (40,9s).

O restante do discurso é repleto de descrição, sobrecarregada e longa, de grandes animais entre reais e fantásticos: o hipopótamo (cf. 40,15-24), o crocodilo (cf. 20,25-32) e o mítico Leviatã (cf. 41,1-26).

Ao escutar esses longos discursos na boca do Senhor, várias coisas chamam a atenção. Em primeiro lugar, que somente Deus se dirige a Jó; até o epílogo, não se faz nenhuma menção dos amigos (cf. 42,7). O autor concentra-se no que verdadeiramente o preocupa: em Jó e no que ele significa. Em segundo lugar, e apesar de recordar as acusações de Jó contra a justiça de Deus: "Ousas violar meu direito ou condenar-me a fim de saíres absolvido?" (40,8), em momento algum procura-se rebater as acusações contra a justiça e, menos ainda, provar diretamente que Deus é justo em sua maneira de proceder. Para um sábio a verdadeira sabedoria, também a divina, necessariamente anda unida com a justiça (cf. *Sb* 9,1-4. 9-12). Da sabedoria de Deus fala-se nos discursos (cf. 38,37) e supõe-se no governo de Deus no mundo (cf. 38,12-15.22s; 39,26s; 39,26s; 40,8-13).

Terá o autor conseguido o que queria de Jó ao fazer que Deus falasse da criação como de sua obra-mestra? Se Jó não consegue decifrar os segredos da criação, que se rege por meio de leis predeterminadas (cf. 38,33), será ele capaz de compreender os desígnios ocultos de Deus, que age livremente? A resposta de Jó revelará o que se passou em seu coração, depois da demonstração que Deus fez de sua grandeza.

5. Jó responde

Segundo o autor, Jó falou demais, e não muito acertadamente (cf. 38,2), em suas longas intervenções no poema. Em quase todas manifestou o desejo veemente de discutir com Deus a respeito da situação em que, a seu ver, sofre injustamente. Deus falou "do meio da tormenta" longa e desabridamente (cf. 38–39). Agora pede para Jó falar: "Quer o censor discutir com o Todo-poderoso? Aquele que critica a Deus que responda" (40,2). O ritmo do poema também o exige. O que Jó tem a dizer depois de ter ouvido a Deus em seu primeiro discurso?

5.1. *Primeira resposta de Jó*

Ao enfrentar ousadamente o pensamento tradicional dos sábios, o autor do livro, criador do personagem Jó, revelou-se valente. Que solução, entretanto, ele propõe em lugar da resposta tradicional contra a qual se rebelou? Já a vimos em parte, quando analisamos o que Deus quis manifestar com suas palavras, que são as palavras do autor. Agora esperamos ouvir a de Jó. Sua primeira resposta é breve:

"Sinto-me pequeno, que replicarei?
Taparei a boca com a mão.
Já falei uma vez e não insistirei;
duas vezes e nada acrescentarei" (40,4).

Jó não tem muita vontade de falar. Ele que dizia: "Quero me dirigir ao Todo-poderoso, desejo discutir com Deus" (13,3), depois de ouvir o Senhor "do meio da tormenta", prefere calar e pôr em prática o que disse ao censurar seus amigos: calar-se totalmente, "isso sim que seria saber" (13,5). Diante da majestade de Deus e da grandeza de sua criação, sente-se interiormente pequeno e sem palavra para replicar. Por isso leva as mãos à boca, em sinal de submissão e respeito.

Essa resposta não satisfaz por completo nem a Deus nem, naturalmente, ao autor. Apenas elimina o orgulho, a soberba daquele que se crê o único detentor da verdade e da justiça mas não descobre a energia positiva que pode reorientar a vida no mais íntimo do coração. Por isso, dirigindo-se a Jó, o Senhor insiste outra vez: "Se és homem, cinge-te os rins, vou interrogar-te e tu responderás" (40,7).

5.2. Segunda resposta de Jó

Vimos como Deus se mostra implacável com Jó em seu segundo discurso (cf. 40,6–41,26), como ironiza sua atitude arrogante (cf. 40,8-14). Porém o Senhor está seguro de que Jó não vai enganá-lo. Estava orgulhoso dele antes da prova (cf. 1,8; 2,3) e quer estar também depois dela. Efetivamente Jó não o engana:

"Jó respondeu ao Senhor:
Reconheço que tudo podes
e nenhum plano é irrealizável para ti.
[Tu disseste:] 'Quem é esse que deturpa meus desígnios
com palavras sem sentido?'
— É certo, falei sem entender
das maravilhas que superam minha compreensão.
[Tu disseste:] 'Escuta-me, que eu vou falar,
vou interrogar-te e tu responderás'.
— Eu te conhecia somente de ouvir falar,
agora eu te vi com meus próprios olhos;
por isso me retrato e me arrependo,
lançando-me ao pó e à cinza" (42,1-6).

Essas palavras de Jó, sua segunda resposta, colocam de forma digna um ponto final no poema. Nelas revela-se um novo Jó, muito parecido com o do prólogo, mas purificado pelo fogo do sofrimento. Até chegar aqui teve de percorrer um longuíssimo caminho, com muitas idas e vindas, subidas e descidas, luzes e sombras.

Jó faz várias confissões de valor extraordinário, dignas do protagonista mais significativo de toda a literatura sapiencial. Tudo isso dentro de um ambiente profundamente espiritual de fé em Deus, a quem Jó se dirige confiantemente em oração.

Diante de tudo, tem-se o sereno reconhecimento do poder absoluto de Deus que realiza aquilo a que se propõe (cf. Sl 115,3). Que mudança radical se produziu no Jó que dizia:

"Não os surpreende sua majestade,
não os esmaga seu terror?" (13,11).

"Ele, porém, não muda: quem poderá dissuadi-lo?
Quer uma coisa, ela se realiza.
Ele executará minha sentença
e tantas outras que tem guardadas.
Por isso fico aterrorizado em sua presença,
sinto medo só em pensar;
porque Deus me tem intimidado,
me tem aterrorizado o Todo-poderoso" (23,13-16)!

À censura de Deus em 38,2: "Quem é esse [...]?", Jó responde com verdadeira humildade: Tens razão, eu não (cf. 42,3). Ao que parece, Jó reconhece que todo seu discurso sobre Deus, sobre se é justo ou injusto com ele, sobre sua própria inocência diante dele etc., é um falar sem entender de realidades superiores à sua capacidade de compreensão. Por fim Jó compreendeu que Deus não é uma categoria humana que pode ser encerrada em um ou mil conceitos. Isso é válido para nós hoje: se o homem crê que pode compreender a Deus, já não se trata de Deus mas de um ídolo.

Em 42,5s Jó responde à instância de Deus em 40,7; esta é sua (e a do autor) resposta definitiva. Na vida azarenta de Jó, há vários momentos transcendentais que marcam um antes e um depois. Destes, o mais importante não é o da provação, mas o da singularíssima experiência de Deus que lhe falou "do meio da tormenta". Antes dela, Jó conhecia a Deus "apenas de ouvir falar"; depois dela disse ter visto a Deus com seus próprios olhos. Contrapõe o conhecimento indireto, por referência — "de apenas ouvir falar" —, ao conhecimento direto, de ver com os próprios olhos. O que implicam realmente esses dois tipos de conhecimento? Sem dúvida, Jó fala metaforicamente, pois não é possível ver a Deus com o olho humano. Pelo conhecimento de ouvir falar ou indireto está se referindo ao adquirido por referências de outros e também ao conhecimento especulativo e teórico que o homem, como ser intelectual e racional, pode ter de Deus. O conhecimento a partir dos próprios olhos: "Agora eu te vi com meus próprios olhos" (42,5b), contraposto ao de apenas ouvir falar, parece referir-se a um conhecimento mais confiável e direto, fundamentado em uma experiência pessoal. Jacó refere-se a uma experiência semelhante ao dizer: "Vi Deus face a face" (Gn 32,31; sobre Moisés, ver Ex 33,11.20-23; Nm 12,6-8).

Deus falou a Jó "do meio da tormenta"; apesar disso, Jó disse: "Agora eu te vi com meus próprios olhos". Trata-se, portanto, de um encontro com Deus, de uma profundíssima experiência religiosa que supera todas as especulações dos sábios e teólogos. Depois desse encontro, Deus já não é mera palavra, nem um conceito (ainda que sublime), mas um amigo a quem Jó encontrou.

Assim chegamos ao ponto mais alto do livro, em que é possível a Jó rever sua vida e interpretá-la de outra maneira. De fato, parece que deseja passar a vida a limpo: "Retiro o que eu disse e me arrependo, lançando-me ao pó e à cinza" (42,6). O futuro fica aberto, vazio de nuvens e repleto de promessas.

6. Quem é Jó?

Chegou-se a acreditar que Jó era de fato um personagem da história. Atualmente, porém, não se aplica ao livro o gênero literário histórico. Trata-se de um livro doutrinal, de tese, em que seu personagem principal, Jó, faz parte essencial dos ensinamentos do autor sábio, independentemente de como se formula em concreto a tese central do livro: por que sofre o inocente; por que Deus faz o inocente sofrer; critica-se a doutrina da tradição sobre o sofrimento entre os homens, centrada em um homem que sofre extremamente e se considera inocente etc.

Da solução que o autor dá ao problema proposto depende, em grande parte, a atitude que o crente há de tomar na vida, mais precisamente sobre sua maneira de relacionar-se com Deus que permite o sofrimento dos inocentes, como Jó ou as crianças, e o modo apropriado de falar desse Deus ao mundo.

Referimo-nos ao Jó do poema, a quem chamamos rebelde. Quem é esse Jó? Quem ele representa? Se aceitamos que se trata de um livro de tese, acredito que Jó afigura o homem, todo homem, que sofre e não entende, que não sabe quem é. Nesse sentido Jó nos representa a todos, pelo menos em algum momento de nossa vida. A vida entre os homens apresenta tantas contradições que mesmo o mais precavido, o mais honesto e cabal dos homens pode ver-se envolvido na injustiça que a tudo invade e ser uma de suas vítimas ou um de seus cúmplices, sem saber exatamente como chegou a tal extremo. O homem sente-se capturado e impotente diante de situações que o ultrapassam. É o caso das guerras fratricidas, das grandes catástrofes naturais, provocadas pelo homem ou pelas forças violentas da natureza, das enfermidades de todo tipo. Essas situações não fazem distinção entre inocentes ou culpados, sábios ou néscios, ricos ou pobres, adultos ou crianças. O que diz o Jó rebelde do poema pode ser dito com pleno direito pelo homem aprisionado nas circunstâncias turbulentas do cotidiano; se é inocente, por sê-lo; se não é inocente, porque seu sofrimento excede em muito seu grau de culpabilidade.

Hoje mais do que nunca, paradoxalmente, o fantasma horrível da morte, da aniquilação da vida, deixou de ser um fantasma; é uma realidade que ameaça sem metáforas, que está em cada esquina. Nunca a vida valeu tão pouco, nem esteve tanto em perigo.

Nessas circunstâncias, até que ponto é válida a solução dada por Jó em suas duas respostas? Acredito que elas possam ser assumidas plenamente por nós que cremos que Deus é Senhor absoluto de tudo quanto existe, do que está distante e próximo, oculto e manifesto, da natureza e da história. Deus é mais que o homem e não se submete a nossas normas e medidas. O homem não tem capacidade para julgar a Deus, para determinar o que ele faz ou deve fazer. Jesus nos ensinava a chamar Deus de Pai, porque ele o é, a depositar nossa confiança nele, a confiar nele em todas as circunstâncias de nossa vida, especialmente nas mais difíceis. Entretanto, não nos esqueçamos de que Jó também o fez, conforme vimos em sua segunda resposta a Deus (cf. 42,1-6). Creio que Jó confirmaria estas palavras de são Paulo:

"Que abismo de riqueza, de sabedoria e de conhecimento o de Deus! Quão insondáveis suas decisões e quão incompreensíveis os seus caminhos! Pois 'quem conhece a mente do Senhor? Quem é seu companheiro? Quem lhe emprestou para que ele devolva?' Dele, por ele e para ele são todas as coisas. A ele a glória pelos séculos. Amém" (Rm 11,33-36).

7. Epílogo do Livro de Jó

O final do Livro de Jó (42,7-17) retorna à prosa e em certo sentido nos recorda o prólogo (1–2), mesmo que nele notemos ausências e silêncios significativos: nada se diz da mulher de Jó, nada de Satã, que solicitara e provocara a prova de Jó. Assombra-nos, entretanto, as palavras que o Senhor dirige a Elifaz de Temã, as quais contêm o ditame definitivo sobre o poema inteiro:

"Estou irritado contra ti e teus dois companheiros porque não falastes com retidão a meu respeito, como o fez meu servo Jó" (42,7).

É lógico pensar que foram os amigos de Jó que falaram bem de Deus, já que não o acusaram de nada e defenderam a justiça e a eqüidade; Jó, por outro lado, não cessou em suas queixas e acusou abertamente a Deus de ser injusto para com ele.

Não esqueçamos que a maneira de pensar do autor de Jó não é precisamente a mesma que a dos amigos de Jó. O autor do poema e Jó se identificam. Uma vez que Jó se reconciliou plenamente com Deus, formal e pessoalmente (cf. 42,1-6), Deus aprova e aceita a atitude dele como a acertada, por ser nobre e sincero de coração. As palavras de Deus assim o demonstram, e o final feliz da vida de Jó o confirma: "O Senhor abençoou a Jó muito mais ainda no fim de sua vida que no começo" (42,12).

Eclesiastes ou Qohélet

Tratamos da crise que a sabedoria sofreu em Israel. No capítulo anterior vimos como Jó levantava a voz embargada pela dor contra certos ensinamentos alheios à realidade do dia-a-dia, ou seja, que o caminho dos justos conduz ao triunfo e o dos malvados à ruína total. No presente capítulo, confirmaremos como a mesma corrente crítica de Jó, séculos depois, continua viva em Qohélet. Se o autor de Jó fala a partir da experiência religiosa profunda como teólogo, Qohélet o faz a partir da racionalidade como pensador ou filósofo. Qohélet encara violentamente as contradições da vida. Seu senso de humor, seu equilíbrio mental e sua descoberta de Deus como único ponto de apoio, absoluto e firme em meio a uma realidade inconsistente, mantêm-no a flutuar contra toda esperança e lógica.

1. Problemas introdutórios

Antes de traçar o esboço dos ensinamentos do livro chamado Eclesiastes ou Qohélet, é oportuno dizer algumas palavras sobre o suposto autor e sobre o lugar e o ambiente histórico em que viveu e escreveu o livro.

1.1. Quem é o autor do livro

À primeira vista parece não ter sentido perguntar sobre o autor de Eclesiastes, pois o livro começa precisamente com estas palavras: "Palavras de Qohélet, filho de Davi, rei de Jerusalém", as quais só podem se referir a Salomão. De fato, a tradição dos judeus é firme em atribuir esse livro a Salomão; os Santos Padres primeiro e os escritores sirácidas depois se encarregam de recordar a mesma coisa. Até o século XVII mantém-se tranqüilamente essa tradição, que continua também depois, embora já não tão tranqüilamente, mas em contínuas controvérsias.

Foram necessários quase três séculos de polêmica para se reconhecer abertamente que Salomão não foi o autor de Eclesiastes, mas um sábio de sobrenome Qohélet.

1.1.1. Dados pessoais de Qohélet

Contestada a identificação entre Qohélet e Salomão, surge a necessidade de caracterizar o autor que se diz Qohélet. De qualquer forma, não procuramos neste tópico fazer uma biografia, mas agrupar o que direta ou indiretamente nos fornece o próprio livro.

A maioria dos autores sustentam que certo discípulo de Qohélet escreveu o que lemos no epílogo: "Qohélet, além de ser um sábio, instruiu permanentemente o povo; e escutou com atenção e investigou, compôs muitos provérbios; Qohélet procurou encontrar palavras agradáveis e escrever a verdade com acerto" (12,9-10). Essas breves notas informam de modo verídico a respeito do autor, mas o epílogo é apenas um ponto de partida para análise. O estilo, o humor e o tom do livro nos mostram facetas interessantes do autor.

Sinceramente, não há como colocar em dúvida a fé judaica do autor. Mesmo assim, é coerente com todo o opúsculo a afirmação de que a Judéia é sua pátria de origem; e, embora pareça ser a Judéia, o lugar mais adequado é Jerusalém. Assim, pois, Qohélet certamente foi um judeu de Jerusalém, pertencente a uma família bem abastada, da classe alta ou da aristocracia, já que o humor espiritual que os ensinamentos refletem no livro é o de um aristocrata um tanto distanciado da realidade, que teria recebido esmerada educação e formação.

É possível determinar o estado civil de Qohélet? Levando em consideração que o fato de manter-se celibatário era uma exceção entre os judeus e que o próprio Qohélet recomenda o contrário em 9,9: "Desfruta a vida com a mulher que amas", o mais lógico é pensar que era casado.

A personalidade de Qohélet é bastante complexa. Enfrenta de maneira contundente os mais graves problemas humanos de toda ordem e põe em xeque as soluções tradicionais, consideradas intocáveis. Essa audácia e a árdua tarefa de buscar fórmulas literárias adequadas supõem uma personalidade muito acentuada. Tudo é feito com a utilização de formas e métodos novos, e de cara limpa, diante dos representantes do poder e da intelectualidade do povo. Para agir assim era preciso uma forte personalidade, com características muito díspares e até mesmo contraditórias: conservador e inovador, cético e de firmes convicções, como veremos no tópico seguinte.

1.1.2. Atitudes de Qohélet na vida

Qohélet tem plena consciência do que "é investigável" pelo homem e do que "não o é". Isso quer dizer que *a priori* exclui de seu campo de reflexão, e, sem dúvida, da observação, apenas a existência de Deus; tudo o mais pode ser investigado. Parafraseando o próprio Qohélet: não se podem confundir "as coisas que se sucedem sob o sol" com "o que está sobre o sol", isto é, Deus e seu mundo: o impenetrável, o mistério.

a. Qohélet é um bom observador

A realidade próxima do homem, "o que sucede sob o sol", é o foco de toda a atenção de Qohélet. Este é seu meio natural, em que se move como peixe na água: "Dediquei-me a investigar e a explorar com sabedoria tudo que se faz sob o sol" (1,13); "Examinei todas as ações que se fazem sob o sol" (1,14); "Observei a tarefa que Deus impôs aos homens" (3,10); ver também 4,1.4; 7,15; 8,16. Com suas afirmações categóricas, universais, evidentemente hiperbólicas, Qohélet dá-nos a impressão de que não existe parcela da realidade que não tenha analisado pessoalmente, como cabe, segundo ele, ao verdadeiro sábio: "Tudo isto eu examinei com sabedoria. Eu disse: vou me fazer sábio" (7,23).

b. Qohélet é um crítico radical

O que Qohélet vê no âmbito das relações inter-humanas, a seu redor, não é nada alentador; é o mesmo que tantos outros viram e vêem, sejam sábios ou responsáveis, em maior ou menor medida, pela marcha da comunidade humana. A diferença é a seguinte: se não satisfaz o que lhe ensinaram desde pequeno na sinagoga, na escola, no templo, ele não permanece calado como os demais.

Qohélet não é um moralista, nem levanta sua voz como os antigos profetas, mas como sábio constata a contradição evidente entre o que se ensina e o que acontece: "Isto eu sei: 'Tudo vai bem para os que temem a Deus, porque o temem, porém nada vai bem para o malvado [...]'" (8,12-14; ver também: 7,15).

Pode-se afirmar que essa constatação, em Qohélet, é o principal fundamento de sua visão crítica da realidade e, por conseguinte, da crítica implacável que faz ao que tradicionalmente se tem ensinado. Qohélet confrontou o ensinamento tradicional em coisas tão graves quanto a negação de qualquer retribuição, a impossibilidade de conhecer os sentimentos de Deus para com o homem, a avaliação do poder, das riquezas, da família.

Impõe-se, pois, uma visão extremamente crítica de Qohélet na vida: absolutamente tudo que o homem tem a seu alcance, tudo que está e sucede sob o sol é vazio, fumaça, vento, vaidade; e ir atrás disso é ir à caça de vento.

1.2 Data e lugar de composição do Eclesiastes

As afirmações sobre o tempo e lugar de composição do Eclesiastes estão intimamente ligadas às opiniões sobre o autor. Para os que nos tempos antigos defenderam a autoria salomônica, naturalmente o tempo e o lugar em que foi escrito são os mesmos do rei sábio, "filho de Davi, rei em Jerusalém". Negada a paternidade salomônica, foram indicadas como datas de composição do Eclesiastes o período da dominação persa (539-333 a.C.), o tempo imediatamente posterior ou começos da época grega (de 333 a 300 a.C.), e até a metade do século II a.C.

É possível estabelecer a data limite depois da qual não pôde ter sido escrito? Contamos com um ponto de referência certo: a descoberta dos fragmentos do Eclesiastes na gruta 4 de Qumran e datados até o ano 150 a.C. A maioria dos autores reduz ainda mais a faixa de tempo disponível, ao afirmar que o livro foi escrito antes do *Sirácida* (ca. 190-180), já que Jesus Ben Sirac, ao que parece, fez uso dele.

Há bastante tempo a opinião mais comum diz que o Eclesiastes foi escrito no século III a.C. Minha opinião pessoal é de que o autor provavelmente o escreveu durante a segunda metade do século III a.C., muito próximo do ano 200. Esse espaço de tempo é um marco mais que suficiente para satisfazer as exigências lingüísticas e históricas derivadas do livro.

Quanto ao lugar de composição, a maioria prefere a Palestina e, nela, a região da Judéia e sua capital Jerusalém. Mas outras três regiões foram propostas para a composição do Eclesiastes, ainda que sem êxito: Babilônia, Fenícia e Egito.

1.3. Fontes de inspiração do Eclesiastes

Neste tópico indicamos apenas algumas influências literárias que podem ser descobertas no livro em questão. Como toda obra literária, o Eclesiastes nasce em determinado meio, e seu autor é uma pessoa exposta às influências ambientais, às correntes de pensamento de seu tempo.

O autor é um homem culto, um escritor de grande originalidade. Necessariamente tinha de estar aberto aos ventos culturais que sopravam na Palestina de seu tempo. Há quem considere Qohélet o exemplo de verdadeiro sábio, aberto a todas as correntes, sem perder sua identidade israelita; outros, entretanto, não admitem a influência maciça não-israelita.

1.3.1. O Eclesiastes e o helenismo

No fim do século passado e no começo deste, afirmava-se entre os especialistas que o autor do Eclesiastes teria bebido diretamente nas fontes gregas e do helenismo, especialmente em Hesíodo, Teognis e nas correntes da filosofia popular. Tudo isso sem deixar de ser um autêntico judeu, conhecedor da doutrina sapiencial tradicional, mesmo que sua atitude diante dela fosse bastante crítica. De pronto surgiu entre os exegetas uma corrente de pensamento oposta, que defendia a absoluta independência do autor ao pensamento grego. Julgamos, entretanto, mais sensato aglutinar tendências complementares.

A influência da cultura ambiental helenística não pode ser negada racionalmente. Admitimos sem sombra de dúvida influências do helenismo ambiental em Qohélet. Nele realiza-se uma verdadeira síntese do espírito judeu e do helenismo que começa a respirar na Jerusalém de seu tempo.

1.3.2. O Eclesiastes e a literatura mesopotâmica

Desde o começo, Israel esteve em contato direto com a cultura mesopotâmica; por essa razão a influência da Mesopotâmia e, em geral, do oriente geográfico em Israel fora quase um dogma cultural. O que nos interessa neste momento é determinar o grau dessa influência literária para o Eclesiastes. Em vista da magnitude dessa influência, poderíamos dizer, como já foi dito, que a solução total vem do Oriente, da Mesopotâmia? Esta tese tem encontrado forte oposição quer por parte dos defensores das prováveis influências egípcia e grega, quer por parte daqueles que optam por soluções intermediárias, não-extremadas.

1.3.3. O Eclesiastes e a literatura egípcia

O Egito, como a Mesopotâmia, está presente na história do povo de Israel e em todas as suas manifestações. Política, social e culturalmente, a Palestina depende do Leste e do Sul. É território de passagem obrigatória entre os dois grandes focos de civilização antigas. A cultura hebraica alimenta-se com toda a certeza pelo menos das duas grandes culturas que a circundam. De maneira especial, chamamos a atenção sobre as possíveis influências da literatura sapiencial egípcia na literatura hebraica. Esse gênero de literatura foi muito mais rico e abundante no Egito que na Mesopotâmia.

Todavia, novamente surge a pergunta: em que medida e até que ponto temos de admitir a influência egípcia na concepção do Eclesiastes?

A partir das descobertas da cultura e da civilização egípcias, e supostas as relações históricas de Israel com o Egito, vai-se consolidando a opinião da dependência literária. P. Humbert vai além dos meros contatos literários e defende a dependência direta do Eclesiastes da literatura egípcia. Por sua parte, B. Gemser estuda o livro da sabedoria egípcia *Instruções de Onchsheshonqy* (provavelmente do século V a.C.) e destaca as notáveis semelhanças entre passagens dessa obra e as do livro de Qohélet. No entanto, apesar desses esforços e de outros parecidos, temos de concluir que não se pode comprovar uma relação direta entre o Eclesiastes e uma obra egípcia.

1.3.4. O Eclesiastes e o Antigo Testamento

Por muita abertura que se queira descobrir no Eclesiastes, parece natural que Qohélet esteja mais perto dos sábios de seu povo que de todos os sábios e filósofos da Grécia, do Egito ou do Oriente. Ele conhecia muito bem os que em seu tempo eram considerados Livros Sagrados, em primeiro lugar o Pentateuco ou a Torah. As alusões ao Gênesis no Eclesiastes são numerosas; por outro lado, os contatos literários com o Êxodo, o Levítico e Números são escassos. Ecl 4,13-16 relaciona-se com Ex 1,8ss; Ecl 7,7 com Ex 23,8; Ecl 5,3-6 (sobre os votos e faltas de inadvertência) com Lv 5,4 (e Dt 23,21-23) e com Nm 15,25; 30,2s. Mais firme parece ser a relação entre o Eclesiastes e o Deuteronômio. Aceitam-se como seguras as existentes entre Ecl 3,14 e Dt 4,2; 13,1; entre Ecl 5,3-6 e Dt 23,21ss sobre os votos, e entre Ecl 7,7 e Dt 16,19.

Mesmo que pareça surpreendente, Qohélet é considerado em muitos aspectos (o da justiça, por exemplo) herdeiro do espírito dos profetas. Ainda assim, conhece a fonte inesgotável dos salmos e identifica-se com o espírito de alguns deles; os autores fixam-se especialmente no 49 e no 73.

Entretanto, onde encontramos mais afinidades e onde provavelmente Qohélet mais se inspira é no corpo dos livros da sabedoria. São numerosas as passagens de Provérbios citadas como paralelos do Eclesiastes, as quais provavelmente exerceram influência sobre ele. Apesar disso não se silenciam as profundas discrepâncias entre a sabedoria tradicional, representada por Provérbios, e o inconformista Qohélet.

O Eclesiastes tem pontos de contato com o Livro de Jó. Concretamente não se podem estabelecer dependências literárias, nem referências de vocabulário, mas temas comuns: desvalimento do homem ao nascer (cf. Ecl 5,14 e Jó 1,21), a sorte do aborto (cf. Ecl 6,4s e Jó 3,11-16), a concepção do *sheol,* onde toda lembrança é apagada (cf. Ecl 9,5-7 e Jó 14,21s), a incerteza humana sobre a obra de Deus (cf. Ecl 11,5 e Jó 38,2-4; Ecl 12,7 e Jó 34,14).

Quanto ao *Sirácida,* prevalece a certeza de que, se entre Qohélet e Ben Sirac existe uma relação de dependência, é Ben Sirac quem depende de Qohélet.

2. Ensinamento de Qohélet

O discípulo que redigiu o livro nos diz do mestre: "Qohélet, além de ter sido sábio, instruiu permanentemente o povo" (12,9a). Atestamos que o velho mestre continua a instruir, mas a todos os que lêem e estudam atentamente seu livro. De modo especial, ensina-nos a olhar atenta e criticamente a realidade que nos circunda.

Neste capítulo procuraremos apresentar os ensinamentos que, a nosso ver, constituem a coluna vertebral do livro.

2.1. Riqueza significativa de hebel

Hebel é um vocábulo hebraico costumeiramente traduzido por *vaidade.* Porém, *vaidade* não corresponde exatamente ao conteúdo conceptual de tal palavra.

No Eclesiastes, *hebel* é um conceito importante; com éle abre-se e fecha-se o livro: "Vaidade das vaidades — diz Qohélet —: vaidade das vaidades, tudo é vaidade!" (1,2; cf. 12,8).

A sentença lapidar constitui um verdadeiro marco do livro; nela a tradição viu a quintessência do Eclesiastes.

Entretanto, a famosa sentença *vaidade das vaidades* mostra apenas um aspecto do livro; talvez o mais importante, mas não o único.

2.1.1. Sentido geral de hebel *fora de Eclesiastes*

Quanto ao sentido original e primário de *hebel,* há unanimidade entre os lexicógrafos e intérpretes: o termo significa *vento, sopro, aura, brisa, vapor, transpiração, fumaça...* Esse sentido confirma-se pelos paralelos e sinônimos. Assim em Is 57,13b: "Porque o vento (*rûaḥ*) arrastará a todos, e um *hebel* os arrebatará"; ao termo *rûaḥ* (vento) corresponde *hebel*: sopro (*aura* na Vulgata); em Pr 21,6s: "Tesouros adquiridos por boca embusteira são *hebel* que se dissipa", *hebel* só pode ser *transpiração, fumaça, vapor* ou algo semelhante.

No entanto, poucas passagens do Antigo Testamento mantêm a significação primária de *hebel.* Insensivelmente passamos do concreto de *débil sopro* ao abstrato do *efêmero*. Assim lemos: "O homem é igual a um sopro (*hebel*), seus dias são uma sombra que passa" (Sl 144,4); "Consumiu seus dias em um sopro (ba*hebel*), seus anos em um momento" (Sl 78,33). Ou resvalando para o âmbito do *inútil*, do *débil*, do *vão*, do *nulo*: "[...] O Egito, cujo auxílio é vazio (*hebel*) e vão" (Is 30,7); "Enquanto eu pensava: 'Em vão me afadiguei. Foi por coisa vazia, por vento, que esgotei minha energia'" (Is 49,4).

Os últimos textos indicam que *hebel* denota não apenas o vaporoso e evanescente, mas também o insubstancial e vazio, dando mais um passo até o deslizamento *hebel* = mentira, isto é, ao significado claramente metafórico. No Sl 62,10, lemos: "Os homens não são mais que *hebel* (um sopro), os nobres são aparência [mentira]". Nesse sentido, *hebel* irá referir-se aos ídolos e aos falsos deuses dos gentios: "Vossos pais foram atrás de vaidades e ficaram vazios" (p. ex., Jr 2,5; cf. Dt 32,21; 2Rs 17,15).

2.1.2. *Âmbitos nos quais* hebel *é aplicado no Eclesiastes*

Hebel é um termo muito representativo no Eclesiastes. Das 73 vezes em que aparece no texto hebraico do Antigo Testamento, mais da metade, 38, é encontrada naquele livro. Mas qual é o significado de *hebel* no Eclesiastes?

a. *Hebel* e seu sentido originário

Qohélet conhece o sentido original de *hebel*, o que é comprovado quando ele relaciona *hebel* a *rūaḥ* (vento) em sua famosa sentença: "Tudo é vaidade (*hebel*) e caça de vento (*rūaḥ*)" (cf. 1,14; 2,11; 2,17; 4,4; 6,9); ainda que provavelmente tenha de dizer que Qohélet fez de *hebel* a chave de interpretação de boa parte de suas reflexões pelo poder de evocação desse termo como metáfora ou símbolo.

b. As riquezas... são *hebel*

Há uma grande perícope no Eclesiastes (5,6–6,9) que pode se intitular de modo genérico: *Sobre os bens e as riquezas*. Esse motivo aglutina todo o conjunto e, além disso, uma inclusão confirma a unidade global, precisamente a expressão típica de Qohélet: "Também isto é vaidade" (ver 5,9 e 6,9). Os temas principais de Ecl 5,9–6,9 são: riqueza-pobreza, satisfação-insatisfação, fugacidade e vantagens.

Analisamos como exemplo do ensinamento de Qohélet em 5,9:
> "Quem ama o dinheiro não se farta dele, e quem ama as riquezas delas não tira proveito. Também isto é vaidade".

Em 5,9 o autor inicia uma série de reflexões sobre o dinheiro e as riquezas; em suma, sobre os bens que o homem acumula ou procura acumular ao longo de sua vida com o fim de desfrutá-los.

O provérbio *Quem ama o dinheiro não se farta dele* pode ser subscrito por qualquer um que tenha um pouco de experiência na luta pela vida. Por *dinheiro* entende-se não apenas a moeda corrente, mas qualquer valor, em metal ou espécie, por meio do qual é possível conseguir algo apreciável. Há muitos séculos a sociedade está organizada de tal maneira que não pode funcionar sem um sistema financeiro que regule o valor do dinheiro. Com ele pode-se conseguir legitimamente todo bem que esteja à venda. À margem ou contra a lei é possível comprar tudo ou quase tudo, pois o dinheiro abre todas as portas.

Amar o dinheiro é algo tão natural quanto amar o belo ou o proveitoso que se pode comprar com o dinheiro. Neste caso, ama-se o dinheiro não por si mesmo, por ser um meio, mas por aquilo que se pode conseguir por seu intermédio. Entretanto, a sentença de Qohélet não se refere a esse *amor ordenado*, mas à avareza, ao afã ou desejo incontrolável, ao amor desordenado pelo dinheiro. Se alguém o ama com afã desmedido, quanto mais tem, mais quer ter: "Dinheiro chama dinheiro"; "O avarento sempre precisa de mais" (Horácio). O dinheiro é como uma droga, e uma droga forte, por isso ele não pode saciar a fome de dinheiro; ao contrário, desata e aumenta ainda mais o apetite por ele mesmo.

A riqueza deveria proporcionar a seu dono o apaziguamento do desejo de posse e a segurança de um estado de vida confortável; entretanto, quando alguém, dominado pela avareza, consegue realizar o sonho de sua vida, encher suas arcas, parece não saber aproveitar-se delas; para tal pessoa isso não supõe um enriquecimento interior, um aumento de satisfação, de paz, de bem-estar, mas o contrário.

Também isto é vaidade. Tanto as riquezas em si mesmas como o desejo de possuí-las e de mantê-las e seu desfrute são algo efêmero, passageiro, não-estável. Muitas vezes são como bolhas de sabão: vistosas quando iluminadas pela luz, mas simples vazio ao se querer apanhá-las.

c. Também o rico está sob o juízo da vaidade

Fundamentalmente Qohélet já expressou em 5,9ss seu juízo de vaidade sobre as riquezas e seus donos, os ricos. São várias, entretanto, as passagens em que retoma o tema com matizes importantes. Vejamos, em primeiro lugar, o caso do rico que não tem herdeiros. Diz Qohélet em 4,7-8:

"[7]Observei outra vaidade sob o sol: [8]este está sozinho sem companheiro, sem filhos ou irmãos; entretanto, trabalha sem descanso, não está contente com suas riquezas. Mas 'para quem eu trabalho e me privo de satisfações?' Também isto é vaidade e uma triste tarefa".

É notável a insistência de Qohélet em apresentar seus ensinamentos como fruto de observações pessoais.

O v. 8 concentra sua atenção no caso do homem solitário coberto de riquezas e dominado pela paixão do trabalho. Isso surpreende a Qohélet, que, transformado nesse personagem, interroga a si mesmo sobre o sentido de sua vida, tal como ele a vive.

O personagem, único em sua solidão absoluta, sem companheiro, amigo ou família, trabalha sem descanso. Já tem mais do que necessita, mas a ânsia de possuir cada vez mais é desmedida, e ele nem a pode saciar nem controlar. A pergunta retórica em primeira pessoa: *Para quem eu trabalho e me privo...?* traz implícita a resposta: para nada. Esse comportamento é próprio de um insensato. Por isso Qohélet conclui no v. 8: *Também isto é vaidade* (cf. 1,3), com o eloqüente acréscimo: *e triste* ou *má tarefa* (cf. 1,3), pois é um trabalho sem finalidade justificada.

Uma variante do anterior é Ecl 6,1-2, em que um homem rico vê como um estranho consome o que é seu, sem poder desfrutá-lo. O homem assemelha-se a enfermo em estado grave ao qual somente falta o bem mais precioso: a saúde. As palavras de Qohélet em 6,1-2 são estas:

> "¹Há um mal que eu vi sob o sol e com freqüência pesa sobre o homem: ²este a quem Deus concede riqueza e tesouros e honras, sem que nada lhe falte de quanto pode desejar; porém Deus não lhe concede comer disso, porque um estranho o consome. Isso é vaidade e grave doença".

A nova observação de Qohélet responde à continuação do discurso que ele tem em mãos, iniciado em 5,17: "Isto é o que eu compreendi (vi)". Ao caso concreto do rico feliz, que pode desfrutar seus bens porque Deus os concede (cf. 5,17-19), opõe-se o do rico porém infeliz por não poder desfrutar suas riquezas (cf. *Sr* 30,19; Lc 12,16-20). Por outro lado, ao repetir o autor agora em 6,1, quase com as mesmas palavras, o que viu e observou em 5,12: "Existe um mal grave que observei sob o sol", é claro que Qohélet quer relacionar ambos os casos: o do rico desafortunado nos negócios (5,12-16) e o do rico infeliz que não pode desfrutar sua situação privilegiada.

Trata-se de uma pessoa muito rica (como em 5,18), que além disso goza da estima e do reconhecimento de seus concidadãos, de tal maneira que dela se pode dizer que *nada lhe falta de quanto possa desejar*. Essa pessoa deveria considerar-se afortunada, feliz; mas não o é, e por duas razões. A primeira pode ser comprovada: *um estranho* (uma pessoa não-pertencente à sua família) *consome o que tem*; a segunda razão é de ordem teológica: a vontade de Deus, favorável ao conceder as riquezas mas desfavorável ao não permitir desfrutá-las, repetindo o pensamento do mal *grave* de que Qohélet falou em 5,12a e 5,15a.

A situação não varia muito no caso do rico que tem como sucessor um herdeiro, já que, definitivamente, não será ele quem desfrutará o fruto de seu trabalho, mas outro (seu herdeiro) que em nada colaborou com ele no trabalho e até pode ser um perfeito néscio (cf. 2,18s).

Finalmente Qohélet, em 2,21, faz-se porta-voz da humanidade desenganada pela experiência dolorosa que se repete continuamente ao longo dos tempos: "Pois há aquele que trabalha com sabedoria, ciência e acerto, e tem de deixar sua porção a outro que não se afadigou naquilo. Também isto é vaidade e uma grande desgraça".

Os homens se esforçam na vida normal até o limite de suas possibilidades, pondo uma grande ilusão em seus planos e realizações, e no fim sempre sucede a mesma coisa: todo homem, tenha ele tido muito, pouco ou nenhum êxito em seus afazeres, chega ao fim de seus dias e, queira ele ou não, ao morrer se vê despojado daquilo que acreditava ser seu e, sem haver desfrutado, tem de deixar tudo para quem vem atrás dele, para seu sucessor ou herdeiro, sem que este o tenha ganho, e sem que possa saber se é ou não digno de tal herança.

É conhecido o estribilho de Qohélet: *Também isto é vaidade,* que mais uma vez se faz ouvir, como conseqüência lógica de seu modo de pensar. Porém dessa vez acrescenta algo novo e inabitual: *Também é... uma grande desgraça.*

d. As ações humanas também são *hebel*

Qohélet explora e analisa tudo que rodeia o homem, o que acontece sob o sol. Qual sua opinião sobre a atividade humana, tanto sobre a que requer esforço como a respeito da que não o requer e é prazerosa?

— A atividade humana é *hebel* (1,13-14)

A análise que Qohélet faz de tudo que acontece sob o céu quer ser um paradigma da vida humana, com o constante intento de penetrar o desconhecido; por isso diz em 1,13-14:

> "¹³Dediquei-me a investigar e explorar com sabedoria tudo que se faz sob o céu. Deus concedeu aos homens essa triste tarefa dada para que se ocupem com ela. ¹⁴Examinei todas as ações que se fazem sob o sol: tudo é vaidade e caça de vento".

Qohélet dedica sua atenção à primeira investigação séria, cujo objeto é "tudo que se faz sob o céu". A partir da torre de vigia mais elevada — a do posto do rei (v. 12) —, o autor aplica-se com interesse pessoal sincero a *investigar e a explorar tudo.* A experiência particular de Qohélet universaliza-se e, nesse sentido, relaciona-se com a investigação de todo homem sobre os enigmas da vida e do mundo.

Qohélet não deixa de nos surpreender, ao afirmar que foi *Deus quem deu aos homens essa triste tarefa.* Aparece o lado íntimo do crente

Qohélet. Essa é a primeira vez que ele nos fala de Deus, e o faz como um sábio crente, mas sem matiz particularista de judeu.

Em 1,14 o objeto da observação de Qohélet são *todas as ações que se fazem sob o sol*, isto é, tudo que os homens fazem em sua vida. A convicção a que ele chegou, depois de examinar, investigar e observar *tudo que* os homens fazem em sua vida e o que recebem em troca, é que *Tudo é vaidade e caça de vento*. A particularidade de nossa passagem está em sua segunda parte: *e caça de vento*. Na realidade *caça de vento* não acrescenta conteúdo à *vaidade*, porém a força da imagem insólita e quimérica reforça o juízo absolutamente negativo do autor sobre a vida humana.

— Especialmente a atividade cheia de fadiga é *hebel* (6,7-9)

Qohélet trata de novo da inutilidade do esforço humano na breve perícope 6,7-9:

"⁷Toda a fadiga do homem é para a boca, mas o apetite não se sacia. ⁸Pois que vantagem o sábio tem em relação ao néscio ou ao pobre que sabe se virar na vida? ⁹Melhor é o que vêem os olhos que o divagar dos desejos. Também isto é vaidade e caça de vento".

A última perícope do conjunto 5,9–6,9 é uma espécie de reflexão geral, bastante sapiencial, que Qohélet faz após todas as observações precedentes. O conteúdo é denso e recolhe temas fundamentais do livro: o trabalho ou fadiga do homem, a insatisfação dos desejos, a célebre pergunta: qual é a vantagem?, a oposição sábio/néscio, (rico?)/pobre, o valor do exeqüível e, por fim, o juízo da vaidade com sua fórmula mais solene. Realmente 6,7-9 é um digno fecho desse bloco de reflexões.

Toda a fadiga do homem é a mesma coisa que todo esse afã cheio de fadiga que resume o aspecto duro e ingrato da vida do homem. O principal motor do homem em sua febril atividade é movido pela necessidade insubstituível de buscar o sustento para viver: *para a boca,* que na realidade se estende também ao sustento dos familiares mais próximos.

Porém o apetite não se sacia: é claro que Qohélet não se refere à fome fisiológica, porque esta certamente pode ser saciada. Antes, alude aos desejos e à ânsia de possuir mais e mais (cf. 5,9). *O apetite-alma,* nesse sentido, não tem medida; dele se diz aquilo que é dito do mar: "E o mar não se enche", apesar de rios e rios que desembocam nele (Ecl 1,7). Este traço é ambivalente, pois manifesta tanto o vazio imenso que é o homem, que não pode ser plenificado com nenhum bem desse mundo: "Não só de pão vive o homem" (Dt 8,3), como a grandeza desse mesmo homem, cujo vazio infinito tem origem em sua própria transcendência. Qohélet não o afirma nesses termos, mas apresenta os fundamentos para essas conclusões aqui e em outros lugares (cf. 3,11).

A pergunta *Que vantagem...?* surge espontaneamente depois da constatação de tantas frustrações. O autor não descobre *vantagem* alguma do sábio em relação ao néscio na vida real. A sentença de 6,9a assemelha-se ao nosso provérbio: "Mais vale um pássaro na mão do que dois voando".

Qohélet afirma mais uma vez seu sentido da realidade, seu pragmatismo. Não se pode viver de puros sonhos; é necessário viver com os pés no chão e saber renunciar em tempo aos sonhos impossíveis.

Mas também tudo isso é efêmero; é vento que passa e não se pode agarrar. Também passa a pequena felicidade que entra pelos olhos e está ao alcance das mãos. Antes que te dês conta foge de tuas mãos o que acreditavas ter agarrado, como o vento.

— O esforço, ainda que seja um êxito, também é *hebel* (4,7-8 e 4)

Os esforços humanos são compreendidos como inúteis e sem sentido, sobretudo se excessivos e sem proveito pessoal, como já vimos ao tratar do homem rico sem herdeiros diretos em 4,7-8. Porém não escapa a Qohélet o esforço coroado de êxito, que também merece dele o qualificativo de incompreensível e inútil, como nos diz em 4,4:

"E observei também que todo trabalho e todo êxito nas empresas não transcorrem sem rivalidade entre os companheiros. Também isto é vaidade e caça de vento".

Depois do que Qohélet acaba de proclamar em 4,2-3, a saber, que é preferível o estado dos que inexistem ao estado dos que existem em meio a desgraças e dificuldades insuperáveis, não é de estranhar que ele não associe seu ideal de vida à atividade produtiva ou trabalho do homem, seja de que tipo for, mesmo que venha acompanhado de êxito. O sábio observador descobre que debaixo da atividade febril do homem, que busca a riqueza e o prestígio em tudo que empreende, esconde-se uma *rivalidade* agressiva que a tudo converte em luta sem quartel; nessa luta já não conta para nada o que entre os homens normalmente mais se costuma estimar: a amizade, o companheirismo. Em todo homem vê-se um rival a ser vencido; a vida é uma arena de competição e um campo de batalha.

Essas reflexões não são pura retórica, mas um pálido reflexo da vida real, como nós mesmos podemos constatar, quando o que determina a escala de valores em uma sociedade é o dinheiro, o poder, o êxito. Assim comprovamos que a natureza do homem é a mesma em nosso tempo e no de Qohélet; que os móbeis que arrastam o homem são idênticos, e que por eles se podem sacrificar os mais elevados sentimentos.

Por isso Qohélet conclui com grande sabedoria: *também isto é vaidade e caça de vento* (cf. 1,2.14). Assim, de uma tacada e com sua frase favorita, ele desqualifica toda uma concepção da vida sobre a qual se constrói a complicada trama da sociedade helenística e, na realidade, da vida social de todos os tempos.

— Também a alegria e os prazeres são *hebel* (2,1-2)

As experiências anteriores fracassaram estrepitosamente. Vejamos se estas, que versam sobre os aspectos mais positivos da vida humana — a alegria e o desfrute de todas as coisas boas que ela pode oferecer — têm o mesmo resultado negativo ou abrem uma janela à esperança.

> "[1]Eu disse a mim mesmo: 'Vamos, eu te provarei com a alegria, goza dos prazeres'; porém isto é vaidade" (2,1).

O autor enche-se de alento na procura de um novo caminho, que considera uma *provação* para si mesmo. Logo se decepcionará, pois o novo caminho também é um beco sem saída.

Qohélet fala consigo mesmo em tom tranqüilo, meditativo, em seu diálogo interior. Alenta-se primeiro a si mesmo: *vamos*, e depois se desdobra em um eu que fala e em um tu a quem se dirige: *eu te provarei*, eu te submeterei a uma prova.

O campo de provas vai ser a *alegria* e o mundo dos *prazeres*. Não se trata de um convite parecido com o dos ímpios de *Sb* 2,6ss: "Venha desfrutar os bens presentes, gozar com sofreguidão as coisas [...]" O ponto de vista de nosso autor não é o dos malvados sem moral ou temor de Deus, nem o dos homens de *Sb* 2,6ss.

O que o autor entende por *alegria* e *prazeres*? Pelo contexto e paralelismo entre os dois termos, não é possível distinguir muito um do outro. A *alegria*, quando coletiva, necessariamente está relacionada com a celebração festiva, profana ou religiosa; abarca, portanto, qualquer manifestação de júbilo, mais ou menos intensa, duradoura e profunda.

O que dissemos da *alegria* pode e deve aplicar-se também aos *prazeres*. *Todavia também isto é vaidade*: é o juízo negativo do autor, manifesto já em 1,14 e 1,17. O autor propõe em todo o v. 1 uma visão muito sintetizada da vida, sem desenvolver nenhum aspecto. Mas seu modo de pensar é inequívoco, uma vez que já foi expresso antes e não muda com as novas experiências. O juízo negativo do autor não tem qualquer matiz moral ou ético.

— Tudo quanto se pode desfrutar é *hebel* (2,19-11)

É verdade que todo afã na vida equivale a querer agarrar o vento com as mãos? Transformado em Salomão, o autor fala-nos do alto de suas riquezas, de seu poder e de sua glória (cf. 2,3-11), onde termina com esta sincera confissão:

"¹⁰Tudo que meus olhos desejaram, não o neguei a eles; alegria alguma recusei a meu coração, pois meu coração alegrava-se de todas as minhas fadigas, e essa era a paga de todas as minhas fadigas. ¹¹Então eu pensei sobre todas as obras de minhas mãos e sobre a fadiga que me custou realizá-las, e eis aqui que tudo é vaidade e caça de vento; não há proveito algum sob o sol".

A atividade febril do pseudo-Salomão produziu as magníficas obras que o tornaram o mais famoso dos reis em Israel segundo a própria confissão. Porém, pôde desfrutar algo a partir disso? O v. 10 sintetiza o desfrute e o gozo dos bens acumulados: *Tudo que meus olhos desejaram.* Os olhos simbolizam todos os sentidos. Mas o autor interioriza mais o desfrute, põe a descoberto a alegria e o gozo de seu coração, que são plenos, tudo expresso primeiramente de forma negativa: *alegria alguma recusei a meu coração,* e depois afirmativamente: *meu coração alegrava-se de todas as minhas fadigas.*

O gozo e a alegria, mesmo que passageiros, são autênticos. O autor não nega que se possa ter gozo, alegria, desfrute em nossa atarefada vida; na verdade o afirma, uma vez que ele mesmo os experimentou no mais íntimo de si mesmo, em seu coração, chamando-os *a paga* de suas fadigas. No Eclesiastes essa *paga* se relaciona de outra maneira com a idéia de prêmio, recompensa, sorte. O que ela tem a ver com a *ganância* ou o *yitrōn* do v. 11 (*nada se tira* = *não existe ganância*) é o que veremos a seguir.

O autor acredita que já chegou ao fim da experiência a que se propusera realizar em 2,3; é o momento de fazer um balanço, cujo objetivo é duplo. Em primeiro lugar deve avaliar os resultados, suas obras, que ele próprio qualificou de magníficas (cf. v. 4), e em segundo lugar o esforço, o trabalho, *a fadiga que lhe custou realizar* suas obras. Em termos mercantis: o resultado conseguido, isto é, as próprias obras (vv. 9-10). Compensam as energias empregadas, o trabalho, a fadiga? O autor dá uma resposta global inequivocamente negativa no v. 11b: *Tudo é vaidade e caça de vento; não há proveito algum sob o sol.* Quanto à terminologia, nada é novo; de fato, repete no todo ou em parte as sentenças de 1,2.14.17; 2,1, e responde explicitamente à pergunta de 1,3: "Que proveito tira o homem de todos os trabalhos com que se afadiga sob o sol?", e que implicitamente já se esperava.

e. Sabedoria/nescidade e sábio/néscio são *hebel*

Em muitas passagens do Eclesiastes sublinha-se a antítese sabedoria/nescidade e sábio/néscio. Parece óbvio que, aí, os juízos mais negativos correm por conta da nescidade e do néscio; entretanto, a sabedoria e o sábio nem sempre ficam livres deles, como podemos ver nos exemplos seguintes.

— Experiência decepcionante sobre a sabedoria (1,16-18)

Tomando a sabedoria como objeto de considerações, Qohélet depara com uma grande surpresa: descobre que ela não é uma doce e tranqüila tarefa, segundo a mentalidade do sábio tradicional, mas uma atividade que não leva a parte alguma:

"[16]Pensei comigo mesmo: aqui estou eu, que aumentei e incrementei a sabedoria mais do que todos os meus predecessores em Jerusalém; minha mente alcançou grande sabedoria e saber. [17]Apliquei minha mente para conhecer a sabedoria e o saber, a loucura e a nescidade. Logo compreendi que também isso é caça de vento, [18]pois, quanto mais sabedoria, mais desgosto; e aumento de saber, aumento de sofrimento".

O autor começa falando consigo mesmo. A quem representa aqui esse eu? O autor está pensando no Salomão supersábio da lenda tal como nos é descrito, por exemplo, em 1Rs 5,9-14 ou 10,23: "Em riqueza e sabedoria, o rei Salomão superou a todos os reis da terra".

O binômio *sabedoria* e *saber*, os quais o autor entende como sinônimos, repete-se nos vv. 16 e 17. Desde já os dois juntos abarcam todo o âmbito do conhecimento teórico e prático, geral e particular, estático e dinâmico. De quem haja adquirido a *sabedoria* e o *saber* pode-se dizer que chegou a ser verdadeiramente sábio no sentido mais nobre e profundo, ou seja, conseguiu alcançar o ideal máximo do homem antigo e também do moderno.

Transformado em Salomão, o autor examina a fundo a *sabedoria* e o *saber*, comparando-os com seus contrários: a *loucura* ou falta de sensatez e a *nescidade*.

O processo meditativo do autor culmina no v. 18 com o duríssimo juízo negativo que expressa imensa desilusão e frustração. Esse versículo tem todo o aspecto de um provérbio que provavelmente já existia e pertencia ao âmbito da escola. Nele destaca-se a relação entre a aquisição da sabedoria e o esforço doloroso. Nosso autor aduz tal versículo como prova do que acaba de afirmar. A sabedoria e o saber tornam quem os detém capaz de perceber melhor os motivos de aflição e de dor em medida proporcional ao saber e à sabedoria possuídos: maiores a sabedoria e saber, maior a capacidade de ponderar.

— Outra vez a sabedoria e a nescidade, o sábio e o néscio (2,12a.13-15)

O autor volta-se à experiência da sabedoria que expôs em 1,16-18, cujos temas repete, apesar de o tratamento ser diferente.

"[12a]Pus-me a refletir sobre a sabedoria, a loucura e a nescidade [...] [13]E observei com atenção que a sabedoria leva vantagem sobre a nescidade, como a luz sobre as trevas. [14]O sábio tem os olhos na cara, o néscio caminha nas trevas. Porém compreendi também que uma mesma sorte toca a todos. [15]Pensei comigo mesmo: como a sorte do néscio será também a minha. Então, por que sou eu sábio? Onde está a vantagem? E pensei comigo mesmo: também isto é vaidade."

O eu da perícope 2,12-17 continua a ser o pseudo-Salomão. Quanto à divisão da perícope, adotamos a seguinte: 1) o v. 12 como uma espécie de introdução; 2) vv. 13-14a: valorização positiva da sabedoria diante da nescidade; 3) vv. 14b-17: juízo extremamente pessimista a respeito do sábio e da própria vida.

Após a experiência bastante decepcionante que o pseudo-Salomão teve com a sabedoria (1,16-18), volta-se a refletir sobre ela, porém a partir de novos pontos de vista: em abstrato, em concreto e em comparação com seus antônimos *loucura/nescidade*.

O exame crítico dos vv. 13-14a tem como objeto direto os provérbios supostamente conhecidos citados ali. Eles expressam o parecer comum das gentes, formulado proverbialmente: *a sabedoria leva vantagem... e o sábio tem os olhos na cara...*, o que é expresso pelo próprio Qohélet em outros contextos (cf. 7,11s; 9,17). Quem não admite de bom grado a superioridade da *sabedoria sobre a nescidade*? Quem não prefere a *luz à obscuridade*? Qohélet, contudo, com seu olhar penetrante e crítico, examina esses ditados populares. O resultado desse exame está nos vv. 14b-15.

Em 2,14b-15 (16-17) é expresso um juízo extremamente pessimista a respeito do sábio e da própria vida. O pensamento de Qohélet é nítido, categórico, sem fissuras, mesmo que o matiz seja de um derrotismo e de uma amargura incomparáveis. Este é o lado obscuro de Qohélet levado ao extremo. Existem sábios e néscios, porém — paradoxo incompreensível! — o destino final é o mesmo para todos: *uma mesma sorte toca a todos.*

A *sorte* do v. 15a é como o eco da do v. 14b: néscios e sábios têm o mesmo destino. Jamais se ouvira tal doutrina no meio sapiencial judeu; a equiparação do néscio e do sábio é total. A pergunta de Qohélet: *Então por que sou sábio?* descobre a profunda desorientação em que se encontra mergulhado. Não compreende o sentido do esforço pessoal para chegar a tornar-se sábio. *Onde está a vantagem*, se no fim todos terão a mesma recompensa, todos serão medidos com rigorosa igualdade, isto é, com a morte ou o nada absoluto? Vislumbra-se um sentimento de melancolia e de resignação. *Pensei comigo mesmo: também isto é vaidade.* Trata-se de uma batalha perdida de antemão, de um empenho condenado inevitavelmente ao fracasso, pois, como ele próprio dirá: "O homem não pode averiguar o que se faz sob o sol" (8,17).

— O confronto entre sábios e néscios (7,5-6)

7,5-6(7) forma de alguma maneira uma unidade ou, ao menos, um bloco distinto, que tem como eixo central a polaridade *sábio/néscio*, muito diferente do tema *morte/luto-vida/alegria* de 7,1-4 e do bloco heterogêneo de 7,8ss.

"⁵É melhor escutar a repreensão de um sábio que escutar o canto dos néscios, porque, como o crepitar de sarças debaixo da panela, assim é o riso do néscio. Porém isso também é vaidade".

O provérbio do v. 5 pertence à sabedoria tradicional, e seu âmbito natural é o da educação de uma juventude numa fase avançada.

Naturalmente é mais agradável ser louvado que repreendido, ouvir bonitas e aduladoras palavras que escutar uma reprimenda. Porém, nem sempre o mais agradável é o melhor, nem o desagradável o pior. É isso que diz muito bem o provérbio castelhano: "Quem bem te quer te fará chorar; quem mal te quer te fará rir e cantar".

O profeta Natã repreende a Davi por uma má ação, e Davi aceita a repreensão do sábio/profeta, agindo também sabiamente (cf. 2Sm 12,1-13). Entretanto, seu neto Roboão não ouve os conselhos dos sábios anciãos e aceita as palavras aduladoras de seus néscios e irresponsáveis jovens companheiros (o *canto dos néscios*), consumando-se assim uma tragédia histórica: a divisão do reino (cf. 1Rs 12,1-16).

Qohélet matiza a doutrina consagrada da sabedoria tradicional (v. 5) com seu comentário pessoal (vv. 6-7), no qual ele se gaba de dominar o estilo e a linguagem ao comparar o *riso do néscio com o crepitar das sarças debaixo da panela*. A comparação é tomada do ambiente rural, já praticamente desaparecido, porém ainda conhecido dos mais antigos. Nele a cozinha ou o fogo da chaminé é o centro da vida familiar. A panela ou caldeirão sobre a trempe ferve ao calor das chamas, alimentadas pela lenha. Se esta se acha bastante seca, ou quando são gravetos, quiçaça, sarças, sobretudo o tojo, então o fogo é rápido e violento com uma faiscação contínua. O riso do néscio é comparado com esse faiscar, porque parece enorme mas é pouco eficaz por sua breve duração, "muita parra, pouca uva", *também isto é vaidade*. O juízo de vaidade, característica de Qohélet, encaixa-se perfeitamente depois da comparação do v. 6a. Talvez ele pretenda prevenir qualquer excesso de otimismo com relação ao sábio diante da pouca ou nula significação do néscio.

— Quanto mais palavras, mais vaidade (6,11)

Quando Qohélet fala com as próprias palavras, quase sempre se mostra crítico com o que se aceita comumente na sabedoria tradicional. Em 7,1ss, ele inicia uma nova série de críticas à sabedoria expressa em Provérbios; 6,11 marca de fato o começo dessa crítica:

"¹¹Quando há muitas palavras, estas aumentam a vaidade. Que proveito o homem tira disso?"

Seria muito fácil acompanhar a forma proverbial do v. 11a com refrões paralelos em todas as línguas, ao estilo de "Quem muito fala muito erra". A *vaidade*, portanto, equivale ao inútil e sem sentido. Por isso Qohélet pergunta-se com razão: *que proveito o homem tira disso?*

f. O poder e seu entorno são *hebel*

Os homens lutam e se matam por causa do *poder*. Qohélet, transfigurado no rei mais poderoso de Israel com tudo aquilo que um homem pode desejar e sonhar (cf. 1,12–2,10), até mesmo o poder absoluto de um rei absoluto, confessa publicamente: "Tudo é vaidade e caça de vento" (2,11). Trazemos apenas duas passagens nas quais fica claro que o poder por excelência, o do soberano absoluto, não é a panacéia que salva os povos de seus males, mas, por vezes, completamente o contrário.

— O poder diante da sabedoria (9,13-16)

Sabe-se que a sabedoria antiga (e os sábios) em Israel e em todo o Oriente Médio antigo (semita e não-semita) esteve muito ligada ao poder: nas cortes dos reis e potentados os sábios eram os ministros e conselheiros. A tradição dava muita importância ao poder da sabedoria e dos sábios pela influência real sobre os que possuíam de fato o poder. Qohélet quer desenganar, entretanto, os seus contemporâneos.

Eclesiastes 9,13-16 forma uma pequena unidade: trata-se de uma ficção literária, que Qohélet aduz para demonstrar sua tese acerca da desvalorização da sabedoria diante do poder real e fático.

"[13]Também observei isso sob o sol, e foi para mim um exemplo importante de sabedoria: [14]era uma vez uma cidade pequena de poucos habitantes; veio contra ela um rei grande, cercou-a e construiu defronte dela grandes fortificações. [15]Encontrava-se nela um homem pobre mas sábio, e ele teria podido salvar a cidade com sua sabedoria; mas ninguém lembrou-se daquele homem pobre. [16]Então eu disse: a sabedoria é melhor que o poder, mas a sabedoria do pobre é desprezada e ninguém faz caso de suas palavras."

Com essa parábola, Qohélet ilustra magnificamente tanto a nula eficácia da sabedoria (e dos sábios), se não vem acompanhada do poder real — mesmo que por si mesma pudesse ser causa de salvação —, como também da ilusão do poder político para salvar os povos.

A parábola começa com uma fórmula muito parecida com a de nossos contos: "era uma vez...", e na realidade desempenha a mesma função. O que se vai contar não tem por que haver existido, mesmo que todos os traços que aparecem na narração sejam verossímeis.

Um rei grande: no conto o título *grande* é muito apropriado ao rei que vem apoderar-se de uma cidade *pequena*. No v. 14, o autor joga com os antônimos *pequeno/grande*: cidade *pequena*/rei *grande*, *grandes* fortificações; diante dos *poucos habitantes* a imaginação leva a enxergar os *muitos* guerreiros que acompanham o *rei grande*.

Nessa narração, o verdadeiro antagonista do *rei grande* não é a cidade, nem seus *poucos habitantes,* mas esse *homem pobre mas sábio* que se encontrava no local (v. 15). Aqui está o elemento surpresa da narração, que supre o mágico em todos os contos. Porque esse *homem pobre teria podido salvar a cidade com sua sabedoria* das garras do poderoso rei, apesar de seu exército e de suas armas. O modo como teria conseguido isso não é explicado nem interessa sabê-lo, segundo a lógica dos contos. O ensinamento que Qohélet deseja transmitir reside precisamente aqui: colocadas frente a frente, de um lado, a força bruta dos soldados e das armas e, de outro, a sabedoria inerme, esta última sai vitoriosa, como será dito no v. 16 e repetido no v. 18.

O grande erro daqueles cidadãos foi não saber descobrir o sábio que os teria podido salvar e não os salvou, porque era *pobre*. Esta é a crítica acerba que Qohélet faz a seus contemporâneos, e também aos nossos: ter identificado sem mais a riqueza e o poder com os únicos valores que salvam e beneficiam o homem, e não ter reconhecido que os verdadeiros valores humanos podem estar desprovidos dos falsos brilhos do poder, da fama, do nome, como estavam naquele *homem pobre mas sábio* do qual ninguém se lembrou.

A conclusão é proposta por Qohélet no v. 16 em forma de monólogo. *A sabedoria é melhor que o poder*: o provérbio resume o ensinamento dos vv. 13-15 e equivale ao "mais vale a astúcia que a força". No caso presente supõe-se que a *sabedoria* é a do homem pobre encontrado na cidade, e o *poder* o dos cidadãos que opuseram resistência mas não puderam com o *rei grande*; a não ser que sutilmente se esteja fazendo referência ao poder e à força do rei que conquistou a cidade como símbolo de todos os que dominaram pela força o povo judeu.

O solilóquio ou monólogo de Qohélet termina com a amarga constatação de que a *sabedoria do pobre é depreciada* e que isso normalmente se demonstra não considerando *suas palavras,* seus conselhos. Jesus Ben Sirac disse isso de outra maneira: "Fala o rico, e é escutado em silêncio, e seu talento é elevado até as nuvens; fala o pobre, e dizem: 'quem é esse?'" (*Sr* 13,23).

— O poder nos salva (4,13-16)

A perícope, mais que uma história cujos personagens careciam de identificação, é uma parábola ou "um apólogo sobre o poder", que nos faz pensar em histórias semelhantes às de José no Egito. Nela há três pontos de atenção: o rei ou pessoa que governa e sua camarilha; o jovem que luta com suas circunstâncias; e, como pano de fundo, a multidão anônima, a massa popular governada por um e outro, que umas vezes aplaude e outras vezes vezes vocifera contra, mas sempre sofre as arbitrariedades do poderoso do momento e seu mau governo.

"¹³Mais vale um jovem pobre e sábio que um rei velho e néscio, que já não aceita conselhos. ¹⁴Saiu, pois, do cárcere para reinar, mesmo que tivesse nascido pobre durante seu reinado. ¹⁵Observei que todos os viventes que caminham sob o sol ficaram do lado do jovem, o segundo, que ocupou seu lugar. ¹⁶Inumerável era o povo, todos os que estavam à frente. Tampouco os que vinham atrás dele se alegraram. Na verdade, também isto é vaidade e caça de vento."

O v. 13 introduz o novo tema: o confronto entre o *jovem pobre* e o *rei velho*. Não se trata de um simples conflito de gerações, mas de algo mais transcendente, que afeta o governo dos povos.

Nem todas as circunstâncias do jovem conduzem ao presságio de uma vitória sobre o rei governante. O *ser pobre* é um fator contra, já que na luta pelo poder é necessário muito dinheiro, quer para a defesa quer para o ataque, e para comprar, se preciso, os partidários do inimigo. A *juventude* é um valor ambíguo em relação à velhice. A seu favor está o tempo; contra si, a falta de experiência, decisiva e favorável para o bom governo. Nesse v. 13, entretanto, fala-se de um terceiro fator decisivo: o jovem é *sábio*; o rei ancião, *néscio*. Fator decisivo não tanto pela sabedoria do jovem, mas pela nescidade do rei velho, a qual não se supre com a sabedoria dos conselheiros, dado que o rei velho e néscio *já não aceita conselhos*. O bom governante mostra-se tal quando se faz cercar por conselheiros competentes, como o fez Davi por ocasião da rebelião de seu filho Absalão. Elegeu seu amigo e fiel Cusai e fez que ele enfrentasse o sábio conselheiro de Absalão, Aquitofel, ganhando assim a partida contra seu filho e conservando o reino (cf. 2Sm 15,30-37; 16,15-17,24). Um exemplo um tanto diferente é o do insensato Roboão, filho de Salomão, que desprezou o conselho acertado dos anciãos e seguiu o dos jovens insensatos como ele (cf. 1Rs 12,1-17).

No v. 14 afirmamos que o sujeito é o jovem sábio, não o rei velho. Às dificuldades do jovem pretendente diante do rei velho, a saber, o ser jovem e pobre, junta-se outra: a do encarceramento. Na realidade, esta já foi superada, pois se diz que *saiu do cárcere*, e *para reinar*. Não é possível identificar historicamente esse jovem que do cárcere sobe ao trono. Trata-se de um paradigma que se tem repetido muitíssimas vezes ao longo da história nas lutas pelo poder. Nestes casos, o que primeiro constituía obstáculo converte-se depois em argumento favorável: o ter sido perseguido, entende-se que por razões políticas, é marca de glória e auréola honorífica diante das massas sempre desejosas de mudanças, já que justamente esperam a melhoria da situação. Assim explica-se a carreira meteórica e ascendente desse jovem astuto (sábio), que se considera predestinado ao trono desde o berço.

Os dois versículos finais da perícope (vv. 15-16) explicam as causas da rápida ascensão do jovem sábio. A multidão, *todos os viventes que caminham sob o sol*, ou *o povo inumerável*, toma uma posição favorável à mudança, apóia as pretensões do jovem, até agora *o segundo* depois do rei, mas que chega a "ocupar seu lugar", o trono naturalmente.

No começo tudo se desenrola tranqüilamente, e o povo inumerável dá a impressão de estar contente, porque continua a apoiar e seguir o jovem agora rei. No v. 16b opera-se uma mudança brusca na narração. *Tampouco os que vêm atrás dele se alegrarão com ele*: a expressão é indubitavelmente temporal, mas permanece a dúvida de se estes que vêm atrás, ou os últimos, são contemporâneos ou não do novo rei. Se são contemporâneos, a desilusão é maior; se não o são, o desengano suaviza-se um pouco. Nos dois casos o ensinamento é o mesmo: não se deve acreditar nem nas promessas dos que sobem ao poder, nem no ruidoso apoio popular. Depois de um tempo mais ou menos longo, o novo poder, que se apresentara como o remédio de todos os males, ou ao menos assim havia suposto o povo que se colocou a seu lado e o aclamou, volta a ser o opressor de sempre, o explorador; por isso, *tampouco eles se alegrarão dele*. O povo voltará a clamar contra o poder estabelecido ou apoiado por ele mesmo, e a esperar por um novo libertador.

É um contínuo recomeçar e um nunca acabar. Quanta razão tem Qohélet ao terminar a perícope com sua conhecida cantilena: *Também isto é vaidade e caça de vento* (cf. 1,17; 2,22)!

g. A vida humana é *hebel*

Do que foi dito até agora pode-se deduzir que também a vida humana é *hebel*. Algumas passagens do livro afirmam sem rodeios a inconsistência e fugacidade da vida e constatam uma série de situações absurdas e ilógicas. Por tudo isso parece que não vale a pena vivê-la.

— Fugacidade da vida

Descobrimos em quase todas as páginas de Qohélet a sensação de que o tempo corre veloz, de que a vida é inconsistente e fugidia como o vento. Em 6,12s lemos: "Pois quem sabe o que é bom para o homem em sua vida, esses dias contados de sua tênue vida, que passam como sombra?" Qohélet acumula expresões que ressaltam a brevidade da vida do homem, a fragilidade e futilidade de *sua tênue vida* (6,12), de sua vida fugaz (9,9). A comparação da vida humana com *uma sombra* (6,12) é clássica. O autor do *Livro da Sabedoria* colocará na boca dos que ele chama ímpios, e aos quais se opõe radicalmente, palavras que tematicamente recordam as de Qohélet: "Nosso nome cairá no esquecimento com o tempo, e ninguém se lembrará de nossas obras; nossa vida passará como um rastro de nuvem, vai se dissipar como a neblina acossada pelos raios do sol e abrumada por seu calor. Porque nossa existência é a passagem de uma sombra, e nosso fim, irreversível [...]" (Sb 2,4-5).

Assim, pois, o passado é memória vazia, esquecimento e nada; o presente é fugaz como uma sombra que passa veloz; e o futuro que está por chegar é efêmero: "Tudo que vem é efêmero" (11,8). Também ele passará como a flor de um dia, como a nuvem que não deixa rastro. Apenas nos fica o presente, mesmo que tenha a inconsistência do vento que se esfuma como uma sombra, que se extingue como a luz.

— Não vale a pena viver a vida (2,22-23)

No fim da ficção salomônica (1,22-23), o autor se esforça por resumir o que se pode tirar a limpo de todas as experiências, observações e reflexões que fez, como se fosse o próprio Salomão. O ponto de vista é teológico, algo particularmente significativo, pois normalmente o autor procura refletir a visão do homem que se desenvolve "sob o sol", sem referência especial à presença de Deus nos assuntos "que sucedem *sob o sol*". Ao resumo final pertence 2,22-23:

"²²Sim, que resta a esse homem de todo seu trabalho e de todo seu esforço pessoal com que se afadigou sob o sol? ²³Na verdade, todos os seus dias são dor, e sua tarefa, só aflição. Mesmo de noite, seu coração não descansa. Também isso é vaidade".

No v. 22 procura-se avaliar em síntese a vida do homem em sua existência presente e tangível: *sob o sol*. Tudo é compendiado na atividade ou trabalho exterior, naquilo que causa fadiga, desgaste, cansaço, e nas *preocupações* ou afãs do coração (como diz o texto hebraico).

O centro de atenção do v. 23 é a *tarefa* do homem, sua incumbência geral e sem limitações, "a atividade do homem sob o céu" (1,13b), a partir do ângulo negativo da vida: *sofrer e penar*, insistindo-se no aspecto interior dos sofrimentos, isto é, nas aflições e na tristeza.

Quanto à amplitude da tarefa do homem, é total, pois *dia/noite* abarca todo o espaço de um dia natural. O panorama não pode ser mais sombrio. O versículo conclui que assim a vida não tem valor algum: *também isto é vaidade*.

— Tudo é vaidade (1,2; 12,8)

Enumeramos objetos, situações, atitudes, que na opinião de Qohélet devem ser considerados *hebel*, ou seja, inconsistentes, inúteis, vazios, efêmeros, sem valor etc.

Ao fechar este tópico aduzimos a sentença solene que abre e fecha o livro: "Vaidade das vaidades — diz Qohélet —; vaidade das vaidades, tudo é vaidade!" Sintaticamente, a sentença *Vaidade das vaidades* é um superlativo. São Jerônimo se pergunta por que o Eclesiastes diz que "tudo é vaidade", "e não só vaidade, mas vaidade das vaidades" e responde: "Para que, assim como no Cântico dos Cânticos se mostra o poema excelente entre todos os poemas, assim também se manifeste em 'vaidade das vaidades' a grandeza da vaidade".

O que abarca o *tudo* de "tudo é vaidade"? Seria o *universo* da criação em sua totalidade, a totalidade sem restrição alguma, ou se restringe ao *universo humano*? A análise das passagens em que aparece a sentença (2,11.17; 3,19; 12,8; cf. 11,8) confirma que *tudo* refere-se às atividades da vida humana, "o que se faz sob o sol". Desta maneira podemos romper o férreo círculo negativo em que, ao que parece, nos tinha fechado o próprio Qohélet. A afirmação geral de que *tudo é vaidade* não exclui a existência de algo que não seja vaidade: a imperfeição em um objeto pode fazer que esse objeto seja inútil, mas não implica que todas as suas partes sejam inúteis. Pensemos em um automóvel em que o motor não funciona; o carro enquanto tal é inútil, mas muitas de suas peças continuam a ser aproveitáveis.

2.2. O trabalho no Eclesiastes

O trabalho é um tema importante no Eclesiastes. Toda atividade, e ainda mais se é penosa como se supõe ser o trabalho, faz parte da árdua tarefa que é a vida do homem "sob o sol". Qohélet, no entanto, descobre no trabalho um aspecto muito positivo. Foi isso que me levou a estudá-lo separadamente.

2.2.1. A raiz 'ml em Eclesiastes

Antes de mais nada constatamos um fato notável: a freqüência com que aparecem em Eclesiastes os derivados da raiz 'ml é proporcionalmente muito maior que nos demais livros hebraicos do Antigo Testamento. Encontramos 54 vezes o substantivo 'āmāl no texto hebraico, das quais 21 se encontram no Eclesiastes; o verbo 'āmāl aparece 20 vezes no texto hebraico e, delas, 13 no Eclesiastes. É, portanto, de máximo interesse verificar qual é o significado mais radical e profundo de alguns morfemas empregados por Qohélet que se unem com a tradição literária hebraica mais autêntica.

O significado originário e primário da raiz 'ml parece ser o do "trabalho", o secundário, ou o derivado do "fruto" ou "rendimento" desse "trabalho". É isso o que se confirma no Eclesiastes. No uso que Qohélet faz do substantivo 'āmāl, algumas vezes ressalta a *fadiga*, o *esforço* de toda atividade humana, com ou sem o matiz pejorativo da frustração; outras, o resultado, o produto ou rendimento do trabalho humano.

2.2.2. O amor ao trabalho no Eclesiastes

Paradoxalmente, Qohélet descobre no trabalho um pouco de felicidade. Sabemos que para ele trabalho é qualquer atividade humana "que se faz sob o sol". Por isso é tão importante para o homem, pois suspendê-lo equivale à morte: "Os mortos [...] nunca mais terão parte em tudo que se faz sob o sol", "porque não há ação, nem cálculos, nem conhecimento, nem sabedoria no abismo para onde tu te encaminhas" (9,5-6.10).

Segundo certa tradição de Israel, o trabalho foi imposto ao homem pecador: "[O Senhor Deus] disse ao homem: Porque destes atenção à tua mulher e comestes da árvore proibida, maldito será o solo por tua culpa: comerás dele com fadiga enquanto viveres; brotará para ti cardos e espinheiros e comerás a erva do campo. Comerás o pão com o suor de teu rosto [...]" (Gn 3,17-19). Qohélet interpreta o trabalho como uma tarefa que o homem tem de cumprir (cf. 1,13; 3,10). Essa tarefa, entretanto, deve ter um sentido, e Qohélet procura descobri-lo e valorizá-lo já no início de suas reflexões: "Que proveito tira o homem de todos os trabalhos com que se afadiga sob o sol?" (1,3; cf. 2,22). Qohélet reconhece que às vezes o fruto do trabalho é grande, mas isso não só não torna feliz a quem o realiza (cf. 2,4-11; 4,8; 5,9-12; 6,2), mas também o converte em alguém amargurado e desenganado (cf. 2,18-20; 5,14-15). E isso porque colocou toda sua confiança egoistamente naquilo que no fim de tudo é como a fumaça: não tem consistência. Mas, se pensa menos em si mesmo e mais nos outros, para compartilhar seu esforço e seus resultados, o juízo começa a ser positivo: "Melhor dois que um só, visto que terão um bom ganho em seu trabalho" (4,9; cf. vv. 10-12).

Qohélet encontra no trabalho motivos de gozo, que, mesmo passageiros, mostram o lado amável da vida. Todas as passagens do Eclesiastes sobre as alegrias da vida fazem referência ao trabalho valorizado positivamente: "Nada melhor para o homem que comer e beber e *desfrutar seu trabalho. Também observei que isso provém das mãos de Deus*" (2,24; com pequenas variantes 3,12s; 5,17s; cf. também 8,15).

Não se pode considerar mal, nem sequer indiferente, o que é "dom de Deus" (2,24; 3,13), o que é "sua parte" ou "recompensa" (5,17) e o que "Deus aceitou" (9,7). Tudo que se diz do trabalho do homem.

Nem nos tempos de Qohélet nem hoje concebe-se que uma pessoa se encontre à vontade se não está trabalhando, isto é, realizando as tarefas que a enchem de satisfação. Não se pode, todavia, dizer que o trabalho, mesmo o mais gratificante, produz uma satisfação absolutamente plena; nesse sentido é um valor relativo e, por isso mesmo, vaidade, segundo a forma de falar de nosso autor.

2.3. Sobre a retribuição no Eclesiastes

Sempre pareceu um baluarte doutrinal inabalável que o mal jamais prevalecerá sobre o bem, que nunca deixarão de receber seu prêmio os bons e seu castigo os maus (cf. Pr 13,25; 10,3). Na perspectiva de Qohélet, o cumprimento da retribuição (prêmio aos bons e castigo aos maus) deve realizar-se antes da morte, já que segundo ele não existe vida depois. Essa afirmação tão contundente pesa como uma pedra de sepulcro. Efetivamente, o tema da morte, e o do vazio absoluto depois dela, é permanente no Eclesiastes do começo ao fim. A sorte não faz distinção de ninguém na vida: "Não vão todos para o mesmo lugar?" (6,6b). O lugar é a morte.

2.3.1. Sábios e néscios têm o mesmo destino (2,14b-16).

"¹⁴ᵇCompreendi também que toca a todos uma mesma sorte. ¹⁵Pensei, então, comigo mesmo: como a do néscio será minha sorte. Por que, então, sou eu sábio? Onde está a vantagem? [...] ¹⁶Pois ninguém se lembrará do sábio, tampouco do néscio, para sempre, visto que nos dias vindouros tudo já terá caído no esquecimento. Como é possível que o sábio tenha de morrer como o néscio?"

(Já falamos acima [pp. 181 ss.] sobre Ecl 2,12a.13-15.) O destino mortal do sábio e o do néscio em nada se distinguem, a sorte é a mesma (2,14b-15); porém, depois da morte, não fica pelo menos a lembrança, a memória entre os vivos, que reconhecerão a superioridade de um sobre o outro? O autor também nega isso categoricamente: *Ninguém se lembrará do sábio, tampouco do néscio, para sempre*; em pouco tempo *tudo já terá caído no esquecimento.* No *Livro da Sabedoria* distingue-se entre justos e ímpios; entre a sorte do justo: a imortalidade com Deus, e a sorte dos ímpios: a separação definitiva da comunidade com Deus (cf. Sb 2-5). Mas também podemos ler ali algo muito semelhante a Ecl 2,16, com uma diferença essencial: o que o Eclesiastes diz do néscio e igualmente do sábio, *Sabedoria* apenas o aplica aos malvados: "Com o tempo, nosso nome cairá no esquecimento e ninguém se lembrará de nossos feitos" (Sb 2,4). Ao comentar essa passagem, escrevi: "Negada a imortalidade individual [pelos ímpios], não ficará sequer a imortalidade da lembrança nas gerações futuras. A existência pessoal para eles não tem mais consistência que a do tempo que passa [...] O destino é fatal, o término de nosso caminho é a morte da qual ninguém retorna (cf. Jó 7,10; Is 38,10-12)".

Se em 2,15 Qohélet manifestava sua desorientação perguntando: *por que sou eu sábio?*, em 2,16 torna público seu estado de estupefação e de admiração: *Como é possível que o sábio tenha de morrer como o néscio?* Aqui não tem cabimento a indiferença, porque até o tom do versículo é elegíaco.

2.3.2. Homens e animais têm a mesma sorte (3,18-21)

3,18-21 é um das principais passagens do Eclesiastes a que os comentaristas colocaram a etiqueta de "cruz" pelos problemas dogmáticos que suscita. E não é para menos: a morte é a grande igualadora não apenas de sábios e néscios, mas de homens e animais:

> "¹⁸Pensei a respeito dos homens: Deus os prova e os faz ver que por si mesmos são animais. ¹⁹Pois a sorte dos homens e a dos animais é a mesma. Como morrem uns, morrem os outros; todos têm o mesmo alento. E o homem não supera os animais. Tudo é vaidade. ²⁰Todos caminham para o mesmo lugar, todos vêm do pó e ao pó todos voltam. ²¹Quem sabe se o alento do homem sobe para o alto e o do animal baixa à terra?"

O que Qohélet vê a seu redor é suficientemente grave para fazê-lo refletir sobre a sorte do homem. Sua análise não fica na superfície; apoiado em sua fé, descobre a ação de Deus na pouco ou nada edificante vida dos homens. Deus faz que os homens vejam o que na realidade são: *por si mesmos são animais*.

A intenção do autor no v. 19 é mostrar que o homem não é mais que o animal. Esta é a tese que de modo maçante se repete até o v. 21.

Quanto ao próprio fato de morrer, a igualdade é total: *como morrem uns, morrem também os outros*. Já tínhamos ouvido falar da mesma sorte do sábio e do néscio em 2,14s; mas a igualdade com o animal é algo novo. Entretanto, é isso o que vemos cada dia à nossa volta. Qohélet não se contenta em afirmar o que é evidente; reflete e procura uma explicação que possa fundamentar-se no mais conhecido da tradição de Israel. Porque a sentença *todos têm o mesmo alento* (*rûaḥ*) é sem dúvida inspirada no Gênesis, mesmo que nem sempre se utilize o termo *rûaḥ*, mas um equivalente. Desse modo, em Gn 2,7 se diz que o homem converteu-se em *um ser vivo*; a mesma coisa se diz dos animais em Gn 2,19; segundo Gn 2,7, também o homem tem um *alento de vida*, como o animal segundo Gn 7,22. Por essa razão Qohélet afirma também que *o homem não supera os animais*: se o alento vital ou o princípio de vida é o mesmo para uns e outros, e o fim é o mesmo, ele não vê razão alguma para afirmar diferenças nesses aspectos, os fundamentais para ele.

A sentença final do v. 19, *tudo é vaidade*, é como a conclusão natural de todo o versículo; no fim realmente tudo se dissipará como fumaça, mesmo o que é mais precioso — como a própria vida.

O v. 20 é uma confirmação do anterior; e é, ao mesmo tempo, uma aclaração da sorte comum do homem e dos animais. Chama a atenção a segurança com que Qohélet expressa o comum destino universal de todo ser vivente.

No versículo podem ser distinguidas duas partes que se implicam mutualmente. Na primeira (v. 20a), o sentido direcional é único: *Todos caminham para o mesmo lugar,* destaque de majestosa metáfora (cf. 1,7): no tempo a vida é como uma inundação imensa de seres vivos que se dirigem indefectivelmente *para o mesmo lugar.* Esse lugar não pode ser outro senão a morte, o abismo ou *sheol.* Em 1,7 lemos: "Todos os rios caminham para o mar, e o mar não derrama"; aplicando isso ao presente, podemos parafrasear: *Todos caminham para o mesmo lugar,* para o abismo ou *sheol, e o sheol não derrama.* (Sobre o *sheol* no Eclesiastes ver o que diremos a propósito de 9,10.)

Na segunda parte do v. 20 o sentido é circular: *Todos vêm do pó e ao pó todos voltarão.* Qohélet retorna à doutrina da tradição. Aqui repercute de modo particular Gn 3,19: "Comerás o pão com o suor de teu rosto, até que voltes à terra, porque da terra fostes formado: pois és pó e ao pó voltarás" (cf. também Gn 2,7). Esse venerável texto influenciou sobretudo alguns escritos sapienciais e salmos (cf. Sl 90,3; 104,29; 146,4; Jó 10,9; 34,15; Sr 40,11). De todas as formas a sentença de Qohélet é a mais original, visto que em nenhum texto anterior se formula com tanta clareza que todos, animais e homens, provêm do pó e a ele voltarão. Todavia surge uma pergunta: se tudo volta ao pó, o que resta do homem depois da morte? Qohélet responde a essa pergunta em 3,21.

Depois das afirmações dos vv. 19 e 20, no v. 21 causa surpresa a interrogação: *Quem sabe se o alento do homem sobe para o alto e o do animal baixa à terra?* Alguma coisa não anda clara na mente de Qohélet. Naturalmente a solução não consiste em eliminar o sinal de interrogação, como fizeram os massoretas, visto que não teria sentido a tese fortemente defendida por Qohélet em 3,19-20 sobre a igualdade tão radical entre homens e animais. Na realidade, o que de fato pretende o autor com essa interrogação? Sobre o que recai fundamentalmente a pergunta?

Em primeiro lugar, é preciso afirmar categoricamente que em 3,21 não se trata nem direta nem indiretamente da imortalidade da alma. O termo *rūaḥ,* conforme vimos, é justamente o alimento, o sopro vital. Tampouco se trata no 3,21 do *sheol* no sentido rigoroso, já que a nenhum israelita ocorrera enviar para lá o *rûaḥ* dos animais.

De que se trata, pois, em 3,21? A interrogação tem uma única finalidade: saber se há alguma distinção entre alento e alento (*rūaḥ*). Segundo Qohélet, a única forma de averiguar isso é conhecer o destino de um e de outro, se um *sobe para o alto* e o outro *baixa à terra.* Naturalmente, o texto não responde; pelo contrário, seria de supor uma resposta negativa, pois considera-se toda pergunta assim proposta meramente retórica ou, ao menos, expressa uma dúvida que por sua natureza demonstra ignorância.

Indo além do próprio texto, alguns autores supõem, não sem fundamento, que Qohélet polemiza com uma nova doutrina, "segundo a qual o alento do homem sobe para o alto, para Deus, enquanto o do animal desce, baixa ao mundo inferior". Essa nova doutrina se alimentaria seja da corrente originada na religião astral mesopotâmica, seja das idéias que circulavam nos ambientes helenísticos.

Prescindindo de possíveis discussões, podemos concluir que a pergunta que Qohélet faz a si mesmo, num primeiro momento ele próprio não sabe responder; que para a maioria responderia com a doutrina tradicional do *sheol* (cf. 9,10). Com toda a certeza essa doutrina não o satisfaz, por isso continua a indagar, sinal manifesto de que não tem a mínima idéia de algo positivo para além da morte.

2.3.3. Justo e injusto têm um destino comum (9,2-3).

Outra vez Qohélet encara o fato nu e cru do destino mortal do homem. Não há nisso novidade alguma, a não ser o fato de ressaltar de maneira intencional que o destino iniludível é o mesmo para todos, e de nada serve a qualidade moral das pessoas, a bondade ou a maldade:

> "²As coisas sucedem da mesma maneira a todos: Um único destino é reservado ao justo e ao malvado, ao puro e ao impuro, ao que oferece sacrifícios e ao que deixa de oferecê-los, ao justo e ao pecador, a quem jura e a quem faz restrição em jurar. ³Este é o mal de tudo que acontece sob o sol: único é o destino para todos e, além disso, o coração dos homens anda cheio de maldade, enquanto vivem pensam loucuras, e depois a morte certa!"

Qohélet explica a tese de que não existe retribuição alguma na ordem moral com cinco pares antitéticos, pertencentes ao âmbito ético religioso.

O justo e o malvado formam a primeira antítese, a mais ampla e genérica, pois abrange a vida inteira a partir dos pontos de vista positivo e negativo. Serve de introdução a âmbitos mais determinados e específicos da vida do homem, caso do culto religioso, o individual e o social.

O puro e o impuro: isto é, aquele que observa escrupulosamente as prescrições relativas à pureza legal quanto à alimentação, à higiene e ao culto, e aquele que não as observa.

Quem oferece sacrifícios e quem deixa de oferecê-los: refere-se naturalmente às pessoas piedosas que, devidamente preparadas, rendem culto a Deus no templo de Jerusalém, apresentando aos sacerdotes e levitas oferendas legítimas, e as que ou não se preocupam em praticar esse culto a Deus ou são contra ele.

O bom e o pecador: supõe-se que aqui Qohélet se refira ao indivíduo como tal, àquele que observa a lei moral em todos os seus aspectos e ao que provavelmente de modo habitual a transgride.

Quem jura e quem faz restrição em jurar: nesta última antítese muda-se a ordem seguida nas anteriores, ao colocar em primeiro lugar o negativo e depois o positivo (cf. 3,8b). Como ponto de referência deve nos servir o preceito: "Não tomarás o nome do Senhor, teu Deus, em vão" (Ex 20,7; Dt 5,11). O juramento era habitual entre os judeus. Já na Lei se diz que "só jurarás em nome do Senhor" (Dt 6,13; cf. Jr 12,16); entende-se porém que é para corroborar um testemunho judicial (cf. Dt 21,1-9) ou algum pacto ou contrato solene (cf. Gn 21,23s; Ez 17,13-21). É proibido severamente o juramento falso (cf. Lv 10,12). Como o uso do juramento propagou-se com facilidade entre os judeus, Jesus retificou as disposições antigas: "Porém eu vos digo que não jureis de modo algum" (Mt 5,34; cf. Tg 5,12). A Mishnah, por sua vez, tem um tratado que se chama precisamente *Juramentos*.

Por que Qohélet introduz nessas antíteses os temas do culto e dos juramentos? Existia, em seu tempo, alguma corrente anticúltica, antecipando-se às que viriam um pouco mais tarde? Alguns pensam que tal passagem supõe já a existência de círculos ou grupos de judeus que não ofereciam sacrifícios e repeliam a prática do juramento. Não há provas de que existiram no tempo de Qohélet grupos organizados desse tipo; mas é provável que tenham surgido correntes de pensamento às quais Qohélet faz eco. Convém lembrar que as correntes anticúlticas sempre existiram em Israel (cf. Is 1,11ss; Jr 6,20; Os 6,6; Am 4,4s; 5,4-6.18-26; Sl 51,18-21). Pouco depois de Qohélet, os essênios e os habitantes de Qumran separam-se do culto oficial de Jerusalém e não oferecem sacrifícios, mas eles não se opõem aos juramentos.

À incerteza do homem diante de Deus, como mistério, e diante de sua providência ou maneira de comportar-se com os homens, Qohélet acrescenta outro motivo de desorientação: a não-diferenciação na sorte ou destino de uns e de outros; positivamente: a igualdade de todos no destino. Qohélet admira-se de que tudo suceda a todos da mesma maneira e por isso ele o anota e desenvolve minuciosamente. Sua atenção centra-se no que ele chama de destino ou sorte comum, ou seja, a morte. Antes Qohélet tratou da *mesma sorte* do sábio e do néscio (cf. 2,14), do homem e dos animais (cf. 3,19) quanto a sua condição de seres mortais, sem nenhuma referência direta à ordem moral. Agora enfrenta novamente o mesmo assunto: *o mesmo destino*, porém leva em consideração a qualificação moral, o que necessariamente implica alguma referência, ainda que de modo implícito, ao problema da retribuição moral. E aqui é onde

Qohélet mais se admira, pois descobre que na realidade, no fim, o bem e o mal recebem o mesmo tratamento, a mesma recompensa; isso deve escandalizar Qohélet, embora não o manifeste com perguntas ou queixas a Deus, como faz Jó. Muito provavelmente também seus contemporâneos se escandalizaram com seu ensinamento.

Qohélet tem consciência da importância daquilo que acaba de afirmar no v. 2, e o pondera com uma sentença de seu repertório e com a repetição do motivo: este é o mal [...] único é o destino para todos. Que Qohélet se refira por ora apenas ao que ele e todo homem arguto pode experimentar na vida, inclusive o próprio fato de presenciar a morte de outros, ele o expõe com a expressão consagrada *tudo que sucede sob o sol*. Portanto, parece certo que Qohélet exclui definitivamente qualquer vestígio do ensinamento vigente por tanto tempo em Israel sobre a retribuição chamada terrestre, temporal, histórica, nesse mundo que conhecemos ou coisa semelhante. Sobre o além da morte não se pronuncia, pelo menos até 9,4.

Qohélet não se contenta em registrar o fato perturbador de que todos os homens, sem discriminação alguma, tenham o mesmo destino: o que já é um *mal* lamentável. Em sua longa experiência, Qohélet chegou a conhecer algo do coração humano, dos sentimentos que definem a qualidade das pessoas também em sentido moral; e isto é aqui constatado mais uma vez. Em sua visão pessimista, vê que o coração de todos os homens está *repleto de maldade* (cf. Gn 6,5 e 8,21) e que, por conseguinte, dele só podem sair maus pensamentos, *loucuras* e nescidades (cf. 8,11b), que finalmente desembocarão na morte: *depois, a morte certa!*

A maldade do coração humano não pode, pois, ser apresentada por Qohélet como justificativa, causa do irremediável destino mortal de todos os homens. As afirmações de Qohélet no v. 3b são generalizadoras e como tais devem ser tomadas. Ele considera o comum destino mortal de todos os homens e a maldade de seus corações objeto de suas observações e reflexões em um mesmo plano lógico. No texto não existe nenhum indício de que queira apresentar a maldade do coração humano como motivação ou causa que justifique o destino de morte de todos os homens (v. 3a). Além disso, acaba de afirmar que *o justo, o puro, o bom* têm um destino mortal, o mesmo que o *malvado, o impuro, o pecador*. O destino mortal dos homens não depende, pois, de sua conduta moral, seja lá qual for.

2.3.4. Destino definitivo do homem: o aniquilamento total (9,4-6.10).

A necessidade indubitável da morte, seu sentido ou falta de sentido inexplicáveis, a opacidade das trevas de tudo que se relaciona com o mais além do fato de morrer não paralisam a mente de Qohélet; ao contrário, compelem-na. Porém, mais impenetrável e misterioso que a morte é o próprio Deus, em cujas mãos certamente nos encontramos, mesmo que de seus planos e sentimentos o homem em si, ainda que o mais sábio, não tenha a mínima idéia. Neste capítulo, Qohélet vai colocar à prova sua fé na justiça e na bondade de Deus, visto que para ele é evidente que todos, sem distinção, têm o mesmo e único destino. Em 9,4-6.10, acrescenta Qohélet algo de novo às crenças comuns sobre o outro mundo? Segundo ele, a morte é o fim absoluto, o aniquilamento total do indivíduo, a liquidação de toda esperança:

> "⁴Com certeza, para quem vive ainda existe esperança, pois vale mais um cão vivo que um leão morto. ⁵Porque os vivos sabem que têm de morrer, mas os mortos nada sabem; para eles já não há recompensa, pois sua memória caiu no esquecimento. ⁶Seus amores, seus ódios, suas paixões acabaram faz tempo, e jamais tomarão parte em tudo que se faz sob o sol".
>
> "¹⁰Tudo que possas fazer, fá-lo com empenho, porque não há ação, nem cálculos, nem conhecimento, nem sabedoria no abismo para onde tu te encaminhas."

Qohélet não resiste em se deter no que foi apresentado em 9,2-3: o fim é igual para todos. Por isso nos vv. 4-6 compara os vivos aos mortos para ver se na realidade a vida vale mais que a morte. Segundo 9,2-3, Qohélet está plenamente convencido de que no fim da vida não há diferença alguma entre os homens, sejam santos ou criminosos: "Um mesmo é o destino para todos. A diferença, se há, deve ser encontrada antes da morte, entre os vivos.

Uma primeira leitura do v. 4 nos leva a descobrir que é preferível estar vivo que morto. No v. 4a Qohélet enuncia uma das vantagens mais importantes de que gozam os que estão vivos, a qual, além disso, é a razão fundamental de querer continuar a viver: a *esperança*. Ela faz que surjam de nosso coração os desejos e as ilusões.

Em 9,4b Qohélet apresenta um provérbio, provavelmente já conhecido. No meio semita o cão é considerado animal impuro e desprezível; o leão é sua antítese: nobre, emblemático, símbolo do poder e da realeza. Sobre escolher entre o leão, o mais nobre e apreciado porém morto, e o cão, o mais baixo e desprezível mas vivo, diz: *vale mais um cão vivo que um leão morto.*

Na época de Qohélet já se levantara a hipótese de uma provável retribuição além da morte? Se assim é e dela Qohélet tem conhecimento, ele responde nesse verso e no seguinte de forma categórica e negativamente.

Se conforme o v. 4 os vivos levam vantagem em relação aos mortos, já que ainda podem esperar e confiar, é porque o fogo interior ainda não se apagou. No v. 5 fala-se do conhecimento e da recompensa (= não-recompensa): motivo por que os vivos superam os mortos e os mortos já não contam para nada. Costuma-se dizer que Qohélet mantém-se nos ensinamentos tradicionais sobre o além da morte; porém, o que vimos até agora é absolutamente negativo.

Como Qohélet sabe que os mortos nada sabem? Por experiência não pode ser. Repete ele simplesmente o que recebeu, o que lhe foi dito? Essa afirmação de Qohélet e as que se seguirão sobre a condição dos mortos são muito sérias e, em meu modo de entender, manifestam com toda a clareza o que Qohélet *crê* acerca do que chamamos *além*. Para ele *isso é* o negativo da vida presente.

Para os mortos *não há recompensa*, não há salário, não há retribuição. Com essas afirmações procura ir além do que dizia nos vv. 2-3: *um mesmo é o destino* para todos, pois se detinha no umbral da morte; agora não apenas o atravessa mas também penetra o mistério "do mais além".

Sua memória caiu no esquecimento: Qohélet faz um jogo de palavras evidente entre *śkr (recompensa)* e *zkr (memória)*. Contudo, o significado das palavras nada tem de jogo. Já se disse alguma coisa da *memória* e do *esquecimento* como sobrevivência ou aniquilamento dos mortos conforme a mentalidade de Qohélet (cf. 2,16; 7,1); mas é aqui, em 9,5b, que aparece com mais clareza o que é para ele a *memória* de uma pessoa desaparecida. A memória que os viventes têm dos que morreram é o único meio de subsistência. Os falecidos mantêm seu nome, sua existência, mesmo que debilitada, à medida que são lembrados. Como o tempo engendra o esquecimento (cf. 2,16), eles vão perdendo sua pobre e debilitada existência. Quando esquecidos por completo, morrem definitivamente, isto é, perdem a existência.

Em 9,6 afirma-se que os mortos nem amam nem odeiam nem têm paixões; jamais tomarão parte em nossa vida temporal e histórica. Todavia alguns autores continuam a afirmar que Qohélet aqui e em 9,10 só faz repetir o ensinamento, tradicional em Israel, sobre o estado dos mortos no *sheol* (cf., p. ex., Sl 88,12-13; 115,17; Jó 10,21-22). Sem dúvida, Qohélet ressalta a ausência absoluta de qualquer atividade entre os mortos no *sheol*; ali não existe possibilidade de agir em nenhum campo propriamente humano: nem no do entendimento (*cálculos, conhecimento, sabedoria*), nem no da vontade (*esperança* [vv. 4-5], amores, ódios, paixões [v.6]), tampouco no campo da atividade física (ação [v. 10]). O morto está definitivamente morto. Por isso podemos nos perguntar, com seriedade, se para Qohélet uma permanência obscura, como a que supostamente os mortos têm no *sheol,* merece o nome de *existência,* e de *existência humana.* Certamente não o nome de *vida,* já que não é atividade, que se acabou com a morte. O que é então? Afirmo que é nada e somente nada.

O *sheol* é uma dessas idéias ou concepções que continuam vivas no sentimento dos povos, que se transmitem e sobrevivem ao longo das gerações, acomodando-se às novas idéias, religiosas ou não, que vão surgindo. De fato a concepção do *sheol* em nada contribuirá com as novas orientações surgidas na Palestina depois de Qohélet, durante a revolta dos Macabeus (cf. Dn 12 e 2Mc 7). A suposta permanência dos mortos no *sheol* nada tem a ver com a idéia da ressurreição.

2.3.5. *Tampouco há retribuição nesta vida*

Se não existe uma vida além da morte, não é possível apelar a ela para solucionar o problema da retribuição, como se fará no *Livro da Sabedoria*. Também neste capítulo, Qohélet é coerente e radical: tampouco há retribuição na vida antes da morte. Essa é uma das mais graves conclusões a que chega em suas reflexões. E, além do mais, ele a expressa com tal clareza que não deixa lugar para a dúvida razoável.

a. Qohélet diante da tradição (8,12a-14)

Qohélet sabe perfeitamente que enfrenta a doutrina da tradição sapiencial em Israel; por isso diz: "Ainda que o pecador faça cem vezes o mal, ainda assim prolonga sua vida. Contudo, eu também sei 'que haverá felicidade para os que temem a Deus, porque têm temor à sua face; e não haverá felicidade para o malvado; passando como sombra, não prolongará seus dias, porque não tem temor à face de Deus'" (8,12a-13). Em Pr 14,27 podemos ler: "O temor do Senhor é fonte de vida, para escapar dos laços da morte". *Sr* 1,13 repercute o mesmo ensinamento: "Quem teme o Senhor terá um fim feliz, o dia de sua morte será bendito". Da sorte desigual do justo e do malvado, o Salmo 37 nos repete com toda a tradição: "Num átimo o malvado deixa de existir, busca sua casa e já não existe; ao contrário, os humildes herdarão a terra e gozarão de paz abundante [...] Fui jovem, agora sou velho: nunca vi o justo desamparado, nem sua linhagem mendigando pão" (vv. 10-11.25). Mas Qohélet, e todo aquele que queira abrir os olhos à realidade da vida cruel de cada dia, constatou o contrário: "Vi de tudo em minha vida sem sentido: gente honrada que perece em sua honradez e gente malvada que vive longamente em sua maldade" (7,15); e "Existe uma vaidade que sucede na terra: há justos aos quais toca a sorte dos malvados; enquanto há malvados aos quais toca a sorte dos justos. Digo que também isto é vaidade" (8,14).

b. As injustiças reinantes fazem que os mortos sejam preferíveis aos vivos (4,1-3)

A visão de uma sociedade sem piedade, sem misericórdia, que oprime e avassala seus membros mais débeis, faz Qohélet clamar como clamavam o profeta Jeremias e o sofrido Jó em seus momentos mais amargos.

"¹E observei outra vez todas as opressões que se cometem sob o sol; e eis aqui as lágrimas dos oprimidos, mas eles não têm quem os console; e da parte de seus opressores a violência, mas eles não têm quem os console. ²E proclamei os mortos que já morreram mais felizes que os vivos que ainda vivem, ³porém melhor que os dois é aquele que ainda não existiu, aquele que não viu as más obras praticadas sob o sol."

Às muitas observações anteriores, Qohélet acrescenta esta última, que supera em dramaticidade todas as outras. O autor já manifestou que não é indiferente às injustiças humanas (cf. 3,16s); em 4,1 ressalta de modo complexo uma das manifestações mais dolorosas dessas injustiças: as *opressões* dos poderosos sobre os débeis e o efeito dilacerador das *lágrimas dos oprimidos*.

Evidentemente, Qohélet exagera ao afirmar que observou *todas as opressões*, mas em seguida descobre-se sua intenção: não descartar nenhuma situação da vida real, estigmatizada pelo signo da opressão. Que essa intenção é o que preocupa o autor, fica claro também no emprego três vezes repetido de vocábulos com a raiz comum que significa *oprimir injustamente*. Na primeira vez refere-se *às opressões* das ações visíveis *cometidas sob o sol* que sem dúvida são injustas e violentas. Essas ações *opressivas*, entretanto, são exercidas sobre pessoas determinadas, que são as vítimas, os *oprimidos* (segunda vez) com seus sinais de identidade: as *lágrimas*. E por último *seus opressores*, os únicos malvados que agem nesse drama, unidos inseparavelmente a suas vítimas.

Na pintura desse quadro sombrio, que descreve a situação social de um povo submetido e subjugado, três traços têm uma força expressiva incomparável: no povo injustamente tratado, as *lágrimas* amargas, imagem sempre dilaceradora do sofrimento físico e psíquico de uma pessoa derrotada. Da parte dos opressores, a *violência*, isto é, o poder real, material e moral, abusiva, injusta e cruelmente utilizado sobre os que não têm poder algum nem possibilidade de resposta. E por fim a carência absoluta de auxílio, de consolo que alivie a dor: *mas eles não têm quem os console*, repetido intencionalmente por duas vezes.

Não sabemos se, ao ler o que acabara de escrever, a voz de Qohélet teria ficado embargada, mas parece que seu estado de ânimo se alterou, pois repete a última observação e, sobretudo, vai mostrar isso nos versículos seguintes.

No presente contexto, alguns autores se atrevem a falar de "escândalo" em Qohélet. É difícil que ele venha a se escandalizar com alguma coisa. De qualquer forma, proclamar os mortos mais felizes que os vivos em 4,2 é escapar à ordem natural e refugiar-se na esfera da fantasia, fugindo da vida real, considerada execrável e indigna de ser vivida.

A redundância do versículo: *os mortos que já morreram e os vivos que ainda vivem* é um recurso estilístico usado por Qohélet para reforçar a antítese entre os mortos de verdade e os autênticos vivos. Não se trata de uma discussão abstrata sobre a morte e a vida, mas da comparação concreta de situações determinadas. Se as situações mudam, logicamente mudará também o juízo de Qohélet. Assim se explica que mais adiante (em 9,4b) sustente que os vivos são preferíveis aos mortos, como anota com o refrão: "vale mais um cão vivo que um leão morto". Sem dúvida, em circunstâncias mais ou menos normais é preferível estar vivo que morto, porque, no pior dos casos, enquanto há vida há esperança de continuar a viver (cf. 9,4a) e melhorar; enquanto os mortos, segundo Qohélet, estão realmente mortos, "nada sabem [...] seus amores, seus ódios, suas paixões se acabaram faz tempo, jamais tomarão parte em tudo que se faz sob o sol" (9,5-6); "porque não existe ação, nem cálculos, nem conhecimento, nem sabedoria no abismo para onde tu te encaminhas" (9,10).

Porém, a situação que Qohélet tem diante de si em 4,2 é a descrita em 4,1, bem distinta daquela que se supõe normal em 9,4-10. Já em 3,18-20 Qohélet recordara que o homem não era superior aos animais, mas o mais igual pelo destino que o aguardava, e ainda pior que eles na vida real, na qual a injustiça impera entre os homens. Em 4,1, Qohélet nada mais faz que ampliar um pouco seu campo de observação: da prática e administração da injustiça (3,16-17) passa à vida real das vítimas dessas injustiças e atropelos. E o que se vê? Violência, opressão e lágrimas, absoluto abandono e desconsolo. Nesse contexto, que vantagem há no fato de continuar vivos? Um sábio tão moderado como Jesus Ben Sirac dirá em certas circunstâncias não tão graves quanto as que reflete 4,1: "Mais vale morrer que viver sem proveito; e o descanso eterno mais que o sofrimento crônico" (*Sr* 30,17; ver também 41,2s). Há um ditado que diz: "É melhor uma boa morte que uma ruim sorte".

Qohélet vai mais além em sua apreciação... Considera *melhor que os dois* (os mortos que antes viveram e os vivos que ainda não morreram e estão sob a opressão e o sofrimento) os *que ainda não existiram*. A razão disso é *não terem visto as más obras que se praticam sob o sol*, porque nem sequer tiveram a possibilidade de sofrer as injustas opressões que ocorrem na vida.

A quem Qohélet se refere ao falar daquele que ainda não existiu? Sem dúvida àquele que *ainda* não nasceu, mas um dia nascerá; de maneira alguma faz alusão à teoria da preexistência das almas que ainda não se encarnaram. Essa teoria, Orígenes a defenderá posteriormente.

Qohélet não chega, entretanto, a maldizer o dia de seu nascimento, como o fez Jeremias: "Maldito o dia em que nasci; não seja bendito o dia em que minha mãe me pariu!" (Jr 20,14); e também Jó: "Morra o dia em que nasci!" (Jó 3,3; cf. também vv. 4ss); tanto menos ainda insinua o suicídio.

Sentimentos semelhantes aos de Qohélet em 4,2-3 são encontrados na literatura grega e romana. Teognis diz: "De todas as coisas, a melhor para os homens que nasceram sobre a terra é não ter nascido [...]" (*Elegias*, 425-428). Também Sófocles coloca na boca de Coro: "A maior das venturas é não ter nascido" (*Edipo en Colono*, 1225). Lemos algo muito parecido em M. T. Cícero: "Para o homem o melhor de tudo seria não nascer" (*Tusculanas*, I, 48, na boca do personagem Marco).

c. Qual o fundamento da vida moral?

Na tradição de Israel, Deus é apresentado como garantia do ensinamento sobre a retribuição; isso é fundamental para que continuem sólidos os valores transcendentais da própria vida, da justiça e de tudo que é a favor do bem e contra o mal. Que valor podem ter os preceitos da Lei de Deus, sem a garantia de que a sorte dos cumpridores de tais preceitos será diferente da reservada aos que livremente os transgridem?

Qohélet está entre a espada e a parede, mas não recua. Ao mesmo tempo afirma sua fé em Deus e a não-discriminação entre o injusto e o justo, o néscio e o sábio, o impuro e o puro, o não-religioso e o religioso (cf. 9,1-3; ver também 2,14-16; 3,18-21).

Surge, pois, a pergunta: para que serve o exercício da justiça, do culto, da fidelidade, da virtude? Ou, como diz o salmista: "Para que limpei meu coração e lavei minhas mãos na inocência? Para que suporto eu todo o dia e me corrijo cada manhã?" (Sl 73,13-14). Outro salmista também lamenta a sorte dos malvados: "Vede: os sábios morrem, do mesmo modo que perecem os ignorantes e néscios, e deixam suas riquezas para estranhos. O sepulcro é sua morada perpétua e sua casa de geração em geração, mesmo que tenham dado nome a países. O homem não perdura na opulência, mas perece como os animais. Eis o destino dos que confiam cegamente em si, o futuro dos que se comprazem em seus discursos: são um rebanho que caminha para o abismo, a morte é seu pastor, e descem diretos à cova; sua figura se desvanece, e o Abismo é sua casa" (Sl 49,11-15).

Para Qohélet não há diferença entre justos e ímpios: todos têm a mesma sorte. Não chegou ainda a vislumbrar o que parece insinuar o salmista: "Porém, meu Deus me salva, tira-me das garras do Abismo e me leva consigo" (Sl 49,16), e estamos muito longe do que abertamente ensina o *Livro da Sabedoria*: nem tudo se resume nesta nossa vida "sob o sol". O fim não está na morte, mas em Deus, o Deus dos vivos e dos mortos. Qohélet, entretanto, não o conhece.

2.4. Aspectos positivos no ensinamento de Qohélet

A tradição rabínica que atribui ao rei Salomão, já ancião, a autoria do Livro do Eclesiastes é pura lenda. Contudo, essa tradição manifesta e marca ao mesmo tempo a orientação pessimista dos intérpretes judeus e cristãos durante séculos. Sabemos que a corrente pessimista predominou até nossos dias, sendo assim responsável pelo desconhecimento de aspectos importantes em Qohélet.

2.4.1. Qohélet e sua sã personalidade

Um livro pequeno como o Eclesiastes, que causou tal diversidade de opiniões entre os autores de grande valor e de todas as tendências, não pode ter sido escrito por um autor medíocre ou vulgar.

Têm razão todos os que falaram do grande espírito crítico de Qohélet. De cara limpa, ele enfrenta os mais graves problemas que atormentam o homem e registra, sem melindres, o resultado de suas investigações. Fala sobre o escasso valor das coisas, mesmo as mais dignas de estima, sobre a mentira da vida em família e na sociedade. Fala também sobre a concepção mercantilizada da religião e os supostos conhecimentos do ser misterioso de Deus. Fala ainda sobre a fria realidade da morte e sua repercussão na maneira de conceber a vida etc. Por isso causa escândalo tantas vezes. Nesse sentido é verdade que Qohélet é um sábio pessimista, mas é verdade também que a vida é complicada. Algumas vezes, fatos e situações se apresentam carregados de sentidos, e outras vezes não têm sentido algum, ou, pelo menos, não conseguimos descobri-lo. Qohélet tem os olhos abertos à realidade em que o mal e o bem se sucedem ao mesmo tempo. Por isso podemos classificá-lo como um lúcido pensador realista que, com fina ironia, questiona o que muitos crêem conhecer a fundo e definitivamente.

2.4.2. Qohélet busca o sentido da vida

Se tivéssemos de determinar uma característica comum às reflexões e divagações de Qohélet, esta seria provavelmente a da "busca"; busca de quê? Todo sábio deseja compreender a realidade da vida, e Qohélet é um sábio.

Os que ressaltam os aspectos negativos de Qohélet não vêem nele um apaixonado pela vida; ninguém, entretanto, pôde provar que ele convide ao suicídio, nem mesmo nos momentos mais incompreensíveis da existência. Nesse ponto Qohélet foi acusado de inconseqüente, mas sem razão, já que segundo seu próprio ensinamento o homem não é dono de sua vida nem do dia de sua morte (cf. 8,8). Qohélet é a favor da vida apesar de seus mistérios e contradições; ao final das contas, "vale mais um cão vivo que um leão morto" (9,4).

Não são muitos os autores que fazem da vida o centro de atenção de Qohélet, apesar de todas as aparências ao contrário. Na verdade é com isto que Qohélet se preocupa: o sentido da única vida que temos e que tanto apreciamos. Dá voltas e mais voltas para ver se pode decifrar o enigma de nossa existência. E o que descobre?

2.4.3. A vida não tem sentido transcendente

O empenho de Qohélet em compreender a existência das coisas em geral, e da vida humana em particular, acaba fragorosamente em fracasso. A maior razão desse fracasso — causa principal do pessimismo em Qohélet — reside na incapacidade do homem de compreender as obras de Deus, e na ainda mais radical incapacidade de decifrar os desígnios de Deus. Sobre o primeiro lemos em 8,16-17:

> "[16]Ao me dedicar ao conhecimento da sabedoria e à observação das tarefas que se realizam na terra — pois os olhos do homem não conhecem o sono nem de dia nem de noite —, [17]observei todas as obras de Deus: o homem não pode averiguar o que se faz sob o sol; por isso o homem se afadiga buscando, porém nada averiguará; e, mesmo que o sábio diga que o sabe, não poderá averiguá-lo".

Qohélet recorda todos os momentos em que se comportou como sábio em busca da sabedoria com afinco, comparando-se ao investigador infatigável que trabalha dia e noite. No fim, convenceu-se de algo desalentador: apesar de dedicar-se com todo o esforço que lhe foi possível na observação de tudo quanto se realiza entre os homens — na terra ou sob o sol —, o que conseguiu foi apenas chegar à convicção de que a fadiga do homem nessa dura tarefa é inútil, pois nada averiguará. Nesse momento de total sinceridade, Qohélet faz importantes afirmações quanto à impotência de o homem decifrar o que se esconde nas coisas que sucedem, nas quais ele é o protagonista, e naquilo que é entendido como *obras de Deus*. A partir dessa perspectiva de crente em Deus, criador e senhor dos fatos e acontecimentos, Qohélet identifica as obras de Deus *com o que se realiza na terra* ou *o que se faz sob o sol*, pois para ele não existe outra esfera ou meio onde se possam realizar e manifestar as ações de Deus e dos homens.

O homem poderá afirmar que sabe muitas coisas, pelo que pode de fato ser chamado sábio; mas essa sabedoria fragmentada não alcança a compreensão total da própria existência, a explicação do sentido de sua vida em um mundo determinado, mas caótico.

E, se o homem não pode "abarcar do começo ao fim as obras que Deus faz" (3,11), muito menos poderá adentrar o próprio mistério de Deus. O mero intento já é temeridade, visto que, na expressão do autor: "Deus está no céu e tu na terra" (5,1).

A sabedoria internacional e tradicional é bem mais otimista, depositando uma confiança quase ilimitada nas possibilidades humanas. Esse é talvez o princípio fundamental de toda a pedagogia dos mestres de sabedoria. Nesse sentido, os discípulos são animados a colocar em prática seus conselhos para obter pleno êxito na vida. Segundo o próprio Qohélet, o homem chega assim a atingir profundos conhecimentos de si mesmo e do que está a sua volta. Ele é um testemunho vivo disso. A história encarregar-se-á de confirmá-lo amplamente em todos os âmbitos do conhecimento especulativo e prático, do macro e do microcosmo. Porém, a realidade impõe-se de novo a Qohélet.

Se utilizarmos nossa linguagem, mais evoluída e precisa, talvez possamos explicar o pensamento de Qohélet. De fato, o homem sente um impulso irresistível a tudo submeter a seu domínio, primeiro pelo conhecimento e depois por meio da vontade. É a tentação prometéica, que se converte em "uma trágica aspiração", porque fadada ao fracasso mais cabal. O homem é homem e não Deus (cf. Ex 28,2.9; Is 31,3), mas nesse intento prometéico rivaliza com Deus: quer compreender as obras que Deus faz, todas elas e totalmente, isto é, do começo ao fim. Se o homem conseguisse compreender assim as obras de Deus, compreenderia também os planos de Deus sobre sua obra, o mistério de Deus em sua obra; o que seria igualar-se a Deus, ser como ele; e isso é simplesmente impossível.

É necessário, portanto, que nos acomodemos à atitude de Qohélet, que se sabe homem e conhece os próprios limites diante do mundo e de Deus. Como ensinamento mais universal, também é necessário que o homem saiba aceitar sua condição de homem, a qual implica certa contradição interna. Ainda mais se o que se pretende conhecer e saber é algo relacionado com o próprio Deus e ainda com seus planos sobre suas obras, pois não temos outro jeito senão reconhecer, com Eliú, que "Deus é maior que o homem" (Jó 33,12) e que, por conseguinte, "Deus excede nosso conhecimento" (Jó 36,26).

Acrescentem-se a isso as conseqüências que Qohélet tira de suas persistentes reflexões sobre a morte. Para ele é evidente que a morte põe um fim definitivo à única vida do homem que conhecemos, ou "aos dias contados de sua vida" (2,3), "os poucos dias da vida que Deus lhe concedeu" (5,17), "os dias de sua vida que Deus lhe presenteou sob o sol" (8,15), "os dias de tua vida efêmera que Deus te concedeu sob o sol" (9,9). Se Qohélet tivesse descoberto de alguma maneira que o destino do homem se projetava para além da morte, ele o teria anotado em seu livro, como o fez o autor de *Sabedoria* tempos depois. Porém, o Eclesiastes não seria o livro canônico que conhecemos. O fato de Qohélet não ter feito essa descoberta em suas investigações confere, paradoxalmente, um valor transcendental a seus múltiplos pensamentos: a relativização de tudo quanto existe e pode ser feito sob o sol, já que tudo quanto existe, exceto Deus, é de valor relativo. Qohélet expressa essa "descoberta" com sua variada fórmula favorita: "tudo é vaidade", "também isto é vaidade e caça de vento" etc.

2.4.4. Qohélet e os parciais mas alegres sentidos da vida

Qohélet, entretanto, não se desespera por não ter encontrado um sentido pleno à curta, efêmera e sempre ameaçada vida humana. Tampouco desiste de seu empenho, quase fadado ao impossível, de continuar na busca não tanto da felicidade perfeita, sentido que satisfaria plenamente a ânsia de absoluto de seu espírito insatisfeito, mas ao menos de partículas e fragmentos de satisfação, momentos de felicidade, espaços reduzidos, limitados de vida que dão sentido aos duros e aparentemente inúteis esforços do homem em sua tarefa diária "sob o sol".

Certamente a vida está bastante entremeada de dissabores, mas também tem lá seus encantos. Ao longo de suas reflexões, Qohélet vai aos poucos descobrindo tais encantos, apreciados e estimados em seu justo mas limitado valor, e convida seus leitores a saber desfrutá-los.

As passagens principais em que Qohélet faz tais recomendações são 2,24; 3,12s; 3,22; 5,17; 8,15 e 9,7-9.

a. O desfrute é dom de Deus (2,24)

2,24 pertence ao resumo feito pelo autor em 2,24-26. Nele procura-se novamente dar uma resposta à pergunta: "Que resta ao homem de todo seu trabalho e de todo seu esforço pessoal com que se afadigou sob o sol?" (2,22). O intento levou o pseudo-Salomão a ensaiar todos os meios que tinha a seu alcance. Mas convence-se de que o homem, com todas as suas possibilidades, jamais poderá alcançar a felicidade ou parte dela; somente Deus pode concedê-la a quem e como queira. A resposta é, portanto, esperançosa, mesmo que apenas em parte.

"[24]Não há nada melhor para o homem que comer e beber e desfrutar seu trabalho. Também observei que isto vem das mãos de Deus."

O autor não exorta nem dá conselho algum nessa passagem, apenas faz uma constatação: o que observamos na vida normal e corrente.

Nesta parte, e em outros paralelos que veremos, Qohélet mostra seu lado amável, por certo bastante desconhecido. Manifesta-se aqui a estima que o autor devota à criação de Deus em sua totalidade: os bens que estão ao alcance de todos, como são o comer, o beber e a atividade do trabalho que não suponha um excessivo esforço por parte do homem. Esses bens são, ou podem ser, pequenos em si, mas salpicam a vida de momentos de felicidade não-desdenháveis, muito menos ainda depreciáveis. Qohélet os chama *bons* (*ṭwb [mn]*: melhor, melhor que).

Este *ṭōb* — *bom* — recorda-nos o juízo que o autor sacerdotal dá às obras da criação (cf. Gn 1,4.10.12.18.21.25.31), colocadas por Deus à disposição do homem. Como não podia deixar de ser, Qohélet concorda plenamente com o relato do Gênesis e com a fé prática do povo da Antiga Aliança. Podemos citar ainda algumas passagens da Sagrada Escritura que de modo explícito recomendam o que Qohélet aprova. Lemos em 1Cr 29,22: "Festejaram aquele dia comendo e bebendo na presença do Senhor". Neemias diz ao povo: "Ide para casa, comei boas iguarias, bebei vinhos generosos e enviai porções aos que nada têm, porque hoje é um dia consagrado a nosso Deus. Não jejueis, pois agrada ao Senhor que sejais fortes" (Ne 8,10). O profeta Jeremias dirige-se ao rei Joaquim com estas palavras: "Se teu pai [Josias] comeu e bebeu e tudo lhe corria bem, é porque praticou a justiça e o direito" (Jr 22,15).

No v. 24b descobrimos o homem de fé israelita que era Qohélet: *Também observei que isto provém das mãos de Deus*. A afirmação vai além da *observação*, mesmo que esta seja bastante profunda; é a expressão da fé de Qohélet, enraizada na fé de seu povo. Salva também a Qohélet da acusação de hedonismo, que tantos autores lhe atribuíram, visto que reconhece que Deus está presente em tudo, ou que tudo provém das mãos de Deus.

b. Sentido ético e teológico do desfrute (3,12-13)

3,12-13 compõe a segunda parte em que se divide a perícope 3,10-15; forma uma pequena estrofe, completa quanto a seu conteúdo: sentido ético e teológico do desfrute na vida do homem.

"¹²Compreendi que não existe nada melhor para eles [os homens], senão alegrar-se e passar bem em sua vida. ¹³Mas também que o homem coma e beba e desfrute todo seu trabalho é dom de Deus."

A expressão *não existe nada melhor* é uma repetição literal do começo de 2,24. Quanto ao conteúdo, o restante do v. 12 não supera teologicamente o que Qohélet já afirmou em 2,22-24; alguns matizes são novos. Ressalta a concepção otimista e luminosa do modo de viver prático do homem: *alegrar-se e passar bem* durante os poucos dias de que dispõe em sua vida.

O v. 13, em seu conjunto, lembra-nos 2,24b. Não se opõe ao que acaba de dizer no v. 12, mas o esclarece. Além disso, é uma magnífica fundamentação teológica do mais natural que se pode conceber em uma vida profana normal e corriqueira do homem: o comer, o beber e qualquer atividade produtiva. *Comer* e *beber* constituem uma necessidade física primária do homem; mas podem simbolizar também toda a atividade que produz o prazer dos sentidos, especialmente do sentido do gosto. Nesse *comer* e *beber*, Qohélet inclui certamente os prazeres da mesa, o que está perfeitamente de acordo com o que a Escritura ensina. Em muitas de suas passagens se faz menção da comida e da bebida não apenas com a finalidade de manter a vida que recebemos, mas como expressão dos sentimentos mais profundos e nobres no homem: hospitalidade, amizade, alegria, festa. Recordemos a realidade e o simbolismo das comidas e, sobretudo, o dos banquetes em Gn 18,1-8; 24,33.54; 27,1-29; 43,31-34; Tb 7,14; 8,19-20; a ceia da Páscoa; e no Novo Testamento Jo 2; Lc 15,23s; as refeições de Jesus com seus discípulos e com outros; a última ceia do Senhor antes de morrer.

Quanto ao *desfrute de todo seu trabalho*, preferimos entendê-lo como o prazer inerente a toda atividade do homem, escolhida livremente ou não, porém querida por ele até identificar-se com ela. Não excluímos a interpretação que faz referência explícita ao trabalho como atividade e aos frutos desse trabalho, que podem ser desfrutados legitimamente.

A visão religiosa, de fé de Qohélet manifesta-se no fim do verso: *é dom de Deus* (cf. 2,24). É uma visão verdadeiramente otimista, não hedonista nem epicurista, como várias vezes repetimos. Qohélet reconhece que Deus é a fonte não apenas de todas as coisas, mas também de todas as alegrias da vida, pequenas ou grandes.

c. Desfrute do momento presente (3,22)

Depois de observações e reflexões tão pouco alentadoras, como as de 3,16-21, termina a perícope com um raciocínio positivo que se plasma em um convite a desfrutar pacífica e alegremente o momento presente, o único seguro em uma existência cheia de percalços.

"²²E observei: não existe nada melhor que o homem desfrutar aquilo que faz: essa é sua parte; pois quem poderá levá-lo a desfrutar o que virá depois dele?"

De certo modo 3,22 é a conclusão do processo do pensamento aberto em 3,16 com a observação de domínio da injustiça na vida social. Rigorosamente, não se pode dizer que o autor nos recomende em 3,22 algo novo.

Trata-se de um verdadeiro exagero equiparar a sensata observação de Qohélet de que *não existe nada melhor que o homem desfrutar o trabalho que faz*, com o *carpe diem* de Horácio ou com as solicitações egípcias, babilônicas ou gregas ao gozo do momento presente. Qohélet convida o homem a desfrutar *o que faz*, a própria atividade ou trabalho (cf. 2,24 e 3,13) e seus frutos, naturalmente. Não se pode negar que encarna certa concepção otimista que não cai nada mal em um autor qualificado constantemente de cético e pessimista. E, visto que a determinação do êxito na vida e a própria vida não estão nas mãos do homem, nada melhor que desfrutar o momento feliz quando este lhe chega, porque verdadeiramente lhe corresponde, é seu: *essa é sua parte*. Além do mais, mesmo que imaginável e possível, o homem não pode estar seguro. A interrogação *Quem poderá levá-lo a desfrutar?* aguarda uma resposta negativa: *ninguém*. É preciso receber o que vem como um dom, um presente. Quanto *ao que virá depois dele*, refere-se ao âmbito intramundano e histórico, mas depois da morte do indivíduo.

d. Bênção de Deus ao homem (5,17-19)

Qohélet observa e tira suas conclusões; nesse caso, em que consiste a felicidade do homem nos curtos dias de sua vida, a saber: em poder desfrutar os bens obtidos com seu esforço. Qohélet considera isso um dom maravilhoso de Deus; daí a concepção teológica de Qohélet ser central nesta perícope.

> "¹⁷Eis o que compreendi: a felicidade perfeita consiste em comer e beber e desfrutar todo o trabalho com que alguém se afadiga sob o sol nos poucos dias de vida que Deus lhe concedeu. Tal é sua recompensa. ¹⁸Se Deus concede a um homem riquezas, tesouros e a faculdade de comer deles e de pegar sua parte e desfrutar seu trabalho, isto sim que é um dom de Deus. ¹⁹Pois não pensará muito nos dias de sua vida, uma vez que Deus o tem absorto na alegria de seu coração."

Depois do gosto ruim que nos deixaram as amargas reflexões de 5,12ss sobre a fragilidade e instabilidade dos bens de fortuna e sobre a seriedade da morte, Qohélet nos surpreende com conclusões otimistas, luminosas, alegres. Não é algo que lhe acontece de relance.

Apesar de tudo, Qohélet não renuncia à possibilidade de ser feliz. A isso aspira todo o ser humano, pois em todo esforço e intento para conseguir alguma coisa descobre-se a tendência mais profunda do homem em direção ao bem. Nessa tendência, os teólogos descobriram a orientação radical do homem para o Bem absoluto que é Deus, segundo a antiga doutrina de santo Agostinho: "Senhor, tu nos fizestes para ti, e nosso coração não está tranqüilo até que descanse em ti". Qohélet nada sabe dessa doutrina; ele apenas descreve o que descobriu e compreendeu em sua larga experiência, e nós descobrimos sua semelhança.

A felicidade perfeita ou bem formoso, que o indivíduo concreto pode conseguir apesar de todas as limitações reconhecidas pelo próprio Qohélet, *consiste em comer, beber e desfrutar...* Esse ensinamento não é novo em Qohélet, pois já o vimos com pequenas variantes em 2,24s; 3,12s.22 e o tornaremos a encontrar em 8,15 e 9,7-9.

Qohélet busca o desfrute sadio em tudo que faz e às vezes o encontra, mesmo que em pequenas doses, como a abelha que descobre o doce néctar em uma flor silvestre. Nada há de original em buscar o desfrute na comida e bebida, já que corresponde a uma atividade absolutamente necessária a todo homem sobre a terra; mas que o encontre dentro dos limites razoáveis é prova de um equilíbrio pouco comum. Uma característica particular de Qohélet é o fato de o trabalho ser para ele um meio apto para o gozo. O trabalho em Qohélet tem de ser entendido em toda sua amplitude, isto é, como a atividade própria do homem e o fruto dessa atividade.

Nos poucos dias da vida: o tema da brevidade da vida é um dos mais lembrados por Qohélet, já que para ele a vida não tem sentido transcendente, pois tudo acaba com a morte. Qohélet, porém, não é alarmista diante desse fato para ele irrefutável; aceita-o com serenidade e naturalidade comparáveis às dos mais perfeitos estóicos, e com uma visão religiosa da qual careciam os mais ilustres filósofos e tratadistas de seu tempo: a vida, longa ou curta, é um dom de Deus (cf. v. 18).

Tal é sua recompensa, sua sorte, seu prêmio: o que coube a ele na loteria da vida.

O v. 18 analisa o caso particular do homem afortunado e feliz segundo as condições e circunstâncias definidas no v. 17. A importância extraordinária do v. 18 firma-se no fato de que nele Qohélet propõe sua particular concepção acerca da intervenção de Deus na vida dos homens. Tem-se discutido muito sobre a doutrina de Qohélet a respeito da incapacidade do homem de conhecer Deus e seus desígnios sobre o mundo em geral e o homem em particular (ver 3,11b; 5,1b; 8,17-9,1). Entretanto, 5,18 responde sobremaneira à importante questão da capacidade-incapacidade de o homem conhecer Deus e seus planos sobre o homem e, ao que parece, isso não é levado muito em conta na hora de expor o pensamento completo de Qohélet a esse respeito.

Em 5,18 nos é dito explicitamente que Deus concede riquezas e tesouros. Não é coisa nova, mas uma crença comum, visto que tudo provém de Deus, como Qohélet já o repetiu várias vezes (cf., p. ex., 2,24--26; 3,13). A novidade do v. 18 consiste em afirmar que as riquezas, os tesouros e todos os bens imagináveis não são suficientes para ser feliz na vida, se Deus não concede além disso a *faculdade* de poder desfrutá--los (cf. 6,2). A quem Deus o concede, concede um grande *dom* (cf. 3,13).

Não apenas o vocabulário é comum à doutrina que os teólogos desenvolveram mais tarde para falar da *graça* de Deus; o mesmo se pode dizer do espírito, mesmo que não se possa, a partir disso, dizer ser Qohélet um mestre da graça.

O v. 19 completa as idéias dos vv. 17-18. Do homem infeliz se tinha dito no v. 16 que todos os seus dias eram pena, aflição e desgosto; do agraciado por Deus afirma-se agora que não terá sequer ocasião de pensar no lado obscuro da existência. E é dada a razão: *Deus o tem absorto na alegria de seu coração.* Equivalentemente afirma Qohélet que essa *alegria de seu coração é um dom de Deus,* pois é o resultado do desfrute de que fala no v. 18: verdadeiro *dom de Deus.*

A sentença tem feito muitos exegetas pensarem, já a partir da versão dos Setenta e com razão. Quer se admita nossa versão, quer se prefira: "Deus lhe responde (revela-se a ele) na alegria de seu coração", o v. 19b contém uma mensagem teológica importante.

De acordo com nossa versão: *Deus o tem absorto* (ocupado) *na alegria de seu coração,* Deus continua a ser o sujeito ativo e fonte de alegria do coração humano. Assim também Qohélet descobre as pegadas e a presença de Deus nas pequenas e momentâneas alegrias da vida do homem, apesar da "má tarefa" (1,13) a ele imposta pelo próprio Deus.

e. Eu louvo a alegria (8,15)

Voltamos a nos encontrar com o lado mais amável e luminoso de Qohélet depois das observações e reflexões tenebrosas dos versículos que precedem o 8,15:

> "Eu louvo a alegria, porque o único bem do homem sob o sol não é outra coisa senão comer e beber e alegrar-se; isto o acompanhará em seu trabalho durante os dias de sua vida que Deus lhe concedeu sob o sol".

Esse Qohélet do v. 15 é o homem alegre que sabe descobrir os momentos de felicidade nas pequenas e efêmeras alegrias da vida, como as que gozamos ao satisfazer as necessidades mais primárias: no comer, no beber, no desfrutar as ocasiões prazerosas que surgem aqui e ali, no transcorrer das horas aprazíveis, na solidão ou na companhia de amigos e de pessoas queridas.

Qohélet não deixa de recordar também as satisfações que nos proporcionam as atividades humanas produtivas ou recreativas a que chamamos trabalho. Todas essas satisfações constituem o que dá sabor à vida, considerada sempre por Qohélet um presente de Deus.

f. Desfruta a vida (9,7-9)

Depois das duras e amargas reflexões de 9,1-6 sobre o paradeiro comum de todos os homens, sejam bons ou maus, é bem-vindo um descanso: o convite a desfrutar a única coisa que está a nosso alcance, a vida tal e assim como se nos apresenta.

"⁷Anda, come teu pão com alegria e bebe contente teu vinho, porque Deus já aceitou tuas obras. ⁸Em todo o tempo vista-se com vestes brancas e não falte o perfume de tua cabeça. ⁹Desfruta a vida com a mulher que amas todos os dias de tua vida efêmera que Deus te concedeu sob o sol, que esta é tua sorte na vida e no trabalho com que te afadigas sob o sol".

Não é esta a primeira vez que Qohélet convida a desfrutar a vida (cf. 2,24; 3,12-13; 3,22; 5,17; 8,15). É, contudo, a passagem mais importante do *carpe diem* de Qohélet, a única no imperativo, visto que o uso da segunda pessoa é predominante.

Como acabamos de dizer, já conhecemos por passagens anteriores esse Qohélet amável e amante das alegrias da vida. Nesses três versículos, Qohélet anima seu leitor, isto é, todos os homens, a desfrutar os prazeres mais simples e universais da vida cotidiana. Não é tão ingênuo a ponto de crer que a vida possa converter-se em um festim ou banquete perpétuo; mas exorta a que façamos com alegria o que necessariamente fazemos todos os dias: comer e beber; que desfrutemos o prazer de uma higiene simples: vestes brancas e cabeça perfumada, e a vida em família *com a mulher que amas*.

Levando em conta as circunstâncias socioeconômicas do tempo, podemos dizer que Qohélet se dirige a pessoas da classe média e alta; entretanto, de modo geral e na medida de suas possibilidades, o conselho que dá pode ser aplicado também aos mais pobres. A vida é o bem mais precioso que possuímos. Tudo que ajudar a nos manter nela, simbolizado aqui pelo pão e pelo vinho, deve ser motivo de alegria. Na verdade não existe nada mais nosso que aquilo que comemos e bebemos: nosso pão e nosso vinho; tão nosso que se converte em nós mesmos.

Costumamos distinguir entre necessidades primárias e secundárias; entre bens primários e secundários conforme satisfaçam umas e outras necessidades. O comer, o beber e o vestir pertencem às necessidades primárias; mas a maneira de satisfazê-las atinge vários níveis. Com o desenvolvimento e a civilização, nós, homens, elevamos consideravelmente esses níveis; além disso criamos outras necessidades que podem ser chamadas primárias com relação ao nível alcançado, por exemplo a cultura. Na época de Qohélet já se atingira um grau ou nível de cultura muito elevado, mesmo que nem todos o desfrutassem da mesma maneira. O detalhe das *vestes brancas* e do *perfume na cabeça* pertence a esse elevado nível de cultura no ambiente determinado da Palestina. O desfrute da vida *com a mulher que amas* não tem fronteiras nem na ordem social nem no nível de cultura alto ou baixo; é simplesmente humano.

Os autores perguntam-se sobre as fontes literárias que serviram de inspiração para Qohélet. A primeira resposta poderia ser que Qohélet jamais precisou de fonte literária especial de inspiração, uma vez que o convite ao desfrute dos prazeres mais simples da vida surge espontaneamente da própria vida. Por isso mesmo, têm razão os que defendem que em Ecl 9,7-9 podemos descobrir influências provenientes de culturas estranhas a Israel. Contudo, antes de sairmos de Israel será necessário constatar a existência de uma forte tradição israelita na qual se pudesse inserir com todo o direito Ecl 9,7-9. A referência ao pão, ao vinho e ao azeite apontam para a Palestina, visto que são produtos típicos da região. Quanto ao vinho e aos banquetes, ver em Am 6,6; Is 22,13; sobre o uso de vestes limpas ou brancas lemos, por exemplo, em Est 8,15: Mardoqueu "esplendidamente vestido de púrpura violeta e linho branco [...] e manto de linho fino" (cf. Gn 27,27; 41,42). Do uso do azeite com fins cosméticos, como perfume, ver 2Sm 12,20; Jt 10,3; Am 6,6; Sl 223,5; Pr 27,9.

É bem provável que a tradição israelita seja a continuação de uma tradição cananéia mais antiga e síria. Tampouco se pode ou se deve descartar a influência proveniente do Egito, especialmente no tempo helenístico. Mas o lugar paralelo extrabíblico mais citado e conhecido de todos é o poema babilônico de Gilgamesh, que na Tabuinha X,3 diz:

"Gilgamesh, para onde corres?
Não encontrarás a vida que persegues.
Quando os deuses criaram a humanidade,
guardaram a vida em suas mãos.
Tu, pois, Gilgamesh, (deixa) que teu ventre se encha,
dia e noite divirta-te;
cada dia faze uma festa jubilosa,
dia e noite dança e toca (a música).
Que tuas vestes estejam limpas,
tua cabeça lavada, tu bem banhado.
Presta atenção ao jovem que toma tua mão.
Que tua esposa se deleite em teu seio.
Esta é a tarefa da humanidade!"

O tema naturalmente aparece também nas literaturas grega e latina, e, sem dúvida, poderiam ser acrescentados testemunhos de todas as culturas de todos os povos e de todos os tempos até nossos dias.

Do ponto de vista de Qohélet, só existe a vida presente; é lógico pensar que a alegria, o contentamento, a satisfação, em suma, a festa, devam fazer parte de nossa vida, ao menos nesses momentos privilegiados, poucos ou quase inexistentes, dos quais todos podemos dispor em nossa atribulada vida.

Entretanto, ao convidar para a festa e para o desfrute da vida, Qohélet se diferencia notavelmente de todos os antepassados. Nas passagens em que repete o convite não falta a menção a Deus, que é quem oferece esse presente (cf. 2,24; 3,13), que concede a vida (cf. 5,17; 8,15; 9,9) e se manifesta benévolo com o homem ao aceitar suas obras: *porque Deus já aceitou tuas obras* (9,7,7b).

A propósito da *mulher que amas* (9,9a), discutiu-se e continua-se a discutir se ela se refere à *esposa* ou à *outra mulher*. Ao que parece a solução não pode vir do texto em si, uma vez que em hebraico *'iššāh* sem o artigo é termo ambíguo, podendo significar *mulher* (LXX e Jerônimo) ou *esposa* (Vulgata). Mas, levando em consideração o ambiente sociocultural de Qohélet, a maioria esmagadora dos autores antigos e modernos opina, e creio que com razão, que ele está se referindo à própria esposa.

J. de Pineda diz de maneira elegante e acertada que a *mulher que amas* "é uma perífrase da *esposa querida*". É exatamente isso que nos recorda a passagem de Ezequiel na qual se refere à sua esposa como "o encanto de seus olhos" (Ez 24,16.18). Qohélet não é um misógino, como se tem repetido à quase saciedade; creio que com 9,9 fica patente que ele é um homem normal ou, se se prefere, fora do normal em sentido positivo.

Em todas as passagens citadas, Qohélet reconhece explicitamente que o deleite, a alegria, o gozo pertencem à ordem estabelecida e querida por Deus, por isso ele não pode ser acusado de epicureu ou hedonista. A teoria e, sobretudo, a prática do povo judeu descobriram essa orientação central de Qohélet. Por isso o Eclesiastes foi eleito entre todos os livros canônicos para celebrar a liturgia de uma das festas mais alegres e gozosas do calendário judaico, que é a festa dos Tabernáculos, a "Estação de regozijo".

No entanto, é necessário reconhecer que, apesar de todos os motivos de gozo que Qohélet nos descobre, permanece ainda o sentido de precariedade da vida; suas reflexões no-lo inculcam e voltam a tingir de "melancolia" os sentimentos mais profundos de Qohélet. Isso não é uma crítica desfavorável a ele, mas totalmente ao contrário, já que a vida humana, levada a sério, é uma realidade agridoce mesmo para aqueles que conhecem a mensagem de Jesus. O importante não é supervalorizar a realidade, mas aceitá-la tal como é, com suas leis e suas sombras; pois, apesar de todos os pesares, "Realmente é doce a luz e agradável aos olhos ver o sol" (11,7), mesmo que nem sempre seja dia nem brilhe o sol.

2.5. Sobre Deus e o temor de Deus em Qohélet

Para Qohélet, Deus "não é investigável"; mas ele fala muitas vezes de Deus. Com razão, pois, podemos perguntar: que conceito tem ele de Deus?

2.5.1. Conceito de Deus em Qohélet

Os autores partem de uma afirmação verdadeira: Qohélet crê sinceramente em Deus. O problema surge quando se quer determinar o que ele entende por Deus, pois o leque de opiniões é imenso.

a. Falam os exegetas

Alguns afirmam que o Deus de Qohélet é *impessoal* ou que se reduz praticamente a um Princípio Metafísico; a maioria, entretanto, admite que se trata de um Deus *pessoal*. Entre estes estão os que atribuem a tal Deus pessoal traços que não se coadunam com os do Deus de Israel, pelo menos como aparece nos profetas e nos salmos; ou chamam o Deus de Qohélet déspota distante e indiferente, dono absoluto e arbitrário do destino.

Outra corrente de interpretação, a mais arraigada por ligar-se à tradição, vê em Qohélet um autêntico testemunho da fé israelita. É verdade que existem diferenças entre Qohélet e os demais autores do Antigo Testamento, mas isso a ninguém autoriza arrancá-lo do mundo da fé de Israel; ao contrário, é mais uma prova da variedade e da riqueza da Sagrada Escritura em temas tão importantes como o da revelação do insondável mistério de Deus.

As reflexões do sábio Qohélet distam muito do espírito que alentava os profetas. Em Qohélet o homem fala da experiência histórica dura e execrável, que lhe provoca náuseas. Daí seu *tudo é vaidade, vazio, vento, caça de vento, absurdo, falta de sentido* etc. Experiência também contraditória, mas que não o faz duvidar de sua fé em Deus.

b. Fala o próprio Qohélet (4,17-5,1)

A perícope 4,17-5,6 sobre o culto ou a religião pode surpreender a uns e outros, já que não concorda com a concepção estereotipada que vulgarmente se tem de Qohélet. Tem-se repetido à quase saciedade que Qohélet não se distingue por seu espírito religioso; entretanto, essa passagem nos ensina sobre a atitude adequada do homem diante de Deus. Vejamos o que ele nos diz em 4,17-5,1.

"[17]Vigia teus passos quando fores à casa de Deus: aproximar-se para escutar vale mais que o sacrifício oferecido pelos néscios que não sabem sequer fazer o mal.

[1]Não te precipites com tua boca nem se apresse teu coração a proferir uma palavra diante de Deus. Porque Deus está no céu e tu na terra. Portanto tuas palavras sejam comedidas."

A perícope é breve em palavras, mas densa em conteúdo. Poderemos compreendê-la melhor se levarmos em consideração o contexto em que se encontra. 4,17-5,6 trata de alguns atos de culto que o homem piedoso pode tributar a Deus no templo, especialmente dos sacrifícios (4,17), das palavras que dirige a Deus, da oração (5,1-2) e por último dos votos e promessas que se fazem a Deus (5,3-6).

Em 4,17 Qohélet fala diretamente com o homem piedoso, dirigindo-se a ele na segunda pessoa. O estilo é próprio dos mestres da sabedoria: avisa dos perigos a ser evitados e indica a atitude correta que deve ser adotada.

Quando fores à casa de Deus: para um israelita *a casa de Deus* por antonomásia é o Templo de Jerusalém, como se diz expressamente em Esd 1,4: "A casa de Deus que está em Jerusalém" (cf. também Dn 1,2); porém, pode referir-se a qualquer lugar sagrado onde se tributa culto legítimo a Deus, como se depreende de Jz 18,31: "Enquanto estava em Silo a casa de Deus".

Ir à *casa de Deus* ou templo não é ir a um lugar qualquer nem para qualquer coisa; vai-se a um lugar que se sabe sagrado, onde o indivíduo pode colocar-se em comunicação com o próprio Deus. Qohélet sabe muito bem disso, já que é um judeu verdadeiramente crente. Por isso mesmo, sabe que dirigir os passos ou dirigir-se à casa de Deus é algo de suma importância, que deve ser feito conscientemente e com o máximo respeito. Não creio que em 4,17a se reflete o medo diante do sagrado, além do mais um sentimento muito comum no âmbito em que Israel se movia (cf. Ex 19,2; Nm 17,28; 1Sm 6,19-21; 2Sm 6,6-10); antes, pelo contrário, traduz o merecido respeito que se deve ter com tudo aquilo que se relaciona a Deus, como será especificado a seguir, quando da crítica do falso culto praticado pelos néscios.

Quando se celebrava no templo a liturgia em geral e a dos sacrifícios rituais em particular segundo o devido espírito, a comunidade dos crentes que delas participava e os indivíduos crentes, como membros vivos dessa comunidade, renovavam explícita ou implicitamente os compromissos que sua fé em Deus exigia, tornavam presente o pacto ou aliança do povo com Deus, com as implicações necessárias na vida social. Havia e continua a haver uma verdadeira correspondência entre o culto sincero a Deus e a vida concreta em meio à comunidade ou sociedade. Por isso, qualquer desequilíbrio em um âmbito refletia-se necessariamente no outro. Era impossível viver cometendo injustiças e celebrar devidamente o culto divino. Se se crê em um Deus Criador e Senhor de tudo, que conhece tudo que é feito e maquinado entre os homens, é impossível crer que se pode enganá-lo, oferecendo sacrifícios rituais como sinal de reverência e submissão a seus mandamentos e, ao mesmo tempo, praticando entre os homens o que ele tanto abomina e detesta: a injustiça social. Assim se compreende com quanta razão levantaram sua poderosa voz os profetas contra o falso culto, praticado pelos injustos e malvados de seu tempo, para tirá-los de seu grave erro, já que Deus não aceita oferendas de mãos iníquas (cf., p. ex., Os 8,13; Am 5,21-24; Is 1,10-17; Jr 7,4-15.21-22).

Deus não tem necessidade de sacrifícios, e menos ainda se vêm de um povo injusto (cf. Sl 50). O que ele quer, segundo o testemunho unânime dos profetas, é uma vida segundo a justiça: "Porque quero lealdade, não sacrifícios; conhecimento de Deus, não holocaustos" (Os 6,6, citado em Mt 9,13 e 12,7; cf. Am 5,21-25; Mq 6,6-8). A vida segundo a justiça identifica-se com o seguimento da vontade do Senhor, manifestada nas palavras autorizadas de seus enviados; em "escutar a palavra", que ressoa por toda parte e de mil maneiras. São reveladoras as palavras do profeta Samuel a Saul, que desobedecera à ordem do Senhor: "Acaso o Senhor se compraz em holocaustos e sacrifícios, como em escutar a palavra do Senhor? Melhor é escutar que sacrificar, a docilidade que a gordura dos carneiros" (1Sm 15,22; cf. também Jr 7,22-28).

Não se pode, entretanto, concluir precipitadamente que Deus repele toda classe de culto. Isso seria simplesmente não ter entendido a crítica dos profetas. O culto não contaminado pela injustiça é agradável ao Senhor. Dele tratam passagens muito importantes da Lei, dos profetas, dos salmos e dos sábios. Mas sempre deverá ficar claro que existe uma escala de valores, como diz um sábio: "Deus prefere a prática do direito e da justiça aos sacrifícios" (Pr 21,3).

Agora podemos compreender em sua justa medida as palavras de Qohélet em 4,17b: *Aproximar-se para escutar vale mais que o sacrifício*. O próprio vocabulário nos é familiar. Em 4,17a, o autor acaba de falar da visita à casa de Deus; o *aproximar-se* refere-se, pois, à relação direta a essa visita ao templo. A ação de *escutar* nos recorda as passagens de 1Sm 15,22 e Jr 7,23, que falam de "escutar a palavra" e "a voz do Senhor" respectivamente. Isso supõe uma atitude profundamente respeitosa e religiosa de abertura e docilidade do crente diante da presença do Senhor.

O que acabamos de dizer é válido para todo sacrifício agradável ao Senhor, porque nele se cumprem todas as garantias exigidas pelas normas mais rigorosas. Contudo, em 4,17b Qohélet introduz um elemento novo: o sacrifício oferecido pelos *néscios*. Sua nescidade afeta o próprio sacrifício, porquanto o que o valoriza não é a vítima em si: um touro, um cordeiro etc., mas a atitude do oferente, neste caso *os néscios, que não sabem sequer fazer o mal*. Na forma negativa, entretanto, o juízo é benigno, pois Qohélet não afirma que os néscios sejam malvados, mas apenas inconscientes. Em 4,17c o autor manifesta sua fina ironia.

Em 4,17, Qohélet pediu uma atitude de escuta e docilidade a todo aquele que visite a casa de Deus; em 5,1, recomenda a tranqüilidade e a discrição no falar diante de Deus, pois a ele é devido o respeito máximo e para ele não há necessidade de longos discursos para estar adequadamente informado.

A cena que Qohélet em imaginação tem diante de si parece ser a dos orantes no templo, que recitam às pressas numerosas e longas orações ou discursos, muito palavrório (*não te precipites com tua boca*), sem nexo e sem sentido (*nem se apresse teu coração*). Como se Deus nada soubesse e fosse necessário informá-lo com nossas próprias palavras. Era nisso que criam os sacerdotes de Baal, na cena do monte Carmelo (cf. 1Rs 18,21-29), e provavelmente era uma crença muito difundida entre o povo. Jesus mesmo disse: "Ao orardes, não fiqueis falando e falando, como os pagãos, que se imaginam ouvidos por seu muito falar. Não sejais como eles" (Mt 6,7; cf. *Sr* 7,14). O conselho de Qohélet, entretanto, é sábio: *tuas palavras sejam comedidas*: nem mais nem menos, sejam exatas.

É verdade que também Qohélet pôde ler em Habacuc: "O Senhor está em seu santo templo: silêncio em sua presença!" (2,20), e em Sofonias: "Silêncio em presença do Senhor!" (1,17); mas esse silêncio que os profetas reclamam diante de Deus não é mais que a experiência de uma sublime confissão da grandeza e da transcendência divinas por parte do homem, que se sente muito pequeno perante a majestade divina. Qohélet está plenamente de acordo com essa visão de Deus e a expressa não tão poeticamente quanto os profetas, mas à sua maneira.

A razão última e de mais peso que fundamenta a atitude bastante respeitosa de Qohélet diante de Deus é formulada por ele com uma sentença lapidar: *Deus está no céu e tu estás na terra*. O original aqui não é o conteúdo, mas a união dos extremos e sua expressão; comparável apenas ao que o salmista confessa: "O céu pertence ao Senhor, a terra foi dada aos homens" (Sl 115,16). Certamente Qohélet quer evidenciar a diversidade irreconciliável entre o âmbito do mundo de Deus e o dos homens. Deus e seu mundo são absolutamente inalcançáveis pelo homem, mesmo que este viva sempre sob o estigma da tentação de querer agarrá-los com as mãos ou com o pensamento, e assim chegar a ser como Deus (cf. Gn 3,5.22). Pois "Deus é Deus e não homem" (Os 11,9; cf. Is 31,3; Ez 28,2.9), ou, como lemos em Jó: "Deus é maior que o homem" (33,12). Com todas essas expressões os autores sagrados querem nos dizer o que entendemos por transcendência absoluta de Deus com relação ao homem. O mais freqüente é que recorram à imagem espacial vertical do acima e do abaixo: o acima ou céu sempre está reservado a Deus; o abaixo (abismo e terra) a suas criaturas, especialmente ao homem.

Tradicionalmente, em Israel o céu foi sempre considerado a morada do Senhor. Em Dt 26,15 lemos: "Volte os olhos de tua santa morada, do céu, e abençoe teu povo, Israel, e esta terra que nos destes". Nos salmos é freqüente esta linguagem: "Nosso Deus está no céu, o que quer ele faz" (Sl 115,3). Também se concebe o céu como o trono do Senhor, ou como o lugar onde está entronizado: "Assim diz o Senhor: o céu é meu trono, e a terra o estrado de meus pés" (Is 66,1). Essa distância física não significa que não haja preocupação com a terra e seus habitantes, os homens. Podemos comprovar que nos primeiros tempos Raab, que acolheu em sua casa os espiões de Josué, dizia: "Porque o Senhor, vosso Deus, é um Deus que está acima no céu e abaixo na terra" (Js 2,11). Nos salmos encontramos também a resposta a nossas possíveis perguntas: "O Senhor colocou seu trono no céu, sua soberania governa o universo" (Sl 103,19); e também: "O Senhor está em seu templo santo, o Senhor tem seu trono no céu: seus olhos estão observando, suas pupilas examinam os homens" (Sl 11,4). Com uma orientação ainda mais confiante: "O Senhor volveu seu olhar de seu excelso santuário, do céu fitou a terra, para escutar os lamentos dos cativos e libertar os condenados à morte" (Sl 102,20-21).

Em todas essas passagens sobressai o uso de antropomorfismos, aplicados a Deus como a coisa mais natural do mundo. Essa maneira de falar de Deus devia ser para Qohélet muito familiar. Por isso sua concepção de Deus de fato não está muito distante da usual em Israel.

2.5.2. Sobre o temor de Deus

Em muitas ocasiões falamos da sinceridade de Qohélet como verdadeiro crente, como autêntico filho de Israel: agora dedicamos este tópico exclusivamente a seu modo de entender o *temor de Deus*, que nos vai aclarar por sua vez como ele concebia a Deus.

a. Qohélet fala do temor de Deus

Entre os temas importantes que várias vezes afloram no Eclesiastes está o do *temor de Deus*. São cinco as passagens em que aparece:

3,14: "Assim Deus fez que o temessem".
5,6: "Tu, em troca, teme a Deus".
7,18: "Tudo corre bem para quem teme a Deus".
8,12s: "Mesmo que eu saiba isso [eu bem sei que]: 'Porque o temem, tudo corre bem para os que temem a Deus, mas para o malvado nada vai bem, nem se prolongarão seus dias como uma sombra, pois não é temente na presença de Deus'".
12,13: "Teme a Deus e guarda seus mandamentos".

Não se pode negar que "o temor de Deus" ocupa um lugar importante no Eclesiastes. Os autores recordam a esse propósito as palavras um tanto exageradas de Fr. Delitzche: "O livro de Qohélet pode ser chamado 'o cântico do temor de Deus'". Belas palavras sem dúvida, mas no conjunto não de todo exatas e, por isso mesmo, exorbitantes.

b. Significado do temor de Deus no Eclesiastes

Não é fácil encontrar a chave de interpretação do Eclesiastes. Muitos séculos nos separam dele. Os exegetas, como era de esperar, não entendem da mesma maneira o *temor de Deus* ali expresso. Para alguns, ele é a mesma coisa que o temor no sentido atual: terror diante do desconhecido e numinoso. Estamos diante de uma concepção da divindade que infunde pânico e medo. Em face da transcendência divina, resta ao homem apenas ficar calado e apavorar-se. Aceita-se pois a palavra "temor" no sentido psicológico mais primário. Essa concepção de Deus gera a religião do medo que tem dominado a humanidade durante grande parte de sua história e, infelizmente, ainda continua vigente. Nesse contexto, não parece que o homem tenha outra saída que a *submissão* incondicional.

Mas essa não é a única maneira de interpretar Qohélet. Os exegetas anteriores esqueceram algo tão importante quanto a experiência religiosa, que, mesmo sendo de Qohélet, é a de um israelita. Quando, por exemplo, lemos 4,17-5,6, não podemos honestamente dizer que Qohélet seja, indiscriminadamente, contra as práticas cultuais, sejam elas individuais ou coletivas; tampouco podemos apresentá-lo como grande defensor do culto oficial. Qohélet se mostra crítico e severo. Em suas palavras transparece um respeito muito grande pela majestade divina, respeito que expressa com a fórmula de 5,6b: *Tu, em troca, teme a Deus*. A fórmula é uma alternativa: Qohélet prefere a atitude mais pessoal e sincera do homem diante de Deus, aquela que revela um respeito absoluto a Deus, fundado na convicção de sua grandeza e na pequenez ou nulidade do homem.

3. Atualidade do Eclesiastes

Tem sentido a pergunta sobre a atualidade do Eclesiastes? Teoricamente, parece uma contradição afirmar que um livro escrito há mais de dois mil anos seja atual. Mas não é. Eclesiastes é, sem dúvida, um livro muito antigo para nós; contudo, a sensibilidade do autor está muito próxima da do homem de nosso tempo. Muitas perguntas que faz a si mesmo são as mesmas do homem contemporâneo. Já as respostas que dá, quando as dá, serão válidas também para nós hoje? Isso é mais discutível.

3.1. Qohélet analisa a realidade criticamente

Não queremos afirmar que Qohélet se defronte com a realidade da vida despojado de tudo *a priori*. Isso é impossível, pois ninguém pode deixar sem mais sua bagagem cultural. Mas um espírito crítico pode observar a realidade e procurar refleti-la — sem se deixar levar pela corrente do modo comum de pensar —, submetendo as opiniões ao crivo da dúvida e, se oportuno, da contradição.

Qohélet é, portanto, um observador realista, não um frívolo otimista. Assim é possível explicar sua atitude diante da tradição sapiencial em geral, o tom irônico e dissimulado de muitas de suas passagens, assim como sua atitude salutar diante do positivo que percebemos na vida, mesmo que Qohélet esteja plenamente convencido de que tudo está marcado com o selo do efêmero.

3.2. Afinidade de Qohélet com o homem contemporâneo

A descoberta da modernidade de Qohélet é de nosso tempo. Sua particular sensibilidade causa em muitos leitores hoje simpatia e admiração, que se convertem em atração irresistível ou *fascinação*. Apesar de sua antiguidade, sentimo-nos próximos, suas palavras parecem recém-pronunciadas. Alguns temas tratados por ele mantêm uma assombrosa atualidade. No espírito insaciável de busca e questionamento de Qohélet, descobrimos uma surpreendente afinidade com o homem atual.

A experiência é para Qohélet norma suprema. Nela descobre, por um lado, a complexidade da existência e suas contradições e, por outro, a incapacidade humana de compreender essa complexidade e seu sentido. O reconhecimento dessa realidade e as dolorosas vivências que isso comporta aproxima mais e mais Qohélet do homem de nossos dias.

Estamos longe das apologias tradicionais, que procuravam apresentar um Qohélet logicamente impecável, livre de qualquer contradição. Por isso mesmo nos atrevemos a predizer que o livro de Qohélet será sempre atual, mas sobretudo nos tempos de transição, já que aí se colocam em dúvida as escalas de valores e reina a instabilidade em todos os níveis da vida.

Como se sabe, Qohélet não aguarda nenhuma espécie de sobrevivência além da morte, fora da possível lembrança efêmera dos que ainda vivem. Por isso a orientação de sua vida está ancorada no mais aquém ou na visão puramente terrena da existência humana. Esse é outro motivo da similitude entre Qohélet e o homem de hoje, crente ou não-crente.

3.3. Qohélet, mestre e guia

A afirmação de que Qohélet continua a ser um sábio mestre e guia em nosso tempo não é novidade, depois do que dissemos neste capítulo. Se ele continua atual, isso mostra que, ao menos para muitos, seu magistério permanece vivo. Temos de dar graças a Deus por encontrar entre os livros sagrados de perene atualidade um que à primeira vista parece pouco atual e perene.

Se é verdade que Qohélet pode dar certa ajuda aos que se professam cristãos, quanto mais aos que não professam nenhuma fé no mais além mas crêem em Deus, ou simplesmente aguardam o que a vida lhes ofereça, mantendo-se fiéis a si mesmos, à voz de sua consciência.

O *Livro da Sabedoria*

Nestes últimos anos assistimos a um renascimento do interesse pela literatura sapiencial, tão estimada na Antiguidade extrabíblica e bíblica. O *Livro da Sabedoria*, fruto maduro da reflexão humana dentro de uma corrente histórica determinada, é um dos mais favorecidos por esse novo empenho. O autor ou autores são pessoas que recebem impulso, alento, inspiração de seu meio ambiente e por sua vez trazem seu grão de areia, sua própria riqueza como contribuição. À medida que aprofundamos mais o conhecimento e o estudo do *Livro da Sabedoria*, descobrimos com satisfação que sua contribuição ao acervo comum é maior do que se tem afirmado até hoje e que em muitos aspectos parece quase inesgotável: problemas profundamente humanos de todos os tempos são em parte resolvidos ou pelo menos inicialmente iluminados, já que nos introduzem em mistérios e enigmas muito mais profundos, os quais são um desafio para todos, sobretudo para os crentes.

1. Canonicidade do *Livro da Sabedoria*

Nós, católicos, sustentamos que *Sabedoria* pertence ao cânon ou à lista dos livros sagrados do Antigo Testamento, sem descurar com isso o fato de o livro fazer parte dos chamados *deuterocanônicos* e sua canonicidade ter sido objeto de discussão na Igreja no Concílio de Trento. Recordemos *grosso modo* toda essa controvertida história.

1.1. Sabedoria na Igreja até santo Agostinho

Seria muito importante para nosso estudo poder afirmar que os autores do Novo Testamento utilizaram o *Livro da Sabedoria*. É preciso reconhecer, entretanto, que é muito difícil demonstrar a existência de passagens inspiradas diretamente nele. Em todo caso, fica aberta a possibilidade de alguns autores do Novo Testamento o terem conhecido, visto que utilizaram a Bíblia em grego, proveniente do Egito (Alexandria), onde com toda a certeza conheciam o livro. É provável que exista alguma relação entre Rm 5,12 e *Sb* 2,24; Hb 1,3 e *Sb* 7,25; Mt 27,39-43 e *Sb* 2,18, e é muito próximo de *Sabedoria* o Evangelho de João, com os temas comuns ao Êxodo.

À medida que o tempo passa, o uso que se faz na Igreja do *Livro da Sabedoria* é cada vez maior, e o apreço com que o têm, mesmo os que não o consideram sagrado, é bastante considerável. Em um balanço imparcial, o positivo supera em muito o negativo.

A mais antiga referência ou alusão ao *Livro da Sabedoria* entre os escritores siráciolas é encontrada em Clemente de Roma, em sua carta aos Coríntios (cf. Clemente, 1Cor 3,4 e Sb 2,24a; 27,5 e Sb 11,20s). Ireneu de Lião, Tertuliano, Clemente de Alexandria, Cipriano e Dionísio de Alexandria citam ou comentam passagens de *Sabedoria* como Sagrada Escritura. Orígenes constata que esse livro "não é admitido por todos como autoridade" (*De Princ.*, 4,4,6; PG 11,407); ele, entretanto, o cita com liberdade, por exemplo ao interpretar cristologicamente *Sb* 7,25s (cf. *Com. In Ioh.*, 13,25; PG 14,444), e chega a chamá-lo de "divino" (cf. *Contra Celsum*, 3,72: PG 11, 1013).

Os capadócios, os antioquenos (menos Teodoro de Mopsuéstia), sobretudo João Crisóstomo, citam freqüentemente *Sabedoria*, assim como o restante da Sagrada Escritura.

No Ocidente, santo Hilário e santo Ambrósio utilizam indiscriminadamente esse livro e os demais livros sagrados.

São Jerônimo marca um divisor na história da canonicidade de *Sabedoria*. Agarrado que era à *hebraica veritas*, admite como livros sagrados do Antigo Testamento os do cânon palestinense judeu, em que não se encontra o da *Sabedoria*. São Jerônimo será o ponto de referência e a autoridade máxima para todos os que negarão depois a esse livro o valor dos livros inspirados. Paradoxalmente, ele cita algumas vezes *Sabedoria* entre os autores sagrados (cf. *In Is* VII, 1,63.8-10: CCLat 73A, 726-728; *In Ez* IV, 1,66.10: CCLat 75,173).

Santo Agostinho, entretanto, defenderá incansavelmente a canonicidade de *Sabedoria* e será a maior autoridade a dar seqüência a uma tradição. Ele formula a canonicidade com toda a classe de argumentos em seus escritos e nas intervenções dos Concílios africanos nos quais estará presente. Um texto seu explicita com precisão que *Sabedoria* é um livro sagrado, e dá as provas disso: o livro "mereceu ser lido na Igreja católica durante tantos anos e ser escutado com a veneração que é devida à autoridade divina" (*De praedestinatione sanctorum*, 14,27). Santo Agostinho aplica ao *Livro da Sabedoria* os critérios que ele próprio expõe em *De doctrina christiana*, 2,8, para determinar se um livro deve ser recebido ou não como canônico.

No âmbito latino, os primeiros concílios, que trataram de determinar a lista dos livros sagrados para a Igreja, refletem exatamente a doutrina de santo Agostinho; foram eles os de Hipona do ano 392 e os dois de Cartago de 397 e 418. Eles serviram de modelo para os concílios mais solenes e oficiais dos séculos posteriores.

1.2. Sabedoria *na Igreja até o Concílio de Trento*

Durante os séculos VI a XVI continua-se a discutir sobre a canonicidade de *Sabedoria*. O nome e a autoridade de são Jerônimo pesam muito; sua opinião negativa é repetida entre alguns pastores e mestres. Entretanto, a sentença favorável à canonicidade do livro firma-se cada vez mais nas Igrejas e nos documentos oficiais. Em 692, o sínodo *In trullo* ratifica a lista de livros canônicos dos sínodos de Cartago. Eugênio IV, durante o Concílio de Florença, escreve a bula *Cantate Domino*, datada de 4 de fevereiro de 1442, na qual entre outras coisas impõe-se aos jacobitas a lista oficial dos livros sagrados, conhecida desde santo Agostinho. Porém a declaração mais solene da Igreja produz-se no dia 8 de abril de 1546, na sessão IV do Concílio de Trento. Por causa dos reformadores, que negavam a canonicidade dos deuterocanônicos, a Igreja viu-se obrigada a *definir* solenemente o cânon das Sagradas Escrituras.

1.3. Sabedoria *entre os ortodoxos e protestantes*

A solene definição do Concílio de Trento faz cessar definitivamente a discussão entre os católicos sobre a canonicidade do *Livro da Sabedoria*. Nas Igrejas orientais ortodoxas o assunto parece não estar ainda decidido. A partir da separação em 1054 coexistem simultaneamente a corrente teórica e a prática nas Igrejas. A primeira exclui *Sabedoria* do cânon dos livros sagrados; a segunda equipara esse livro aos reconhecidamente canônicos. Na época do Concílio de Florença e imediatamente depois, a

Ortodoxia já não reage contra a aceitação pela Igreja latina da canonicidade de *Sabedoria*.

Depois do Concílio de Trento e por influência do protestantismo na Igreja grega, que é seguida praticamente por todas as demais igrejas ortodoxas, toma força a corrente que nega a canonicidade do livro. Depois de 1672, no sínodo de Jerusalém, aceitam o cânon de livros sagrados de Roma. Mas novamentte a partir do século XVIII e até nossos dias impõe-se a dispersão de critérios: é livre a afirmação ou negação da inspiração dos livros deuterocanônicos.

Quanto às Igrejas da Reforma, têm seguido o parecer de M. Lutero. Este, desde o começo, excluiu o *Livro da Sabedoria* do Cânon das Escrituras do Antigo Testamento, pois somente aceitou da tradição a autoridade de são Jerônimo, para quem era unicamente válido o cânon palestinense judeu, no qual não se encontrava o *Livro da Sabedoria*. Apesar de tudo, tem sido ele muito apreciado entre os protestantes, especialmente por seu maior comentarista, C. L. W. Grimm, para quem *Sabedoria* merecia estar entre os livros canônicos. No protestantismo contemporâneo também existe uma corrente de simpatia para com o *Livro da Sabedoria*. R. B. Y. Scott, por exemplo, crê que não é evidente ser "um dogma protestante" ter de repelir o cânon mais amplo ou alexandrino dos livros sagrados.

1.4. Conclusão

O *Livro da Sabedoria* sempre foi altamente apreciado na tradição multissecular da Igreja, mesmo por aqueles que não o consideraram sagrado. Hoje ocorre o mesmo. Entre os católicos não se discute sua canonicidade; prova disso é o uso que se faz dele na liturgia oficial.

2. Unidade do *Livro da Sabedoria*

No início do estudo de *Sabedoria* é razoável e até mesmo necessário fazer a seguinte pergunta: Trata-se de um livro com a *unidade* que implica a concepção global unitária de um só autor ou somente tem a unidade própria de uma compilação de partes, como ocorre, por exemplo, em Provérbios? Falamos, portanto, da unidade de composição literária no sentido mais estrito da palavra. A essa unidade não se oporia a diversidade de fontes de que se pôde servir o autor, como é normal em todos os escritos que se nutrem do passado, da tradição, tais como os livros de história e os de sabedoria.

2.1. Dificuldade contra a unidade de **Sabedoria**

Até meados do século XVIII não se levantara nenhuma suspeita sobre a unidade do *Livro da Sabedoria*. É consenso entre os autores o fato de ter sido C. F. Houbigant quem afirmou pela primeira vez em 1753 que ele se compunha de duas partes essencialmente distintas: a primeira (cc. I-IX), em hebraico, de origem salomônica; a segunda (cc. X-XIX) acrescentada por um escritor grego, talvez o tradutor da primeira parte. A partir daí sucederam-se teorias, mais ou menos caprichosas, que dividem o livro em duas, três, quatro partes ou coleções, atribuindo-se a cada uma delas um responsável diferente. J. C. C. Nachtigal, por exemplo, atribui essas coleções pelo menos a 79 sábios israelitas.

As razões aduzidas são de diversos feitios: além do argumento lingüístico (hebraico-grego), existem algumas diferenças notáveis no estilo, nos pontos de vista, na doutrina; a Sabedoria tem uma função central em *Sb* 6–10; a partir de 11,2, praticamente desaparece (cf. 14,2.5 e em *Sb* 1–5 apenas em 1,4.6 e 3,11); o conceito de Deus em *Sb* 6–19 é nacionalístico e misericordioso para com os seus; segundo S. Holmes, em *Sb* 11–19 abandona-se a visão transcendental da Divindade, presente nos capítulos anteriores; o paralelismo dos membros é observado rigorosamente em *Sb* 1–5, no resto do livro quase desaparece, predomina a prosa etc.

2.2. Argumentos ou razões em favor da unidade de Sabedoria

Os comentaristas concordam sobre o fato de que foi C. L. W. Grimm quem refutou com mais energia todos os autores que negaram antes dele a unidade do *Livro da Sabedoria* e também quem a defendeu com argumentos de toda a ordem. Sua obra foi tão decisiva que com razão se afirma que depois de Grimm é inútil voltar sobre o debate. Por essa razão sintetizamos o que se escreveu a favor da unidade do livro. É conveniente esclarecer que ao defender a unidade de composição de *Sabedoria* não se está negando a diversidade existente nas diferentes partes do livro quanto ao estilo, ao léxico, aos temas tratados etc.

O argumento mais convincente contra a unidade de *Sabedoria* era o de que sua primeira parte (os limites variam conforme os autores) foi escrita originariamente em hebraico. Pois bem, nunca se chegou a provar a existência de um texto hebraico ou aramaico subjacente. Pelo contrário, tudo indica que *Sabedoria*, em seu conjunto, foi escrito em grego e por um só autor.

O argumento principal a favor da unidade interna do livro é o da firme consistência de sua estrutura literária. Entre os muitos autores contemporâneos que defendem sua unidade de composição e autoria (P. Beauchamp, J. M. Reese, C. Larcher, M. Gilbert etc.), destaca-se U. Offerhaus. Seu livro (*Komposition und Intention der Sapientia Salomonis*, Bonn, 1981) é o estudo mais minucioso que se escreveu sobre *Sabedoria* do ponto de vista da composição literária, a qual requer necessariamente um único e verdadeiro autor, que seja capaz de urdir essa trama interna que abrange toda a obra e suas partes do começo ao fim, sem que seja necessário admitir um longo espaço de tempo para sua composição.

Outras razões complementares que favorecem a unidade de *Sabedoria* podem ser os temas e os motivos comuns em todo o livro: por exemplo, o sentido da vida e de suas provações, a retribuição transcendente, o reto e o falso caminho, a esperança escatológica do homem, o amor universal e a misericórdia de Deus para com o homem.

Cada uma dessas provas ou razões isoladamente não comprova a unidade de autoria do *Livro da Sabedoria*, mas todas juntas dão muita probalidade à tese e, unidas a outras razões positivas internas, confirmam a unidade.

2.3. A unidade não exclui a pluralidade de fontes

Nem a unidade de composição de *Sabedoria* nem a unidade de autoria exigem originalidade absoluta na concepção do livro ou nos materiais utilizados, especialmente num período tão eclético como o do helenismo tardio. A unidade de um livro não se opõe à pluralidade de suas fontes de inspiração. A polêmica contra o politeísmo (13-15) inspira-se, talvez, em um tratado escrito por um judeu helenista. A oração de Salomão (9) poderia também ser uma adaptação de um salmo utilizado na comunidade de Alexandria. O autor fundiu vários elementos tomados por empréstimo em uma unidade orgânica superior que constitui o *Livro da Sabedoria* e esquematicamente pode ser assim apresentada:

1ª Parte: Vida humana e juízo escatológico: 1,1-6,21
    1.a. Exortação para amar a justiça: 1,1-15
    2.b. Malvados e justos frente a frente: 1,16-2,24
    3.c. Revelação dos paradoxos desta vida: 3,1-4,20
    4.b. Ímpios e justos frente a frente no juízo escatológico: 5,1-23
    5.a. Exortação aos governantes: 6,1-21

2ª Parte: Elogio da sabedoria: 6,22-9,18
    1. Discurso de Salomão sobre a sabedoria: 6,22-8,21
    2. Oração de Salomão pedindo a sabedoria

3ª Parte: A justiça de Deus revela-se na história: 10-19
    1. De Adão a Moisés a salvação pela sabedoria: 10,1-11,1
    2. Juízo de Deus sobre a história: 11,2-19-21
    2.1. Narração introdutória: 11,2-19,21
    2.2. Tema da homilia: 11,5
    2.3. Ilustração do tema em sete dípticos: 11,6-14 e 16,1-19
        a. água da rocha — águas ensangüentadas do Nilo: 11,6-14

[As duas digressões da 3ª parte: 11,15-15,19
1ª   digr.: Moderação de Deus onipotente com o Egito e
     Canaã: 11,15-12,27
2ª   digr.: Crítica da religião dos pagãos: 13-15
1) Culto à natureza: 13,1-9
2) Culto aos ídolos, sua origem e conseqüências: 13,10-15,13
3) Idolatria universal e zoolatria dos egípcios: 15,14-19]
    a. Praga dos animais — codornizes: 16,1-4
    b. Mordeduras das serpentes e praga dos insetos: 16,5-14
    c. Praga dos elementos atmosféricos — dom do céu: 16,15-29
    d. Praga das trevas — coluna luminosa: 17,1-18,4
    e. Morte dos primogênitos egípcios — libertação de Israel: 18,5-25
    f. Juízo do mar: morte aos egípcios — libertação dos israelitas: 19,1-9

2.4. Reflexões finais: 19,10-21

Conclusão: Hino de louvor a Deus: 19,22

3. Influências no *Livro da Sabedoria*

Ao falar das influências em *Sabedoria*, estamos nos referindo à dependência literária que descobrimos no livro ao ambiente cultural e religioso em que o autor vive imerso e às obras escritas que pôde conhecer. Em resumo, são dois os âmbitos que exerceram influência no (autor do) *Livro da Sabedoria*: o helenismo e o judaísmo alexandrino.

O primeiro, mais amplo e externo, corresponde à cultura geral da época que se estende de Alexandre Magno a Augusto, na qual nasce e se desenvolve a cidade de Alexandria com todas as suas instituições, inclusive as da comunidade judaica. O segundo âmbito ou meio ambiente religioso-cultural, menos amplo e mais próximo do autor que o anterior, é formado pela comunidade israelita da diáspora no Egito, na qual se conserva e se vive com intensidade a fé tradicional do povo de Israel, fundamentada especialmente em seus livros sagrados: a Lei, os profetas e os outros escritos, que chamamos Antigo Testamento.

3.1. *Influência do helenismo em* Sabedoria

O helenismo é constituído não apenas pelas grandes correntes filosóficas e científicas do tempo, mas também pelos movimentos de vulgarização popular tanto das escolas filosóficas como das correntes morais, religiosas, políticas, sociais e culturais em geral. Perguntar por sua influência em *Sabedoria* é perguntar a uma só vez por muitas coisas. Aqui nos restringiremos às correntes filosóficas mais amplas e às questões religiosas e morais.

3.1.1. Influência máxima, mínima, intermediária

Há autores que descobrem por toda parte em *Sabedoria* as influências das escolas filosóficas; como se a utilização de um termo comum com uma escola filosófica significasse a pertença a ela. Nessa linha se colocariam E. Pfleiderer, M. Friedländer, S. Holmes e, de certa maneira, também D. Winston, já que segundo ele o platonismo médio seria a fonte principal de inspiração para o autor de *Sabedoria*, como o foi para Fílon de Alexandria.

Pelo contrário, outros autores reduzem ao mínimo possível a influência do signo grego, pois crêem que é preciso defender a todo custo a originalidade dos autores bíblicos para salvar a revelação que eles nos transmitem. P. Heinisch concorda que o autor de *Sabedoria* possuía uma boa formação helenística; entretanto, pensa que o impacto que recebeu por parte da filosofia grega foi mínimo e mesmo assim superficial.

Autores posteriores seguiram essa tendência assinalada por P. Heinisch. Entre os mais significativos é preciso considerar J. Fichtner, que defende com todas as forças a influência dos escritos do Antigo Testamento sobre *Sabedoria* e o faz à custa da filosofia grega e ainda por cima com evidentes exageros. G. Verbeke desvirtua fortemente o uso que o autor de *Sabedoria* faz da terminologia estóica, reduzindo os termos a meros nomes ou cápsulas, separáveis de seu significado.

Creio que a atitude intermediária, que evita os dois extremos — influência total transformante, influência nula ou quase nula —, é a mais sensata. É evidente que não basta estar ele imbuído a fundo numa das duas culturas e pouco na outra, nem o conhecimento superficial das duas; seria necessário pertencer inteiramente às duas. A formação profundamente judia do autor e sua fidelidade à fé tradicional, por um lado, e a boa educação helenística recebida em sua juventude, por outro, garantem de antemão uma equilibrada atitude intermediária.

Essa atitude intermediária admite, portanto, uma influência real dos pensadores helenísticos no autor de *Sabedoria*; essa influência ultrapassa a mera utilização de um vocabulário técnico comum, contudo deixa a salvo sua identidade judaica no âmbito religioso e moral.

3.1.2. Influências helenísticas concretas

Neste tópico, nossa tarefa é evidenciar os prováveis vestígios que as principais correntes de pensamento helênicas ou helenísticas deixaram em *Sabedoria*. É certo que não encontramos em tal livro passagens citadas de autores gregos ou helenísticos; esse fato, todavia, não exclui automaticamente a influência real das escolas ou correntes de pensamento, como acontece com o Antigo Testamento, tampouco expressamente citado; contudo, ninguém nega sua forte influência.

a. Sabedoria, Platão e platonismo

É inegável a influência de Platão em *Sabedoria*: são muitos os pontos de contato sobre a beleza, a superioridade da alma, as relações corpo/mente, os aspectos éticos da religião. Também são muitas as diferenças que separam nosso autor das doutrinas de Platão sobre Deus, sobre o homem em geral e sobre pontos particulares como a justiça, a sabedoria, o espírito, a retribuição, o destino definitivo do homem, o bem e o mal, a sociedade etc.

Mas não é única nem exclusiva a influência de Platão. Depois de Platão, as correntes filosóficas gregas de inspiração espiritualista ou procedem diretamente dele por meio de seus discípulos ou estão contagiadas por algumas de suas idéias. Com o passar do tempo, o acervo comum popular se enriqueceu com idéias de muitas fontes, que rapidamente perderam sua identidade de origem.

O pseudo-Salomão foi educado na cultíssima Alexandria, onde podia dispor com facilidade das obras de Platão e de todos os grandes mestres do helenismo.

b. Sabedoria e epicurismo

A possível influência das doutrinas de Epicuro ou de sua escola no *Livro da Sabedoria* se reduz ao discurso dos ímpios em 2,1-11. Nele os ímpios se esforçam em fundamentar de alguma maneira a orientação de suas vidas. É bastante provável que muitos dos chamados discípulos de Epicuro tenham se identificado com essas orientações. Nosso autor, polemista consumado, queria refutar esses supostos epicuristas, tão florescentes no século I a.C., cujo máximo expoente foi Lucrécio com sua *De rerum natura*.

Porém, 2,1-11 não se dirige exclusivamente aos discípulos de Epicuro; alguns ensinamentos aí recordados não concordam com os ensinamentos autenticamente epicuristas, como são os apelos ao gozo desenfreado da vida e das atitudes de violência incontrolada. Ao que parece, a intenção do autor de *Sabedoria* é abranger, sem distinção alguma, todos os libertinos, israelitas ou não-israelitas, de qualquer tempo.

c. Sabedoria e estoicismo

Os comentaristas são unânimes em admitir que o autor de *Sabedoria* faz uso freqüente do vocabulário típico da escola estóica. O problema surge quando perguntamos até que ponto assume ele também a ideologia estóica, pois não se pode ignorar que o estoicismo é panteísta. A fé do autor de *Sabedoria* em um Deus pessoal, criador do mundo e dele distinto, impede-o de identificar-se com a doutrina estóica em todos os casos em que entra em conflito com sua fé. A mesma coisa deve ser dita da doutrina sobre o *espírito*. Nem tudo, entretanto, no estoicismo deve ser interpretado de maneira panteísta ou materialista. Muitos termos e conceitos estóicos fazem parte do domínio comum, seja porque os estóicos aceitaram os de uso corrente, seja porque escaparam dos círculos particulares estóicos e perderam seu matiz de escola. Desses termos e conceitos se vale o autor de *Sabedoria* para expressar seus pensamentos e esclarecê-los, servindo-se, sem dúvida, em muitos casos da ideologia estóica (ver, por exemplo, 1,7; 6,17-20; 7,22-24; 8,1-6; 16,21.24). Não podia ser de outra maneira, já que as doutrinas estóicas eram as mais difundidas e em voga no tempo do autor, e muito aptas para expor seu ensinamento moral e religioso.

d. Recapitulação

Enumerar todas as possíveis fontes helenísticas em que o autor de *Sabedoria* se inspirou e das quais se serviu para compor seu livro é uma tarefa simplesmente impraticável. Falamos das principais correntes de pensamento que, sem dúvida, o influenciaram; porém ainda ficam outras tantas correntes menores que de todas as partes afluíam ao imenso rio que era o helenismo nos começos da nova era.

O breve exame que acabamos de fazer mostra a vasta cultura helenística do autor de *Sabedoria*. Constatamos que não é um gênio criador, mas um pensador normal, um mestre da sabedoria que soube assimilar à sua maneira diversas e díspares correntes de pensamento de seu tempo, sem se afiliar a nenhuma delas.

3.2. Sabedoria *e o* Antigo Testamento

No parágrafo anterior ficou evidente que o meio cultural helenístico deixou sua marca no *Livro da Sabedoria*. O motivo principal dessa marca foi a permeabilidade do autor à pressão ambiental de uma sociedade culturalmente helenística, muito provavelmente em Alexandria do Egito. Pela mesma razão, a concepção judaica da vida, do ponto de vista cultural e religioso, e mais precisamente o Antigo Testamento, deve estar ainda mais presente em *Sabedoria*, pois um judeu erudito e piedoso, como era seu autor, devia estar imerso em seu meio ambiente e saber de memória a história e as tradições de seu povo, como constava nos livros sagrados e era repetida freqüentemente na Sinagoga e em casa. Tudo

O *Livro da Sabedoria*

isso constituía o fundamento da identidade do povo eleito na vasta diáspora pela qual andavam dispersos.

O que chamamos Antigo Testamento era no tempo do autor de *Sabedoria* a parte mais importante do legado religioso e literário da tradição viva do povo judeu. Outras tradições, umas orais, outras escritas, completavam a rica bagagem daquela comunidade judaica, da qual fazia parte o pseudo-Salomão. De fato, vamos ver que o autor de *Sabedoria* se vale do Antigo Testamento ou da Sagrada Escritura para a exposição de seus ensinamentos.

3.2.1. Continuação ou ruptura?

A Sagrada Escritura ou o Antigo Testamento é, com certeza, a fonte de inspiração do autor de *Sabedoria*. Mas os ensinamentos que aqui encontramos são mero prolongamento das fontes ou supõem uma superação tal que é preciso admitir uma ruptura entre o antes e o depois de *Sabedoria*?

Provavelmente o autor não tinha consciência de que apresentava doutrinas novas ou tão novas com relação aos ensinamentos tradicionais. Ele, subjetivamente, está convencido do que disse e o confirma com o que lê na "Lei, nos profetas e nos restantes livros dos antepassados" (*Sr*, Prólogo). Na Escritura encontra a confirmação daquilo de que está convencido. Inscreve-se assim em uma corrente de vida, a vida de fé de uma comunidade que, por sua vez, faz parte de um povo com uma longa história, com raízes aprofundadas no tempo, pelas quais corre uma seiva rejuvenescedora pelo Espírito do Senhor. Por isso podemos dizer que seu ensinamento é a continuação, o prolongamento de suas fontes; mas, ao mesmo tempo, renovação ou ruptura, porque é como a própria vida.

3.2.2. Relações de Sabedoria com o Antigo Testamento

O autor de *Sabedoria* vive precisamente no seio de uma comunidade de crentes e nela participa ativamente. Agora nos interessa destacar a influência objetiva do corpo de livros sagrados, isto é, do Antigo Testamento, no *Livro da Sabedoria* como o possuímos na atualidade.

Na hora de procurar descobrir as passagens concretas da Bíblia em *Sabedoria*, deparamos com a dificuldade de o autor jamais citar explicitamente passagem alguma; limita-se a simples alusões ou referências, e, raríssima vezes, a citações implícitas. Isto supõe no autor conhecimento e domínio perfeito da Bíblia, e de alguma maneira também nos leitores para que o possam entender.

Nosso trabalho é meramente indicador: assinalamos lugares paralelos nos quais acreditamos tenha-se inspirado o pseudo-Salomão e dos quais se serve para expressar suas próprias idéias; as diferenças e matizes são discutidos longamente nos comentários. Na exposição seguiremos a ordem dos capítulos ou partes de *Sabedoria*.

a. *Sb* I (cc. 1-6) e Antigo Testamento

— *Sb* 1,1 e 6,1ss e 2,23s têm em conta o Salmo 2

— *Sb* 1,13-15 e 2,23s supõem uma reflexão teológica sobre Gn 1-3; nestes capítulos o autor já descobre o germe da novidade de seu ensinamento. É evidente que, quando ele aborda os temas da retribuição divina durante a vida e depois da morte, suas fontes preferidas, não únicas, são o Segundo Isaías e os salmos.

— *Sb* 2,10-20 e 5,1-5: o tema do justo perseguido de modo iníquo durante sua vida e reivindicado depois da morte é central em toda a primeira parte. Aqui o autor tem muito a dizer e o diz valendo-se fundamentalmente de uma grande figura do Antigo Testamento: a do servo de Iahweh, cantado por Is 52,13-53,12. Em outro lugar, trataremos dos ensinamentos do autor sobre a retribuição, que é a resposta às perguntas implícitas que todo israelita se faz diante da realidade, representada pelo servo sofredor.

— *Sb* 4,7ss alude evidentemente a Gn 5,24LXX e a outras tradições judaicas sobre Henoc.

Em geral podemos dizer que *Sb* I está construído sobre uma trama veterotestamentária, na qual sobressaem particularmente Gn 1-3, Is 40-66 e alguns salmos.

b. *Sb* II (6,22-9,18) e o Antigo Testamento

Nesta segunda parte de Sabedoria, as influências do Antigo Testamento, segundo a versão dos LXX, são também numerosas, não podendo muitas delas ser reduzidas a uma passagem determinada; o autor as entrelaça de forma inconsciente e sutil. Praticamente não se deixa de citar parte alguma da Sagrada Escritura, desde o Gênesis até os escritos sapienciais, passando pelos profetas e salmos.

— A partir de *Sb* 7,1 é Salomão quem fala, tendo como ponto de referência 1Rs 3,5-15 e 2Cr 1,7-12. O Salomão que ora se nos apresenta é um Salomão idealizado, sem defeitos morais, como em 2Cr. Assim, *Sb* 7,17-20 inspira-se em 1Rs 5,9-14 e ainda o completa, para que possa servir de modelo aos sábios gregos.

— Em *Sb* 7,21 e 8,6 aparece a sabedoria criadora; o autor pôde inspirar-se em Pr 8,30, mas eliminando definitivamente a incerteza do original hebraico e da versão grega.

— *Sb* 8 apresenta a sabedoria como digna de ser amada, como se ama a uma esposa. O autor provavelmente recorda o Cântico dos Cânticos e alguns textos sapienciais como Pr 4,6LXX; Pr 31; Sr 6,26-28.

— Quanto à oração de Salomão em *Sb* 9, remete-nos a passagens do Antigo Testamento, a começar de Gn 1,26s, passando pelos livros históricos, pelos profetas e salmos. Nota-se no autor um desejo constante de atualizar a gloriosa cultura de seu povo, valendo-se claramente da avançada cultura grega.

c. *Sb* III (10-19) e o Antigo Testamento

Trata-se da parte em que a influência do Antigo Testamento aparece com mais clareza. O autor mostra seu domínio da Escritura, utilizando-a do começo ao fim com o estilo que lembra o midrash de cunho alexandrino.

— Em *Sb* 10,1-14, a Escritura de fundo é o Gênesis. A partir de 10,15, o Êxodo e os Números proporcionam a matéria de reflexão.

— Nas duas digressões são feitas rápidas alusões à Bíblia.

Sb 11,15-12,27 responde à pergunta "por que Deus usa de clemência para castigar os povos ímpios. Com o Livro de Jonas, o autor de *Sabedoria* diz que também os inimigos de Deus são criaturas e, por isso, Deus não quer seu aniquilamento, mas que se emendem" (G. Ziener). Pode-se comparar *Sb* 11,17 e Gn 1,1-2; *Sb* 11,22 e Is 40,15; Sb 12,12 e Jó 9,12 e 19.

Em *Sb* 13-15, o autor recorre à tradição bíblica contra os ídolos, bastante atestada nos profetas e nos salmos: comparar *Sb* 13,10-19 com Is 44,9-20; *Sb* 14,5-7 com Gn 6,14ss; *Sb* 14,25 com Os 4,2; *Sb* 15,1 com Ex 34,6; *Sb* 15,10 com Is 44,20; *Sb* 15,11 com Gn 2,7; *Sb* 15,15 com Sl 115,5-7. A influência do Isaías grego é predominante.

— Quanto às sete comparações a partir de *Sb* 11,6, o autor continua fundamentalmente em Ex e Nm, mas não se limita a repetir a narração das pragas no Egito, as peripécias no deserto e os benefícios em Israel; vale-se também de outras tradições poéticas bíblicas (cf. Sl 78 e 105-107) e extrabíblicas (por exemplo, sobre o maná ou as trevas no Egito).

3.3. Conclusão

Depois dessa rápida visão do *Livro da Sabedoria* podemos assegurar a familiaridade do autor com a cultura helenística de seu tempo e com a maneira de expor a Sagrada Escritura na sinagoga. Geralmente segue a versão dos LXX, mas em momento algum o faz de modo servil.

Os vastos conhecimentos do autor, provenientes de seu meio judeu e helenístico, completam em muitas passagens a fonte principal da Sabedoria que sempre é a Sagrada Escritura ou o Antigo Testamento.

O livro é uma obra madura. Nela o autor soube conciliar a tradição autenticamente israelita com as correntes espiritualistas do helenismo alexandrino. Ele vive com intensidade a fé de seus antepassados, mas está aberto também à cultura universal e sincretista de então. Ao aceitar influências estranhas, não nega sua fé, pois as assimila organicamente num processo de evolução dogmática. Sabe aproveitar os ensinamentos positivos do platonismo e do estoicismo e das polêmicas entre as escolas, especialmente contra o epicurismo vulgarizado, contra o politeísmo e as aberrações dos cultos mistéricos. Parte certamente da fé tradicional judaica, aprofunda seus dogmas, traz novas luzes, ilumina mistérios até então impenetráveis. Deus se vale da sabedoria humana para manifestar-nos pouco a pouco seus desígnios.

4. Data de composição do *Livro da Sabedoria*

A respeito da data de composição de *Sabedoria*, os autores nunca estiveram e tampouco estão de acordo. Neste capítulo vamos expor primeiramente as datas-limite dentro das quais se movem as opiniões e os argumentos em que nos apoiamos.

4.1. Marco cronológico, datas-limite

Dois pontos marcam os extremos da datação de *Sabedoria*: a versão para o grego da Bíblia hebraica (os LXX) e Fílon de Alexandria.

Sobre o primeiro ponto, os LXX, move-se para uma convergência de opiniões, ou seja: o autor de *Sabedoria* utilizou a tradução grega da Bíblia. Porém, não sabemos com certeza quando essa versão foi terminada; daí uma margem apreciável antes da qual o *Livro da Sabedoria* não pôde ter sido escrito: começo ou final do século III a.C.

No que diz respeito ao segundo ponto, antes do qual *Sabedoria* deve ter sido escrito e não depois: Fílon de Alexandria (ca. 20 a.C. — 40 d. C.), a maioria dos autores está de acordo com ele, uma vez que não se verifica no livro nenhuma influência de Fílon, tampouco de seu método alegórico de interpretação. Ainda que esse argumento não seja decisivo, Fílon não deixa de ser um ponto de referência interessante, e serão poucos os autores a ir além da data por ele determinada.

4.2. Nossa proposta de datação para **Sabedoria**

Muitas são as propostas de datação do *Livro da Sabedoria* feitas fora e dentro dos pontos de referência que acabamos de assinalar. A data mais difundida até agora é o século I a.C., antes da dominação romana do

Egito (30 a.C.). Entretanto, a cada dia aumenta o número dos que defendem uma data mais tardia, já próxima da era cristã. Como explicaremos a seguir, esta é também nossa opinião.

Nossa tese é que foi escrito provavelmente nos tempos de Augusto, ou seja, entre os anos 30 a.C. e 14 da era cristã. Essa proposição concorda perfeitamente com a análise do próprio livro: prováveis alusões a situações históricas do tempo do autor, influências filosóficas e literárias, vocabulário etc.

No começo da dominação romana a comunidade judaica já estava bem assentada no Egito, e sua organização interna nada tinha a invejar em relação a qualquer outro grupo étnico, inclusive aos gregos. Quanto à produção literária dos judeus alexandrinos dessa época, devemos falar de uma "fermentação intelectual", cujo fruto principal é, sem dúvida, o *Livro da Sabedoria* e a grande obra de Fílon (cf. J. Vílchez, *Sabiduría*) [1990], pp. 501-525). Conhecemos com muitos pormenores a época em que viveu e escreveu Fílon; a época do *Livro da Sabedoria* pode ser deduzida das observações seguintes.

4.2.1. Características do autor

Admitimos, com a maioria dos especialistas, que o autor de *Sabedoria* era um judeu bem informado na fé e na cultura de seu povo, cujos livros e história servem de ponto de referência a suas reflexões. Além disso, trata-se de um autor respeitado na língua e na cultura gregas, como mostram o próprio texto de *Sabedoria* e os conhecimentos enciclopédicos e filosóficos gerais, dispersos em toda a obra. Essas características não determinam por si mesmas uma data fixa, mas estão perfeitamente de acordo com o que propomos: a época de Augusto. Elas supõem uma infra-estrutura social e cultural muito avançada, que somente se pode dar em uma grande cidade; no Egito é lógico que seja Alexandria. Na época de Augusto, a comunidade judaica de Alexandria é florescente: cultivam-se as artes, as letras, luta-se com determinação para conservar a própria cultura e colocar-se no mesmo nível sociocultural dos "cidadãos de Alexandria" (cf. J. Vílchez, *op. cit.*, pp. 477-497).

4.2.2. Situação dos judeus segundo Sabedoria

O ambiente que o livro reflete não é o de um tempo de perseguição contra os judeus, mesmo que na primeira parte se descreva um confronto entre o justo e os malvados. O justo apresenta-se como o protótipo do homem fiel como indivíduo, não como representante do povo judeu ou da comunidade local. Muito provavelmente o autor está pensando em situações da vida normal em que os judeus apóstatas que abandonaram a fé e os ensinamentos de seus antepassados passaram a viver como pagãos libertinos e a zombar dos que se mantinham fiéis na fé (cf. 2,10ss; 3,2.10; 5,4-8). Exclui-se, portanto, nesses primeiros capítulos do livro, a intenção de o autor fazer alusão a qualquer período turbulento em que os judeus fossem objeto de perseguição sangrenta.

À mesma conclusão nos leva a terceira parte de *Sabedoria*. Aqui o confronto se dá de forma literária e tem como protagonistas o povo judeu e os egípcios dos tempos faraônicos. Para expressar a realidade de seu tempo, o autor vale-se de formas tradicionais e estereotipadas, como aparecem nos livros sagrados. Os judeus geralmente mantiveram-se fiéis ao poder estabelecido. Por essa razão tiveram de sofrer muito da parte dos "gregos" e dos "alexandrinos", que jamais os viram com bons olhos. Aproveitam qualquer ocasião para importuná-los e tornar a vida impossível. Talvez em *Sb* 19,16 o autor faça alusão à reivindicação permanente da comunidade de Alexandria cobrando dos "gregos" e dos "alexandrinos" um estatuto jurídico ou seus direitos civis, reivindicação aguçada com a ida dos romanos para o Egito, especialmente com os decretos de Augusto a esse respeito. Para o domínio dos romanos aponta também *Sb* 14,17: "Como os homens, vivendo distante, não podiam venerar os soberanos em pessoa [...]" Mesmo assim *Sb* 14,22: "Saúdam estes males com o nome de paz", refere-se com muita probalidade à *pax romana*, instaurada no império de Augusto.

Sabedoria não alude, nem sequer de maneira velada, às autoridades civis como perseguidoras dos judeus. O autor dirige-se com liberdade e valentia, mas respeitosamente, aos reis e soberanos, com um estilo enfático, próprio de um escritor sapiencial (cf. 1,1; 6,1–11.21).

Como se pode notar claramente, todos os indícios confluem para o tempo de Augusto, quando reina a paz em todos os países da bacia mediterrânea, bem como no Egito, província imperial romana. Esse importante dado para determinar a data de composição de *Sabedoria* será confirmado com mais força ainda pela análise de seu vocabulário.

4.2.3. Análise do vocabulário de Sabedoria e sua relação com a época de Augusto

Em geral os comentaristas dão mais atenção aos termos que são raros ou aparecem apenas em *Sabedoria*. *A priori* pode-se afirmar que é muito importante o estudo dessas palavras raras; mais ainda se aparecem pela primeira vez ali em todo o âmbito da literatura grega bíblica e profana, para dar uma solução ao problema da datação de *Sabedoria*.

— *threskeía*: aparece duas vezes (14,18a e 27a) com o sentido de *culto* aos ídolos; do mesmo modo o verbo *threskeúein* (11,15b e 14,16b) com o mesmo significado verbal. Tanto o substantivo como o verbo são desconhecidos pelos LXX e se encontram apenas em escritos judaicos posteriores, como em 4Mc 5,7.13 e em Fílon e Flávio Josefo. No século V a.C., Heródoto utilizara *threskeía* e *threskeúein* com sentido religioso, referindo-se aos ritos egípcios; mas desde aqueles longíquos tempos não tornam a aparecer nem uma só vez na literatura grega até o período romano. É pois de suma importância o uso desse substantivo e desse verbo em *Sabedoria* para determinar a data de sua composição.

— O uso da palavra *sébasma*: *objeto digno de veneração*, leva-nos a confirmar a mesma data. Pode ser encontrada em 14,20b e 15,17b, mas na literatura grega aparece pela primeira vez em Dionísio de Halicarnaso, historiador que viveu em Roma nos tempos de Augusto. Depois dessas datas é de uso comum.

— O vocábulo mais importante e no qual os autores mais se têm fixado é *krátesis*. Lemos em 6,2-3: "Prestai atenção vós que dominais os povos e ostentais uma multidão de súditos; vosso poder [*krátesis*] provém do Senhor, e o mando do Altíssimo". Com o termo *krátesis*, o autor com toda a certeza está se referindo à soberania do imperador Augusto, que tem início com a tomada de Alexandria no ano 30 a.C. Esse acontecimento marcou não apenas a vida de Augusto, mas também a do Egito e, de modo geral, a do Império romano. De tal maneira foi determinante para o Egito que com ele começa uma nova era, a egípcia ou alexandrina.

Tudo, pois, nos leva a crer que a data de composição do *Livro da Sabedoria* se dá no tempo de Augusto (30 a.C.-14 d.C.), e o advento da era cristã não constitui impedimento para isso.

4.3. Formação paulatina de Sabedoria

Que o *Livro da Sabedoria* tenha sido composto durante o longo reinado de Augusto não significa que seu autor tivesse de demorar todo esse tempo para escrevê-lo. Tampouco significa que não pudesse utilizar materiais muito mais antigos e mesmo de fora do Egito ou, pelos menos, com influência palestinense. Isso parece evidente na primeira parte do livro.

De qualquer forma, acredito que os extremos deveriam ser evitados: o livro foi escrito durante um curto período de tempo, ou durante toda uma vida. Em todo caso é preciso levar em conta que uma obra como essa requer bastante tempo para que o material possa ser recolhido, ordenado e finalmente redigido.

5. Importância doutrinal do *Livro da Sabedoria*

Cronologicamente falando, *Sabedoria* é o último livro a fechar a lista dos livros canônicos do Antigo Testamento. Sua importância reside principalmente no valor intrínseco de sua doutrina, verdadeira ponte entre a antiga e a nova era a despontar. Em seu conjunto, o livro é fiel reflexo da história milenar de um povo rico em experiência religiosa. Continuamente nos remete a tradições antigas que se conservam vivas pela meditação privada e pela pregação oficial e pública. Esta tem lugar na Sinagoga por ocasião das festividades litúrgicas, nas quais se reza, se canta e se louva a Deus com os salmos. O autor de *Sabedoria* está bem familiarizado com a leitura dos profetas; há momentos em que ao ler aquele livro temos a impressão de estar lendo um dos antigos profetas quando trata, por exemplo, de justiça ou injustiça.

O autor anônimo, inserido na corrente dos sábios judeus e helenistas, não pode deixar de tratar dos temas tão sugestivos e brilhantes da *sabedoria* e do *Espírito*, alcançando patamares até então desconhecidos. A fé israelita e a bagagem religioso-cultural helenística (greco-egípcia) fecundam-se mutuamente e, por caminhos diferentes ao notadamente palestinense (Daniel, *2 Macabeus*), os judeus da diáspora no Egito são ilustrados e catequizados nos mistérios até agora não decifrados da injustiça dominante, do sofrimento sem sentido, dos fracassos aparentes e da morte imerecida dos justos. A nova chave de interpretação está na fé segura e firme na imortalidade pessoal, prometida e querida por Deus, além da morte e no ensinamento sobre a retribuição também ultraterrena, segundo o juízo misericordioso, sereno e insubornável de Deus.

A seguir exporemos alguns temas, verdadeiramente importantes, conforme desenvolvidos no *Livro da Sabedoria*, que demonstram ser ele um dos legados mais preciosos da literatura grega religiosa no âmbito helenístico.

5.1. A sabedoria

No *Livro da Sabedoria*, as especulações sobre a sabedoria atingem seu grau mais elevado. Contribuíram para isso uma longa tradição de escola, um meio cultural favorável e as qualidades especiais do autor. O tema da sabedoria é muito importante no livro. A *sophía* é, sem dúvida, protagonista da segunda parte (6,22-9,18), que leva por título: "Elogio da Sabedoria". Sua importância indiscutível ficará evidente no presente tópico. Talvez tenha sido esta a razão pela qual o livro tomou o nome de *Sabedoria* de Salomão. Na segunda parte (1,1-6,21), entretanto, passa quase despercebida (1,4.6; 3,11); na terceira (10-19) aparece apenas no capítulo 10 (vv. 4.8.9.21 e o pronome nos vv. 1.5.6.10.13.15) e esporadicamente no tratado sobre a idolatria (cf. 14,2.5).

5.1.1. Sabedoria e o ambiente helenístico alexandrino

Um dos elementos mais genuínos da cultura antiga do Oriente Próximo e da bacia oriental do Mediterrâneo é a especulação sobre os temas fundamentais da vida, cerne da literatura sapiencial. A trajetória não é nova e tem sido objeto de muitos estudos.

Até o fim do século I a.C. e início da era cristã, ao tempo em que o autor de *Sabedoria* vivia, Alexandria do Egito era um centro cultural de primeira ordem. A ela afluíam todas as correntes de pensamento. Pode-se considerá-la a herdeira e depositária legítima da civilização várias vezes milenar do alto e do baixo Egito, de Tebas, de Mênfis e de todo o delta. Nela compareciam o Oriente e o Ocidente (Roma e Atenas): seu Museu e sua Biblioteca, célebres, constituíam todo um símbolo.

O autor de *Sabedoria*, homem culto e aberto às correntes dominantes grega e semita, encontrava-se em ótimas condições para dissertar sobre a sabedoria e trazer algo novo, fruto da fusão de culturas distintas mas complementares. Descobre-se sem dificuldade a tradição sapiencial do antigo Israel no livro; as especulações sobre *Sabedoria* ligam-se espontaneamente aos sapienciais anteriores, sobretudo com Provérbios, Dêutero-Isaías e Salmos. Mas apareciam também de vez em quando na diáspora judeus de espírito aberto às correntes de então, que sabiam assimilar prudentemente; nosso autor é um exemplo magnífico disso. Além do mais, o Egito oferecia aos israelitas sábios um aliciador especial: dois de seus grandes antepassados, protótipos do sábio, tornaram-se conhecidos em todo o Egito: José, nascido na terra de Israel, porém revelado no Egito; e Moisés, egípcio de nascimento e de educação. O Egito era, pois, terra propícia para que um autêntico sábio israelita produzisse também frutos autênticos de sabedoria.

No *Livro da Sabedoria* lutam entre si ao mesmo tempo o espírito particularista do israelita e o universalista do helenista. Por seu caráter helenista e universalista, o autor de *Sabedoria* pode ser considerado também herdeiro da tradição internacional dos sábios do Oriente antigo. Dessa maneira a *hokmá* semítica vai-se converter na *sophía* grega, porém elevada a uma categoria até então apenas insinuada com timidez, pelo menos no âmbito israelita.

5.1.2. Personificação da sabedoria

Às vezes os investigadores falam indiscriminadamente de personificação ou de hipóstase da sabedoria, confundindo os termos. Hipóstase, na terminologia teológica, quer dizer pessoa; personificação não chega a tanto: é uma figura literária conhecida e empregada universalmente; daí o tratamento de pessoa dado à sabedoria mesmo sabendo que não o é. O autor do livro a louva para que seja amada; mas está convencido de que o melhor caminho para conseguir seu propósito é apresentá-la como se fosse uma verdadeira pessoa.

Qual é, entretanto, o conteúdo da sabedoria personificada? Trata-se de mera abstração ou é necessário atribuir-lhe uma subsistência própria, pelo menos como ser intermediário entre Deus e o resto da criação?

A pura abstração poética parece ser demasiado pouco, pois não se trata de um mero jogo de fantasia cujo conteúdo fica na imaginação do artista; porém, uma subsistência própria e distinta da de Deus, mesmo que dependente, é bem remota. Devemos, pois, entender por personificação da sabedoria um termo médio entre a pura fantasia poética e a hipóstase. Realmente não é um conceito vazio de conteúdo, mas tampouco o é unívoco, pois pode se referir à sabedoria humana e à divina. Por essa razão, a personificação da sabedoria está relacionada a um atributo real e objetivo no homem ou em Deus, que elevamos poeticamente à categoria de pessoa. O recurso a essa personificação foi a melhor saída que o judaísmo encontrou para defender a ortodoxia. A fé monoteísta em Iahweh adaptou-se ao máximo às concepções pagãs sem renunciar a seu monoteísmo (ver, acima, p. 55).

A personificação como método estilístico é utilizada freqüentemente pelo autor de *Sabedoria*; por exemplo, personifica a criação e o universo em 5,17.20; 16,17.24; 19,6; a palavra de Deus, em 18,14-16. Todavia, o momento em que a personificação atinge seu ponto mais alto é quando se fala da sabedoria. Desde as primeiras sentenças do livro, quando pela primeira vez ressoa o nome sabedoria, aparece como pessoa: "A Sabedoria não entra [...] nem habita [...]" (1,4); "A Sabedoria é um espírito amigo dos homens [...], não deixa impune o desbocado [...]" (1,6). A partir de 6,12, a atenção do autor se concentra quase exclusivamente na sabedoria, único meio que têm os governantes e governados para fazer o que é justo e reto e, assim, ser eles mesmos justos. Pr 8 é a fonte literária de nosso autor, e, como em Provérbios, a sabedoria está personificada.

Sb 8,2-8 canta a sabedoria como a uma noiva (cf. *Sr* 14,20-25). *Sb* 8,3 fala de sua convivência com Deus. A mesma convivência de vida entre a sabedoria e o sábio é afirmada em 8,9 e entendida como intimidade conjugal, como aparece mais claramente em 8,16. Nosso autor aplica à sabedoria os louvores que a tradição sapiencial dedicou indefectivelmente à boa esposa, especialmente ao engrandecer os bens provenientes de uma boa companheira na vida (cf. Pr 31,10-31; *Sr* 26,1-4.13-18). Por isso atreve-se a pedir-lhe "que esteja a meu lado e trabalhe comigo" (9,10). Como boa esposa, a sabedoria fará que seu marido julgue com justiça (9,12).

No capítulo 10, como representante e lugar-tenente do próprio Deus, a sabedoria protege e salva os justos de todas as insídias dos ímpios (cf., p. ex., Gn 39,2-5.21-23). Na tradição antiga é Deus ou seu anjo que conduz ou liberta Israel do Egito (cf. Ex 13-15; Is 63,11-14; Ez 20,10).

Quem ou o que é essa sabedoria? É divina ou humana? No livro impõe-se a discriminação das passagens: umas falam de uma sabedoria *divina*, outras recolhem testemunho da tradição e referem-se à ordem das criaturas, à sabedoria *humana*. Vejamos umas e outras passagens respectivamente.

5.1.3. A sabedoria humana

Esta é a sabedoria de que falam tradicionalmente os sábios, e a ela o homem pode chegar com esforço e determinação; trata-se da sabedoria que se aprende. É também um dom de Deus, como o é a luz, o sol e todo o bem que o homem faz ou consegue; acerca de seu inestimável valor trata Sb 7,8ss.

Sb 7 inspira-se em 1Rs 3,9-14, em que à petição de Salomão Deus responde concedendo-lhe muito mais do que pedira. Em *Sb* 7 o autor faz falar Salomão na plenitude de seu poder, de sua glória e de sua sabedoria. Sua palavra serve de metro e medida, norma e lei. Por isso sentencia: os maiores bens e valores da natureza e do homem nada são em comparação com a sabedoria. Nem as pedras preciosas, o ouro, a prata podem ser comparados com a sabedoria (cf. Jó 28,15-19; Pr 3,14s; 8,10s.19; 16,16). O sábio a compara com os bens máximos do homem: a saúde e a beleza, e quem sai ganhando é a sabedoria. Na natureza nada existe de mais formoso que a luz, mas a sabedoria a supera, ela "é mais bela que o sol e que todas as constelações" (7,29). A sabedoria criada é o reflexo e a claridade intensa de sua fonte: Deus fez a luz (Gn 1,3), por isso também "seu resplendor não conhece ocaso".

O sábio aprecia os bens da terra, sabe que são bons e os compara com a sabedoria. O sábio não despreza conhecimento algum (cf. 7,17ss). O conhecimento da criação enobrece aquele que é rei da criação (cf. 9,2) e dispõe de novos caminhos para chegar ao Criador (cf. 13,1.9). Prefere, porém, a sabedoria a todos os bens e conhecimentos, porque somente ela faz que o homem seja um ser humano autêntico: imagem de Deus, senhor da criação, irmão respeitoso de seus irmãos, justo e perfeito. Deus é o único que pode conceder tal sabedoria (cf. 8,21).

5.1.4. Sabedoria divina

Não se trata de averiguar se a sabedoria é ou não é um atributo divino; é evidente que sim, "pois ele [Deus] possui sabedoria e poder"

(Jó 12,13) e a manifestou em sua obra, a criação: "Quantas são tuas obras, Senhor, e as fizestes todas com sabedoria" (Sl 104,24); "O Senhor assentou a terra com sabedoria e fixou o céu com inteligência" (Pr 3,19). O próprio autor de Sabedoria o confessa: "Tudo criaste com tua palavra e formaste o homem com sabedoria" (9,1-2). O problema está em descobrir a natureza divina dessa sabedoria.

É importante fazer notar o avanço abismal do *Livro da Sabedoria* com relação a toda tradição anterior. A nosso ver, todas as passagens da Escritura — anteriores àquele livro —, nas quais aparece a sabedoria personificada não se referem à sabedoria divina. As passagens mais importantes são: Pr 8; Sr 24, nas quais se afirma explicitamente que Deus criou a sabedoria. A primeira vez em que ela aparece em nosso livro poderia ser trocada pelos termos Deus, Potência, Espírito (cf. 1,3-7). Isso nos faz supor que a sabedoria pertence ao âmbito do divino, que ela e Deus são inseparáveis. De qualquer forma, isso não avalia suficientemente o título divino dado a ela, pois também em Pr 8,22-31 a Sabedoria não se separa de Deus e, em certo sentido, pode chamar-se divina.

Sb 7,22-8,1 é o lugar por excelência em que o autor fala da sabedoria como fala de Deus. Assim ela é chamada "artífice do cosmos" (7,22), atributo propriamente divino. Em nenhum livro sapiencial anterior encontramos essa afirmação sobre a sabedoria; no mais ela está presente quando Deus cria o mundo (cf. Pr 8,22-31). A Escritura não conhece mais que um Criador e Artífice de tudo (Gn 1,1), Deus único, cujo nome é Iahweh (cf. Dt 6,4; Is 45,5). Da sabedoria volta-se a dizer em 8,6 que é "artífice dos seres", de quanto existe, como em 13,1 é afirmado de Deus.

A sabedoria não é uma deusa junto a Iahweh, apesar de o autor dizer em 9,4: "A sabedoria *que compartilha (páredron) teu trono". Páredros (associado, participante)* é, no âmbito helenístico, uma palavra técnica aplicada às divindades de segunda ordem. Não podemos dizer, entretanto, que o autor reconheça na sabedoria uma personalidade ou hipóstase independente de Deus; mas sim, pelo menos, que concebe o atributo divino da sabedoria personificado. A tese confirma-se com as considerações que o autor faz a partir de 7,22, como veremos no parágrafo 5.2.3., "Espírito e sabedoria".

A visão cósmica de 8,1: a sabedoria "alcança com vigor de extremo a extremo e governa o universo acertadamente", oferece ao autor um motivo para terminar a seção central da segunda parte do livro. A sabedoria, que a tudo fez, está presente em todo lugar e sabiamente dirige, governa a marcha do universo. Quase com as mesmas palavras afirma-se de Deus em 15,1: "Mas, tu, Deus nosso [...] governas o universo com misericórdia". Por isso mesmo não paira dúvida alguma de que a sabedoria, para o autor, é de ordem estritamente divina.

5.2. O espírito

O tema do *espírito* (*pneuma*) é também fundamental no *Livro da Sabedoria*. Ao falar de *espírito*, o autor soube conciliar correntes tão díspares como a semítica, contida no Antigo Testamento, e a grega, representada principalmente pelas escolas filosóficas; as origens dessas correntes são antagônicas, mas a sabedoria converte-se em um lugar de encontro, onde o *espírito* ou *pneuma* conserva sua significação mais ou menos metamorfoseada.

5.2.1. Acepções do vocábulo pneuma em Sabedoria

Espírito é um termo rico em acepções. Em *Sabedoria* praticamente encontramos todas. A mais original parece ser a de sopro, vento suave ou simplesmente ar: 5,11c (o *ar* leve); 5,23a (um *vento* impetuoso). Seguem-se as acepções de aleto, respiro, respiração, sinal de vida animal, aqui do homem: 2,3b (o *espírito* se desvanecerá...); 5,3b (com a angústia de *espírito*); 15,11c (*aleto vital*); 15,16b (um ser de *aleto* emprestado); 16,14b (o *aleto* exalado).

Como antropomorfismo fala-se de espírito de Deus: Sb 1,5a (o *espírito* santo); 1,6a (um *espírito* amigo dos homens); 1,7a (o *espírito* do Senhor); 7,7b (o *espírito* de sabedoria); 7,22b (tem um *espírito* inteligente); 9,17b (teu santo *espírito*); 12,1 (teu *sopro* incorruptível); em sentido figurado 11,20a (de um só *sopro*).

Uma acepção secundária é a de *espírito* ou seres intermediários entre Deus e os homens, no plural: 7,20b (o poder dos *espíritos*); 7,23d (que penetra todos os *espíritos*).

De todas essas acepções, a que mais nos interessa é a de Espírito de Deus, em relação íntima com a sabedoria, como peculiaridade do livro.

5.2.2. O Espírito de Deus no Livro da Sabedoria

Não afirmamos que em *Sabedoria* se fale pela primeira vez do Espírito de Deus; a tradição bíblica e extrabíblica o desmente, como veremos em seguida; porém encontram-se matizes e orientações novas.

a. Antecedentes bíblicos

Nesse ponto, como nos demais, *Sabedoria* enraíza-se nas tradições antigas do povo judeu. O Antigo Testamento refere-se com freqüência ao espírito de Deus. Os chefes carismáticos do povo de Israel estão repletos do Espírito do Senhor: assim Moisés (Nm 11,17.29), Josué (Dt 31,8.23; 34.9; Js 1,9), os juízes (Jz 3,10; 6,34; 11,29), Saul (1Sm 11,6), Davi (1Sm 16,13). Da mesma maneira, o Espírito do Senhor está com os profetas (cf. Is 48,16; 61,1; Ez 2,2), ou aparece como atributo divino (cf. Is 30,1; 31,3; 40,13; Ag 2,5; Zc 4,6; Sl 139,7). A passagem de Is 63,7-14 confirma de maneira especial o que estamos dizendo: meditação histórica que recorda as misericórdias do Senhor com Israel. "Ele foi um salvador no perigo: não foi um mensageiro nem um enviado, ele em pessoa os salvou, com seu amor e sua clemência os resgatou, libertou e sempre os conduziu nos tempos antigos" (Is 63,9). Três vezes aparece o espírito do Senhor (vv. 10 e 11: "seu santo espírito"; v. 14: "o espírito do Senhor"). Aqui inspirou-se com bastante probabilidade *Sabedoria* 10,15-11,2.

b. Antecedentes extrabíblicos

Já tratamos da influência do helenismo em *Sabedoria* e, principalmente, da influência do estoicismo. Com efeito, essa corrente filosófica é um antecedente claro para nosso autor em suas especulações sobre o Espírito do Senhor. O conceito *espírito* (*pneuma*) é peça-chave no sistema estóico, pois designa um princípio universal e divino que anima, penetra, contém e unifica o universo inteiro. Entre as muitas passagens de *Sabedoria* em que se manifesta a influência do estoicismo, sobressaem duas que falam inconfundivelmente do *Espírito* do Senhor, presente em todo o universo: "Porque o Espírito do Senhor enche a terra e, como dá consistência ao universo, não ignora nenhum rumor" (1,7); "Porque está em todas as coisas o teu sopro incorruptível" (12,1).

5.2.3. *Espírito e sabedoria*

As noções de *espírito* e *sabedoria* originariamente nada têm a ver uma com a outra: o *espírito* pertence ao âmbito da natureza — vento, ar, brisa — e logo passa a significar o princípio vital nos animais e igualmente no homem; a *sabedoria* é considerada desde o começo qualidade humana: habilidade ou perícia, que estende sua influência a toda a vida do homem. O processo é similar em todas as culturas, principalmente nas semítica e grega. Em um estágio ulterior, tanto o espírito como a sabedoria aplicam-se a Deus, mesmo que os aspectos sejam diferentes: o espírito associa-se à atividade de Deus quanto a seu poder em todas as ordens e à eficácia na execução; a sabedoria, ao plano do entendimento no planejamento e na alta direção do governo do mundo e do homem.

Em Israel, o processo de aproximação entre espírito e sabedoria já se manifesta nos profetas (cf. Is 11,2), incrementa-se nos sapienciais e se consuma no *Livro da Sabedoria*. "Quem conheceu teu desígnio, se tu não lhe concedeste sabedoria e lhe enviaste teu santo espírito do céu?" (9,17), diz o pseudo-Salomão no fim de sua oração; a sabedoria e o santo espírito do Senhor são sinônimos, princípios de vida moral e religiosa, mas de uma ordem divina; o mesmo em que se move a sabedoria que "entrando nas almas bondosas de cada geração vai suscitando amigos de Deus e profetas" (7,27cd). Intercambiáveis são também sabedoria e espírito em 1,4-6, onde uma e outro são também princípios intrínsecos da vida dos justos.

Todavia, onde mais se singulariza o Livro da Sabedoria é na equiparação do espírito e da sabedoria na ação cósmica, o que confirma mais uma vez sua natureza divina: do espírito do Senhor afirma-se que "preenche a terra e dá consistência ao universo" (1,7); da sabedoria, que "alcança com vigor de extremo a extremo e governa o universo acertadamente" (8,1). O clássico lugar de 7,22ss não é mais que uma explicação da ação cósmica do espírito divino da sabedoria esboçado em 1,4-7, ação que se identifica realmente com aquela permanentemente criadora e sustentadora de Deus, a qual se manifesta também na alma dos justos e na proteção de seu povo, símbolo da providência universal.

Conclusão. Espírito *(pneuma)* passou por um processo evolutivo em sua significação dentro e fora de Israel. Nesse processo a corrente filosófica do estoicismo cumpriu um papel muito importante. O autor de *Sabedoria* soube assimilar bem a influência estóica e introduzi-la no vigoroso processo interno que teve lugar, sobretudo, no mundo sapiencial. De qualquer maneira, *Sabedoria* não significa o fim de um processo fechado, mas um marco importante, que, com o passar do tempo, também será ultrapassado no próprio judaísmo e dentro do cristianismo, como se pode comprovar nos avanços feitos a respeito da natureza do espírito e dos temas relacionados com a antropologia e a escatologia.

5.3. O destino imortal do homem

O enunciado do tema é um paradoxo para os contemporâneos de *Sabedoria* e para os nossos. Creio que não exageraremos, entretanto, se dissermos que o presente tema é o de maior transcendência para o homem no *Livro da Sabedoria*. É evidente que nada há de mais importante para o homem que sua própria vida. Mas, se a vida humana em si é um enigma, ela própria converteu-se no maior problema que o homem precisa solucionar. Por isso qualquer conjectura de solução para esse problema deve ser aceita como uma bênção. Nesse aspecto, *Sabedoria* merece nosso maior reconhecimento, pois oferece uma chave de interpretação do enigma humano, uma resposta à pergunta sobre o destino definitivo do homem. A solução que o livro oferece continua fundamentalmente válida para as ideologias que admitem a transcendência do homem e para as religiões mais exigentes, mesmo para o cristianismo que a assumiu numa resposta mais totalizante.

5.3.1. Mortalidade do homem

O pressuposto indiscutível de que parte o autor de *Sabedoria* é o da condição mortal de todo homem. A experiência da morte é universal; testemunho disso são os próprios livros sapienciais: "O homem não é como Deus, pois nenhum filho de Adão é imortal" (*Sr* 17,30). A lembrança dessa nossa condição suscita sentimentos contraditórios: "ó morte, quão amarga é tua lembrança para quem vive tranqüilo [...]!" "ó morte, quão doce é tua sentença para o homem derrotado e sem forças!" (*Sr* 41,1-2).

O tema da morte é onipresente em todas as culturas antigas e modernas, sem que se possa evitá-lo, mesmo que de várias maneiras se tenha procurado fazê-lo. A sombra da morte cobre a vida e por isso aflora em tantas ocasiões uma tristeza que aflige e escraviza as culturas, as sociedades e os indivíduos (cf. Hb 2,14-15). Mas a atitude racional diante desse fato inquestionável pode ser negativa ou positiva, conforme a visão global que se tenha da vida. Como veremos, o *Livro da Sabedoria* nos vai apresentar as duas atitudes fundamentais, enfrentadas dramática e tragicamente.

Embora seja um testemunho circunstancial, Sb 2,1-5 reflete o modo de pensar de muitos em qualquer época, até mesmo na nossa, em que se nota por parte de alguns contemporâneos uma radicalização extremada da interpretação materialista niilista da existência humana e da vida em sua totalidade (ver, por exemplo, J. Monod, *El azar y la necesidad*, Barcelona, 1973). Sb 2,1-5 expõe uma concepção notadamente materialista da vida, que nega toda espécie de sobrevivência pessoal além da morte e qualquer intervenção de Deus na vida do homem. A morte adquire um caráter de protagonista na vida humana como horizonte absoluto e único. A argumentação procede de diferentes escolas e correntes sem filiação definida. Todo processo na natureza, que aí está sem se perguntar como isso pôde surgir, é fortuito: o acaso a tudo governa. Isso nos lembra uma sentença de Demócrito: "Tudo que existe no universo é fruto do acaso e da necessidade". O homem não é uma exceção; também é fruto da improvisação e da dança dos átomos. Fundamentalmente não se diferencia dos demais viventes que nascem e morrem sem deixar marcas, como o rastro de uma nuvem (cf. Jó 7,9), como a passagem de uma sombra (cf. Jó 8,9; 14,2).

Essa visão da vida pode ter como conseqüências tanto a resignação tranqüila diante do inevitável, da alegria desenfreada, como a tristeza e o pessimismo em face da brevidade da vida, da irremediabilidade da morte, do desaparecimento absoluto do plano da existência. As conseqüências derivadas dessa forma de pensar são transcendentais, pois condicionam fatalmente o gênero de vida individual e social na comunidade humana. A grande interrogação de antes, de agora e de sempre que o homem faz a si mesmo, ou pelo menos deveria fazer-se, versa sobre o sentido de sua breve vida, de sua existência fadada irremediavelmente à morte.

5.3.2. Interrogações diante da morte: a retribuição

Tem a morte a última palavra? Que sentido tem então a vida que acaba na morte e no aniquilamento? Pode-se ao menos falar de justiça na vida? Crentes e não-crentes fazem espontaneamente essas e semelhantes perguntas diante do enigma da vida que termina na morte. Na própria Sagrada Escritura elas aparecem de maneira ainda mais virulenta. São perguntas sobre a retribuição.

O tema da retribuição já fora formulado desde o antigo Israel, porém nem sempre na mesma perspectiva. O interesse comunitário e coletivo preocupou mais no começo e colocou em evidência sobretudo o aspecto negativo e punitivo: por culpa de um pagavam muitos (cf. Js 7; 2Sm 21,1-14; 24 comparado a 1Cr 21). Ainda que menos freqüentemente, também se teve em conta o aspecto positivo: o perdão de muitos pela inocência de poucos (cf. Ex 20,5s; Gn 18,24-32).

Quanto à retribuição individual, logo foi incluída nos códigos legais (cf. Ex 21,12ss), formulada como princípio em Dt 24,16: "Os pais não serão executados por culpas dos filhos, nem os filhos por culpas dos pais; cada um será executado por seu próprio pecado", e aplicada em 2Rs 14,5s. Como doutrina geral que expressa o modo de agir de Deus pode-se ver Ez 18 e 33,1-20. Essa doutrina acentuou o problema da fé em Deus justo, pois claramente via-se que em muitos casos o malvado prosperava e o justo andava de mal a pior. O horizonte da esperança individual não ultrapassava os limites impostos pela morte, com o que o problema da justa retribuição não ficava de modo algum solucionado. No caso dos inocentes sofredores, esse problema agravava-se ainda mais. É o drama apresentado pelo Livro de Jó. Ao que tudo indica, o autor vive esse drama na própria carne ou dele está muito próximo. Identifica-se com seu herói, que é a voz de sua consciência, e defronta-se com o modo de pensar normal e corrente de seu ambiente, defendido *grosso modo* por seus amigos. O justo não pode sofrer até o extremo: "Lembras-te de um inocente que tenha perecido? Onde se viu um justo exterminado?" (Jó 4,7). Se Jó sofre e padece, a causa de seu sofrimento são seus pecados (cf. Jó 22,5-11), pois "Deus não repele o homem justo" (8,20). Jó não pode nem deve declarar-se justo: "Como pode o homem ser puro e inocente, ele que saiu de uma mulher? Nem mesmo em seus anjos encontra fidelidade, nem o céu é puro a seus olhos; quanto menos o homem, detestável e corrompido, que bebe a iniqüidade como água!" (Jó 15,14-16; cf. 4,17-19; 25,4-6). Jó deve, pois, pedir perdão a Deus, "porque ele humilha os arrogantes, mas salva os que se humilham" (22,29). Os amigos de Jó não reconhecem outro caminho para a reabilitação (cf. 5,8.27; 8,5-7; 11,13-19; 22,21-23).

Jó, entretanto, protesta: "Sei que sou inocente" (13,18). Pode até submeter-se a minucioso exame: "Já que ele conhece minha conduta, que me examine, e sairei como o ouro" (23,10). "Quantos são meus pecados e minhas culpas? Mostra-me meus delitos e pecados" (13,23). Mesmo que todos os que se dizem seus amigos o acusem, ele se reafirma inocente: "Até o último alento manterei minha honradez, me aferrarei à minha inocência sem arredar um passo: a consciência não me reprova nenhum de meus dias" (27,5-7). A tragédia se desenvolve implacável. Deus persegue um inocente: "Por que me tomaste como alvo?" (7,20), pergunta Jó. "Eu te peço ajuda, e não fazes caso; espero em ti, e me fulminas com teu olhar. Tornaste um carrasco para mim e me atacas com teu braço musculoso" (30,20s). As acusações contra Deus beiram a blasfêmia (cf. 9,15-24; 16,7-14; 19,6). Jó não se recusa, entretanto, a apresentar-se diante do tribunal de Deus, carregado como está de razões que lhe fariam ganhar a causa na presença do próprio Deus (cf. 23,2ss). Deus não responde, continua oculto: "Dirijo-me ao levante, e ali não está; ao poente, e não o distingo; busco-o ao norte, e não o vejo; volto ao meio-dia, e não o encontro" (23,8s). Noite completa, trevas ao redor desse homem atormentado, o autor do poema. As respostas e reflexões dos três amigos não lhe servem para nada. Pode vir a solução ou, ao menos, alguma luz por outro caminho? O autor a vê no mistério de Deus que fala do meio da tormenta (Jó 38,1).

O autor responde gradualmente ao problema cruciante de Jó. Na primeira resposta (Jó 38-41), o horizonte se alarga; o pessoal absorve-se no universal e cósmico, já que o mistério não se reduz a uma pessoa, mas está presente em todas as partes. É uma resposta em partes iguais (cf. Jó 40,4-5). A definitiva resposta está na boca de Jó em 42,1-6. Já tratamos dela ao falar sobre o livro de Jó (cf. cap. VIII, § 5.2). As palavras seguintes servem de resumo dessa resposta: "Deus falou a Jó 'do meio da tormenta'; apesar de tudo Jó diz: 'Agora meus olhos te viram'. Trata-se, portanto, de um encontro com Deus, de uma profundíssima experiência religiosa que supera todas as especulações dos sábios e teólogos. Depois desse encontro, Deus já não é uma mera palavra, nem um conceito (mesmo sublime), mas um amigo que Jó encontrou".

Com outro estilo, mas não com menos força, levanta a voz outro crítico da doutrina tradicionalmente ensinada em Israel: Qohélet. Trata-se de um grande observador de tudo quanto se passa "sob o sol", a seu redor, porém não é profeta nem moralista. Por isso, ao tocar o tema das injustiças cruéis, não se altera o ritmo de suas palavras: simplesmente constata os fatos. Viu, "na sede do direito, o delito; no tribunal da justiça, a iniqüidade" (Ecl 3,16). Também observou "todas as opressões que se cometem sob o sol: vi chorar os oprimidos sem que ninguém os consolasse do poder dos opressores" (Ecl 4,1). De tudo viu em sua vida sem sentido: "gente honrada que fracassa por sua honradez; gente malvada que prospera por sua maldade" (Ecl 7,15). Afeito ao espanto, chega a dizer: "Se em algum lugar vês o pobre oprimido, aviltados o direito e a justiça, não estranhes tal situação" (Ecl 5,7). O desengano, sem dúvida, levou-o a fazer tal afirmação, não a indiferença. Os discípulos e os leitores devem ponderar e tirar as devidas conseqüências.

Se é verdade que não existe uma vida além da morte, segundo opina Qohélet (cf. Ecl 3,18-21), não se pode apelar a ela para resolver o problema da retribuição, como se fará no *Livro da Sabedoria*. Qohélet é coerente e radical também nesse capítulo: tampouco existe retribuição na vida antes da morte. Essa é uma das mais graves conclusões a que chega em suas reflexões e, além do mais, ele a expressa com tal clareza que não deixa lugar à dúvida racional.

Qohélet sabe perfeitamente que está se defrontando com a doutrina da tradição sapiencial: "Isto eu já sei: 'tudo vai bem a quem teme a Deus, pelo fato de temê-lo', e sei também: 'nada vai bem para o malvado, aquele que não teme a Deus será como sombra, jamais prosperará'. Todavia, na terra sucede outra vaidade: existem pessoas honradas às quais toca a sorte dos malvados, enquanto aos malvados toca a sorte das pessoas honradas" (Ecl 8,12-14). Essa é uma realidade que ele próprio constatou: "Eu vi de tudo em minha vida sem sentido: gente honrada que fracassa por sua honradez, gente malvada que prospera por sua maldade" (Ecl 7,15). A conclusão não se faz esperar. Qohélet afirma ao mesmo tempo sua fé em Deus e a não-discriminação entre o injusto e o justo: "Refleti sobre tudo isso e cheguei a esta conclusão: mesmo que os justos e os sábios com suas obras estejam nas mãos de Deus, o homem não sabe se Deus o ama ou o odeia. Tudo que o homem tem diante de si é vaidade, porque uma mesma sorte toca a todos: ao inocente e ao culpado, ao puro e ao impuro, ao que oferece sacrifícios e ao que deixa de oferecê-los, ao justo e ao pecador, ao que jura e ao que faz restrição em jurar. Esse é o mal de tudo que acontece sob o sol: uma mesma sorte toca a todos" (Ecl 9,1-3; cf. 9,1-3; 2,14-16; 3,18-21).

Tanto Jó como Qohélet converteram-se em porta-vozes de todos aqueles que não vêem absolutamente nada atrás do sombrio horizonte da morte. Porém não é verdade que a morte tenha a última palavra. O *Livro da Sabedoria* no-lo vai ensinar.

5.3.3. Desígnios de Deus sobre o homem

"Deus criou o homem para a imortalidade" (Sb 2,23a), este é o grito jubiloso de Sabedoria, a dissipar dúvidas, temores, vacilações seculares em Israel. Nesse livro, imortalidade implica vida sem fim, vida feliz, vida junto a Deus. As interrogações do parágrafo anterior têm aqui sua resposta na opinião de *Sabedoria*. Como chegou a formular o pseudo--Salomão essa doutrina que para ele é evidente? Não se pode negar que muito antes que em Israel já se falava, tanto no Egito como na Grécia, de uma vida da alma depois da morte, mesmo que nem sempre com clareza e precisão. Porém também dentro de Israel algo se movia desde que Jó e Qohélet puseram em dúvida os fundamentos da retribuição somente intra-histórica.

O processo se acelerou rapidamente por causa da perseguição político-religiosa que os judeus palestinenses sofreram por parte de Antíoco IV Epífanes (175-163 a.C.), a qual deu lugar à sublevação e posterior guerra dos macabeus. O processo doutrinal realiza-se no seio da comunidade judaica palestinense e desemboca na doutrina da ressurreição dos mortos (cf. Dn 12,2; 2Mc 7). Os judeus da diáspora, especialmente os do Egito, mais abertos às influências helenísticas, expressam suas crenças em uma vida futura com as categorias já usuais em seu meio: as da imortalidade da alma.

Discute-se muito entre os comentaristas até que ponto a doutrina sobre a imortalidade expressa em *Sabedoria* depende da filosofia grega e dos movimentos religiosos. Em todo caso, o ensinamento do pseudo-Salomão com certeza não é um plágio de Platão nem de nenhuma corrente helenista. Descobrimos sua singularidade quando analisamos os dois termos fundamentais nesta matéria: *aphtharsía* (incorruptibilidade) e *athanasía* (imortalidade), e a doutrina que com eles o autor deseja comunicar.

a. *aphtharsía* (incorruptibilidade) é de genuína raiz grega. Em *Sabedoria* aparece pela primeira vez em 2,23a: "Deus criou o homem para a *aphtharsía*"; outras duas vezes em 6,18c.19. O significado próprio é o de *incorruptibilidade*, na prática sinônimo de *imortalidade* (*athanasía*). Segundo a mentalidade grega, todo ser corporal é corruptível e mortal; os deuses, entretanto, são imortais. Como explicar essa não-mortalidade dos deuses? Interessa-nos recordar a explicação de Epicuro, já que 2,1-5 refuta os ensinamentos sobre o homem a ele relacionados. Curiosamente, para os epicuristas os deuses também são corporais, todavia imortais "porque diante do homem possuem a qualidade da 'incorruptibilidade', que consiste na capacidade de receber uma existência sem fim" (J. M. Reese, *Hellenistic*, p. 65). O autor de *Sabedoria* não teve dificuldade em tomar emprestado dos epicuristas um termo carregado de sentido teológico, mas o aplica não a seres divinos — em que não acredita, afora o único Deus —, mas ao homem, a todo homem, para expressar o destino definitivo que Deus quis outogar-lhe de maneira livre e amorosa. O homem é corruptível e mortal segundo sua natureza, mas Deus todo-poderoso quer que participe de sua vida interminável, fazendo-se "imagem de seu próprio ser" (2,23b; cf. 2Pd 1,4). Para isso o homem deve cooperar como ser livre e responsável, guardando suas leis (cf. Sb 6,18s). O autor pode recordar passagens como a de Dt 30,15s: "Veja, hoje eu ponho diante de ti a vida e o bem, a morte e o mal. Se obedeceres aos mandamentos do Senhor, teu Deus, que hoje te promulgo, amando o Senhor, teu Deus, seguindo seus caminhos, guardando seus preceitos, mandamentos e decretos, viverás e crescerás". O horizonte do pseudo-Salomão, entretanto, não é ainda uma vida longa e próspera na terra prometida, mas uma vida sem fim junto de Deus para além da morte, como será explicado por meio de outro termo: *athanasía*.

b. *athanasía* (*imortalidade*). Em si o termo já tem um valor muito singular em *Sabedoria*, visto que é a primeira vez que é utilizado na Sagrada Escritura. Em *Sabedoria* aparece cinco vezes: 3,4b; 4,1b; 8,13a.17c e 15,3b; o adjetivo *athánatos* (*imortal*), uma só vez, aplicado à justiça, em 1,15.

Duas são as acepções de *athanasía* em *Sabedoria*: a primeira é a de *fama imperecível*, recordação ou memória entre os vivos ainda que depois da morte. Assim, com toda a segurança esta é a acepção encontrada em 4,1b e 8,13a. A segunda acepção é a da *sobrevivência individual e pessoal* depois da morte física ou biológica (cf. 3,4b e 15,3b). Quanto ao adjetivo *athánatos* (*imortal*), não parece oferecer dificuldade especial pelo contexto, já que se opõe claramente ao império da morte (cf. 1,13-14).

Tanto *aphtharsía* como *athanasía* pertencem ao vocabulário técnico da filosofia grega: deles se vale o autor de *Sabedoria* para expressar seu novo ensinamento sobre o destino definitivo do homem para além da morte. O autor não rompe bruscamente com a tradição; limita-se a levar até as últimas conseqüências uma premissa que aí está: o poder e misericórdia de Deus, que tem feito grandes promessas para o futuro de seu povo e dos que se mantêm fiéis sua lei. Costuma-se repetir que *Sabedoria* é tributária de Platão no que concerne à imortalidade da alma. Convém precisar alguns extremos e ser bastante prudente nessa questão. Em primeiro lugar, *Sabedoria* nunca fala explicitamente da imortalidade da alma e menos ainda no pleno sentido grego, como é comum entender: imortalidade *natural* da alma. Em segundo lugar, é bom recordar que os gregos que admitiram a existência da alma não o fizeram, no começo, por raciocínios probatórios, mas por fé. Quando Platão *filosofa* sobre a alma humana e suas propriedades, jamais se esquece de que se trata de justificar crenças antigas e sempre no âmbito dos mitos filosóficos, por ele tão queridos.

Os ensinamentos de Platão, mil vezes repetidos por seus discípulos e transformados pelas escolas que dele nasceram, sempre levaram sua marca de origem nos aspectos sublinhados, e deles se serve, sem dúvida, o pseudo-Salomão. Apesar disso, aparece com extrema clareza que os pontos de vista são bastante diferentes ao tratar da imortalidade em *Sabedoria* e nos escritos filosóficos dos gregos. A *imortalidade* em *Sabedoria* é puro dom de Deus; entre os filósofos é resultado de uma especulação mais ou menos rigorosa e reservada a alguns privilegiados, de modo algum patrimônio de todos os que levaram uma vida virtuosa. Nesse sentido o autor de *Sabedoria* aproxima-se mais do estoicismo que da doutrina platônica; entretanto, soube expressar com palavras novas o íntimo e profundo sentido da alma do judeu, que vive ligada a seu rico passado.

Conclusão. No fim de nosso registro temos de admitir que a abordagem de *Sabedoria* no âmbito da escatologia é de importância incalculável. A separação definitiva que estabelece entre justos e malvados no mais além diante da doutrina tradicional do *sheol*, lugar comum de todos os que morrem, é conseqüência lógica da afirmação de que Deus é justo e de que a vida temporal deve ser levada a sério. Não é verdade que a morte seja aquela que a todos iguala, porque Deus deu ao homem que vive neste mundo um destino imortal, que ultrapassa o período limitado de seus dias. A vida humana, com isso, adquire uma dimensão de eternidade: o homem é responsável por seus atos livres, tem de dar conta ou responder diante de Deus, juiz justo, imparcial e insubornável, da atitude que tomou na vida diante de seus semelhantes.

5.4. O binômio justiça/injustiça

Este binômio constitui tema capital em *Sabedoria* e pode servir-nos de chave de interpretação de todo o livro, sem que por isso o convertamos em um tratado ou ensaio de teologia política.

5.4.1. Afinidade de Sabedoria com a tradição profética em Israel

"Amai a justiça, vós que governais a terra" foi apresentado pelo autor como frontispício de seu livro. Pela leitura da Escritura sabemos que Deus esteve e sempre está ao lado da justiça, exercida no geral em favor dos desamparados, e vice-versa: a retidão, a eqüidade, a bondade etc. são o único caminho que leva a Deus. Daqui o confronto irreconciliável entre a justiça e a iniqüidade, entre amar o bem e fazer o mal. O espírito dos antigos profetas pulsa fortemente na concepção que o autor de *Sabedoria* tem do justo e daquele que é reto.

5.4.2. A norma da justiça segundo os homens e segundo Deus

Um capítulo importante da primeira parte de *Sabedoria* foi intitulado: "Malvados e justos frente a frente" (1,16-2,24); no coração dele está claramente formulada a norma de vida dos cínicos e poderosos sem consciência: "Seja nossa força a norma do direito, pois o débil — é claro — não serve para nada" (2,11). É a formulação da lei do mais forte. Diante do cinismo dessa lei, lemos em 12,16 a propósito de Deus onipotente: "Tua força é o princípio da justiça, e o ser dono de todos te leva a perdoá-los a todos". A antítese é evidente: a norma da justiça nos malvados é a força que é violência; em Deus o princípio da justiça é sua força que é onipotência misericordiosa. Deus é justo (12,15) e ama suas criaturas porque são suas (cf. 11,24.26); seu senhorio universal o faz ser compassivo com tudo e com todos (cf. 11,23).

Conhecer devidamente o Senhor é uma graça, pois não pode ser mais que fonte de bem. Em contrapartida, o desconhecimento de Deus, entre outras coisas, vai ser a origem da idolatria (cf. 13,1ss), e a idolatria fonte de todas as injustiças. Por isso o autor pode dizer: "Conhecer-te é a perfeita justiça, e reconhecer teu poder é a raiz da imortalidade" (15,3).

Deus, criador de tudo, que se vai manifestando na história, é o modelo do homem no exercício de seu poder sobre a criação e na história. O homem foi criado à imagem e semelhança de Deus, ou, como diz nosso autor: "Formaste o homem sabiamente para que ele dominasse todas as criaturas, governasse o mundo com santidade e justiça e administrasse a justiça retamente" (9,2s). A potestade real do homem envolve a todos os seres irracionais, sem exceção; mas no exercício de tal potestade tanto o indivíduo como as coletividades concretas devem respeitar, diante de tudo e antes de tudo, os direitos de todos os outros. A justiça no governo do mundo equivale ao reto exercício de sua soberania sobre todas as criaturas e ao estabelecimento de uma ordem coerente nas relações inter-humanas. Como testemunho do emprego da justiça no sentido da ordem nas relações humanas temos 8,7: "Se alguém ama a justiça, as virtudes são fruto de seu afã; é mestra de temperança e de prudência, de justiça e de fortaleza". O exercício da justiça, como expressão que sintetiza a vida moral total, supõe esforço no homem, mas tem sua compensação nos frutos que são as virtudes.

5.4.3. A antítese justo-justos/malvados

A antítese *justo-justos/malvados* é, de fato, o eixo sobre o qual gira a primeira parte de *Sabedoria* e também, com algumas variações, a terceira. Ao mesmo tempo é o argumento ou prova mais convincente de que o binômio *justiça/injustiça* é um tema importante em *Sabedoria*.

Em suma a justiça pessoal são *os justos*, assim como a injustiça são os *malvados*. Na realidade, o confronto ideológico e de fatos entre *malvados* e *justos* começa em 1,16, onde aparecem os malvados pactuando com a morte, à qual já pertencem em vida por eleição própria. Diante dos *malvados* ou *ímpios* no plural (1,16-2,22; 3,10; 4,3.16) está o *justo* no singular (cf. 2,10.12.18), tipo de todo homem reto e bom, como se comprova em seguida, ao ver que alternam *os justos* (2,16; 3,1-9; 5,15s) e *o justo* (3,10; 4,7.16; 5,1) ou equivalente (cf. 3,13s; 4,1s.17; 5,4s).

A antítese *justo/malvados* reaparece a partir do cap. 10 e prolonga-se até o fim; mas agora o ponto de atenção geralmente é distinto a tudo que vem antes por seu calor nacional e particularista.

Em 11-19 (exc. 13-15), Israel idealizado é o povo dos *justos* (11,14; 12,9.19; 16,17.23; 18,7.20) diante do Egito, povo dos *ímpios* (11,9; 16,16.18.24; 17,2; 19,1.13). Deus protegerá o povo oprimido e castigará o opressor, restabelecendo assim a justiça na história.

5.4.4. Justiça/injustiça em Sb 13-15

Sb 13-15 constitui um pequeno tratado sobre a idolatria, mas nele descobrimos também o binômio *justiça/injustiça*. A partir de uma nova perspectiva, ligada ao contexto anterior imediato, expõe-se a doutrina sobre a idolatria. Em 12,24-27 insiste-se com veemência no erro em que incorreram os egípcios ao *ter por deuses* animais depreciáveis, e fala-se de *reconhecer* e de *não querer conhecer* o verdadeiro Deus. O problema que a idolatria apresenta não é o da negação da existência de Deus, mas o do desconhecimento de Deus. O idólatra identifica tolamente Deus com o que não é Deus, por isso degrada o próprio Deus e, conseqüentemente, a natureza e o homem, cuja glória está em reconhecer Deus nas criaturas e em ser sua própria imagem.

O imenso erro dos idólatras, ao confundir Deus com o que não é Deus, vai ter conseqüências funestas em todos os planos, especialmente no plano moral.

Em 14,22ss, o autor traz à luz o mais odioso de uma sociedade corrompida, que se fundamenta no erro e na ignorância a respeito do divino e do mais nobre do homem: a injustiça está na ordem do dia. O autor, entretanto, não perdeu a esperança: a justiça será restabelecida mesmo que seja por meio da *dike* ou justiça vindicativa na história (cf. 14,31). A passagem nos remete à primeira parte do livro e, ao mesmo tempo, prepara o final esperançoso do tratado sobre a idolatria, pois "conhecer a ti (Deus nosso) é a perfeita justiça, e reconhecer teu poder é a raiz da imortalidade" (15,3).

O pequeno tratado sobre a idolatria confirma, portanto, a importância do binômio *justiça/injustiça*. O juízo condenatório de Deus, e de toda mente sã, alcança todo tipo de idólatras, pois a idolatria é a manifestação mais evidente da nescidade (da não-sabedoria) e fonte perene de injustiças, ao eliminar da vida pessoal e social o fundamento razoável para agir com retidão e justiça — Deus, garantia de respeito e da dignidade do homem — e ao substituí-lo por um ser ou objeto, fruto do capricho humano.

Conclusão. Diante da estrutura esquemática de todo o livro observa-se, com clareza, que as três partes de que consta relacionam-se estreitamente. Do confronto particular entre o justo e os injustos da primeira parte (1,1-6,21) passa-se à epopéia nacional ou luta do povo de Deus (os justos) com seus inimigos (os malvados): terceira parte (10-19). Declaradamente a favor dos primeiros e contra os segundos está Deus, que é justo, e a criação inteira. A sabedoria, tema da segunda parte (6,22-9,18), é o único recurso que os governantes têm para aprender o que é justo e conveniente no governo dos povos, como se exerce a justiça e como se garante sua defesa. Dessa maneira poderão eles responder com galhardia a suas gravíssimas obrigações e sair absolvidos do tribunal insubornável de Deus, diante do qual terão de comparecer.

5.5. Recapitulação

O *Livro da Sabedoria* é uma releitura do Antigo Testamento feita por um judeu da diáspora no alvorecer da era cristã. Interessa ao autor recordar a história passada de seu povo, mas não porque é muito bela e porque é história, mas sim porque nessa história descobre a maneira de ser e de agir de Deus, no qual seu povo cria e ele também crê. Vista desse modo a história: em sentido restrito, de história do povo de Israel, e em sentido amplo, de história universal de todos os povos, converte-se ela em mestra da vida para quem a sabe interpretar. O crente descobre a presença de Deus em todas as reviravoltas de sua vida, e aprende que Deus lhe fala, por meio de todos os acontecimentos, palavras de alento e de esperança. Porque ele é Senhor da história, como o é da criação.

Deus promete a vitória final, escatológica, aos indivíduos (primeira parte) e aos povos (terceira parte), mesmo que uns e outros tenham de padecer e sofrer derrotas parciais que, a olhos profanos, parecem definitivas. Deus é educador e mestre dos que nele confiam, indivíduos e povos, mesmo quando castiga e quando premia. Os que se vangloriam por descobrir sua vontade e por segui-la, obedecendo a suas leis, participam da sabedoria. Ela os converte em justos, amigos de Deus, profetas e reis (segunda parte). Os que se esquecem de Deus e seguem seus próprios critérios convertem-se a si mesmos em norma suprema de justiça. Dessa maneira pervertem a ordem dos valores humanos e divinos, transformam-se em malvados, ímpios, idólatras e, portanto, em réus de lesa-divindade e humanidade. Não importa o nome que se dê às doutrinas ímpias ou aos ídolos que o homem se forja, pois cada tempo tem os seus, também o nosso. Deus é o único salvador do homem (16,7); mas o faz à sua maneira, não anulando o homem, mas devolvendo-lhe sua dignidade e fazendo que salve a si mesmo e aos demais (6,24).

Como resumo final valha-nos uma palavra de Isaías e outra de Pedro, Apóstolo: "Eu, eu sou o Senhor, fora de mim não existe salvador" (Is 43,11); "A salvação não está em nenhum outro (senão em Jesus), pois sob o céu não temos nós, homens, outro diferente dele a quem devemos invocar para salvar-nos" (At 4,12).

XI

O sábio ao longo do tempo

Podemos ler no *Livro da Sabedoria* que "o grande número de sábios é a salvação do mundo" (6,24). A quem conhece a maneira de pensar de seu autor não é estranha essa afirmação tão otimista, já que ele identifica o sábio com o homem justo (cf. 4,16s). Assim, pode-se dizer com toda razão que uma multidão de sábios salva o mundo. O conhecimento da criação enobrece aquele que é o rei da criação, pois o verdadeiro sábio jamais desdenha qualquer conhecimento sobre o mundo. Em nenhum caso a ciência opõe-se aos autênticos valores humanos; ao contrário, confirma-os. Nesse sentido também é verdade que os sábios ajudam a esclarecer as obscuridades que podem levar o homem a cometer graves erros históricos, especialmente os relacionados à injustiça e à opressão, e assim são a salvação do mundo.

A pergunta que agora nos fazemos é se podemos dizer de nossos sábios que também eles são a salvação de nosso mundo. A resposta dependerá do que entendemos por sábio. Pensamos a esse respeito o mesmo que os antigos ou terá acontecido uma evolução tão grande que o sábio moderno em nada se assemelha ao antigo?

1. O fundamental na concepção antiga do sábio

Ao chegar ao fim de nosso caminho, recordamos algumas notas indispensáveis na sabedoria antiga que se nos manifestam naqueles que chamamos sábios.

1.1. A sabedoria é uma qualidade positiva

Há coisas que são apreciadas por si mesmas independentemente de qualquer circunstância externa que lhes possa afetar. Entre elas está a sabedoria. Com ela o homem não apenas se encontra em melhor situação, mas sobretudo é melhor. Pela sabedoria o homem chega a ser um *perito* nas atividades manuais ou ofícios, desde os mais humildes e simples (como os trabalhos domésticos ou do campo) até os mais complicados e considerados (os que sustentam a vida como sistema organizado e de cidadania). Desse modo, pela sabedoria o homem familiariza-se com as ocupações da ordem intelectual, seja seu objeto algo claramente material (como as artes plásticas), ou claramente espiritual (como a poesia, a música ou o estudo em geral).

A sabedoria faz parte da escala de valores que o homem, consciente ou inconscientemente, estabeleceu em sua conduta; também influi diretamente nas atitudes que o indivíduo assume diante da realidade da vida. Mais ainda, a sabedoria pode ser caracterizada como uma atitude de busca permanente, pois o sábio nunca se sentirá satisfeito com o que adquiriu intelectualmente, mas será um eterno descontente e buscará de forma empedernida novas soluções e novos horizontes.

1.2. O sábio é o homem de experiência

Aquilo que para o sábio moderno é o laboratório, para o antigo é a experiência de cada dia e a tradição dos antepassados, como acúmulo de experiência. Por essa razão, antigamente consideravam-se sensatos e prudentes, isto é, sábios, os indivíduos mais antigos ou anciãos justamente pelo fato de sê-lo. Eles são os conhecedores e detentores dos conhecimentos tradicionais e, por isso mesmo, os mestres natos, os responsáveis pela formação das jovens gerações. Mais adiante, essas mesmas funções corresponderão ao rei e a seus conselheiros com relação a seus filhos e herdeiros, para o bem do povo que eles representam e protegem. Logo vão somar-se aos conselheiros ministros e mandatários, os mestres profissionais nas escolas dependentes da casa real e dos santuários. Os sábios são aquelas pessoas capazes de ensinar especialmente os jovens a prosperar na vida, a superar toda espécie de dificuldades, provenham da natureza e de seus fenômenos ou da convivência sobretudo conflitiva entre os homens. Por isso, quanto melhor saibam decifrar os enigmas da natureza ou do coração humano, com maior facilidade triunfarão na vida social e dominarão a natureza numa luta desigual.

1.3. O amplo âmbito da experiência

O lugar da experiência dos sábios é tão amplo quanto o da própria vida, sem excluir absolutamente nenhum aspecto ou dimensão. Alcança, portanto, a vida real com suas mais variadas facetas, como a individual e coletiva, a privada e pública, a rural e civil, a popular e culta, a profana e religiosa etc. Abrange também as especulações e reflexões feitas pelo homem a partir de suas vivências e lembranças, para buscar seu sentido e significado, para dar solução aos problemas, às antinomias, aos enigmas, ou simplesmente para estabelecer um mínimo de ordem e concerto, o que às vezes é conseguido, e outras não.

O sábio antigo, de Israel e de fora de Israel, tem os pés no chão e por isso observa o horizonte "sob o sol", como diria Qohélet. Eleva-se, contudo, para além desse horizonte e penetra no mistério do divino. É fato que os sábios falem de Deus (dos deuses), dos laços que unem este mundo nosso, próximo ou distante, com Deus e das relações do homem em geral e de cada um de nós em particular com Deus.

De fato, o âmbito em que se movem os sábios com suas reflexões é muito amplo; com propriedade pode-se qualificar de ilimitado.

1.4. O sábio antigo está aberto a todos os ventos

O protótipo do sábio antigo não é o do indivíduo isolado em sua torre de marfim, protegido das influências vindas do mais distante de suas fronteiras naturais e culturas alheias à sua. Completamente ao contrário. O sábio é como um corpo poroso, facilmente permeável. Nele confluem e se remansam correntes culturais heterogêneas, plurais, mesmo que não de maneira automática e indiscriminada, mas sim por meio do crivo de sua fé religiosa e de seu peculiar modo de pensar.

O verdadeiro sábio assimila as influências dos tempos longínquos: o passado de seu povo. Estas são as raízes que o inserem em um passado glorioso, que proporciona honra e segurança. Com orgulho recorda o sábio os personagens de seu povo e as façanhas que o imortalizaram: "Façamos o elogio dos homens de bem, da série de nossos antepassados" (*Sr* 44,1).

O sábio é aberto aos ares que sopram a seu redor e aos ventos provenientes de regiões distantes. Deixa-se influenciar pela cultura de seu tempo e de seus contemporâneos, sejam correligionários seus ou de ambientes estranhos. Sobre os segundos, o sábio aplica com rigor o discernimento e a crítica para que a visão resultante da realidade concreta e do mundo em geral seja coerente com sua orientação pessoal.

2. Concepção moderna do sábio

Desde que as ciências, com os novos métodos de estrita observação da natureza (séculos XVI-XVII), se separaram das especulações filosóficas e teológicas, a investigação científica converte-se em atividade intelectual realmente autônoma. É a partir desse momento que geralmente a sabedoria é substituída pela ciência e o sábio identifica-se com o cientista ou o homem de ciência. Interessa-nos agora fazer algumas observações sobre o sábio no sentido moderno, para ver se se diferencia muito ou pouco do antigo.

2.1. O sábio em sentido moderno

Já não é suficiente definir o sábio como "a pessoa que possui sabedoria"; agora é necessário especificar com mais detalhes. Se fazemos uso da categoria de extensão, por sábio entendemos "a pessoa que possui conhecimentos científicos extensos e profundos" (Maria Moliner). Nesse sentido, o sábio converte-se em uma enciclopédia ambulante: sabe muito de muitas coisas. Esse é o sentido mais comum de sábio; porém há outro sentido, talvez mais apropriado e científico, certamente menos vulgar. Sábio é a pessoa que se dedica de maneira particular a um ramo do saber; a dedicação, o estudo e a investigação muitas vezes são coroados por resultados muito valiosos.

Segundo o modo de pensar moderno, estes são os verdadeiros sábios. São eles que fazem avançar a máquina imponente do progresso. Destas pessoas costuma-se ter uma imagem muito particular, como Einstein o confirma: "A maioria delas são, em certa medida, extravagantes, pouco comunicativas, e solitárias" (*Mis ideas y opiniones*, Barcelona, 1981, p. 200); o que não quer dizer que não se sentem integradas à sociedade que as estima e respeita e à qual, em última instância, servem.

2.2. Atividade do sábio

Em sentido moderno, o estudioso da natureza é o protótipo do sábio. Interessamo-nos pelas atividades do sábio enquanto tal, que se realizam segundo um método científico preestabelecido com todo o rigor. Tais atividades visam penetrar a natureza objetiva, provocar novos fenômenos, a fim de conhecer sua estrutura profunda. Conhecida esta, é possível descobrir as leis pelas quais se rege a natureza e que se plasmam em fórmulas matemáticas. Comparando entre si as relações matemáticas descobertas, o cientista ou sábio poderá chegar por meio do pouco observado ao conhecimento da totalidade. Tal conhecimento da totalidade é de ordem puramente científica: conhecimento de meios; não de ordem ética ou religiosa: conhecimento de fins; mesmo que as experiências científicas possam ser equiparadas à vivência de ordem religiosa (cf. A. Einstein, *op. cit.*, p. 202).

Desde o momento em que se rompeu com a visão tradicional do mundo, o conhecimento científico não requer um fundamento distinto de si mesmo, o teológico ou a fé em Deus, criador da natureza e de suas leis. Entretanto, cabe a possibilidade de estabelecer uma visão transcendente da vida humana à margem, e não contra, dos princípios científicos (cf. id., ibid., p. 134; W. Heisenberg, *Encuentros*, p. 15).

3. O que existe em comum entre o sábio antigo e o moderno

Há muitas coisas que distanciam o sábio moderno do antigo: por exemplo, o modo e o método de abordagem da natureza, a concepção que se tem do homem e da vida devido a pressupostos de ordem ético-religiosa. Mas também podem ser estabelecidos muitos pontos de contato.

O encontro principal entre o sábio antigo e o moderno tem lugar na comum concepção humanista de ambos. A visão que um e outro têm da natureza e do mundo geralmente desemboca no humanismo declarado. Para o sábio antigo o homem sempre será o rei da criação, aquele que dá sentido a tudo quanto existe; para o moderno, tanto a ordem teórica como a prática e a moral terminam também no homem. Assim expressa-se Einstein: "Que sentido tem a vida do homem, ou, na realidade, a de qualquer criatura? Ter uma resposta a essa pergunta significa ser religioso. Tu perguntas: 'Tem algum sentido, pois, fazer essa pergunta?' Eu respondo: 'Aquele que considera sua vida, e a de seus semelhantes, carente de sentido não apenas é um infeliz mas também pouco talhado para a vida'" (*op. cit.*, p. 10).

Na escala de valores objetivos, o homem, o humano, ocupa o posto mais alto. Todo afã do homem moderno por fazer avançar o progresso, a ciência, parece ter como fim o domínio do homem sobre a natureza para servir-se dela e dominá-la em benefício próprio. E isso ainda que nesse empenho se reconheça que o homem tenha se equivocado muitas vezes, já que o conhecimento mais profundo da natureza nem sempre tem sido utilizado para o bem do homem, mas para sua destruição. Em nosso século não faltam exemplos aterradores, como o mau uso da energia nuclear tanto em tempos de guerra como nos de paz; bombas atômicas, corrida armamentista, contaminação ambiental etc.

Talvez isso seja uma advertência a todos aqueles que cantam exclusivamente as excelências do homem, esquecendo-se de que, assim como pode subir moralmente ao ponto mais alto, pode ele também descer aos abismos mais profundos e tenebrosos.

O homem conhece um e outro extremo; mas só será sábio se souber manter-se no justo meio. Assim sua sabedoria não será instrumento de destruição, mas de humanização; por isso, também hoje é verdadeira a afirmação de que "o grande número de sábios é a salvação do mundo" (*Sb* 6,24).

Bibliografia

Alonso Schökel, L.-Sicre Díaz, J. L., *Job. Comentario teológico y literario*. Madrid, 1983.
Alonso Schökel, L.-Vílchez Líndez, J., "El mundo sapiencial", in *Proverbios*. Madrid, 1984, pp. 17-92.
____, *Proverbios. Comentario teológico y literario*. Madri, 1984, pp. 93-903.
Asensio, F., "Sapienciales. La Sagrada Escritura, AT III", *BAC* 287. Madrid, 1969, pp. 425-434.
Barucq, A., *Ecl esiastés. Qohelet*. Madrid, 1971.
Beauchamp, P., *Ley. Profetas. Sabios. Lectura sincrónica del AT*. Madrid, 1977.
Busto Sáiz, J. R., "El descubrimiento de la Sabiduría en Israel", *Estudios Eclesiásticos* 56 (1980), pp. 625-649.
Cazelles, H. (org.), *Introducción crítica al AT*. Barcelona, 1981.
Dubarle, A. M., *Los sabios de Israel*. Madrid, 1958.
Ellul, J., *La razón de ser. Meditación sobre el Eclesiastés*. Barcelona, 1989.
García Cordero, M., "Bíblia y legado del Antiguo Oriente", *BAC* 390. Madrid, 1977, pp. 577-634.
____; Pérez Rodríguez, G., "Libros sapienciales, Biblia Comentada IV", *BAC* 218. Madrid, 1967.
Gutiérrez, G., *Hablar de Dios desde el sufrimiento del inocente*. Salamanca, 1986.
Larcher, C., *Études sur le livre de la Sagesse*. Paris, 1969.
____, *Le livre de la Sagesse ou La Sagesse de Salomon*, I-III. Paris, 1983-1985.
Lévêque, J., *Sabidurías del Antiguo Egipto*. Estella, 1984.

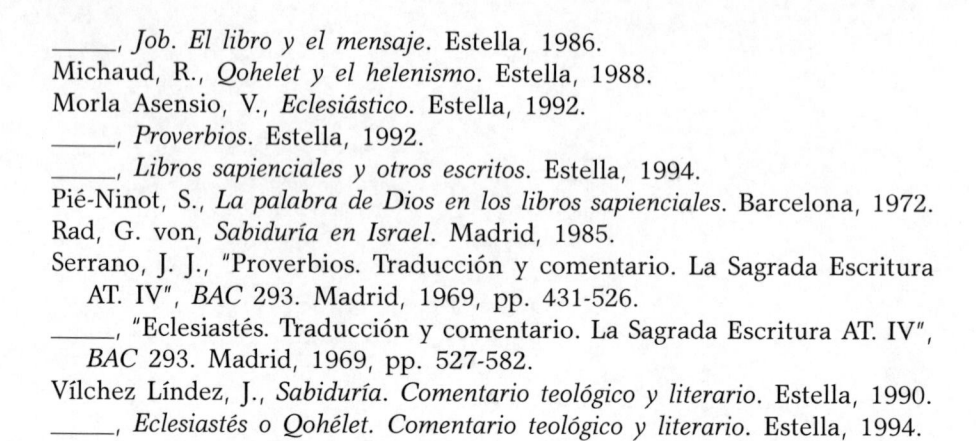

_____, *Job. El libro y el mensaje.* Estella, 1986.
Michaud, R., *Qohelet y el helenismo.* Estella, 1988.
Morla Asensio, V., *Eclesiástico.* Estella, 1992.
_____, *Proverbios.* Estella, 1992.
_____, *Libros sapienciales y otros escritos.* Estella, 1994.
Pié-Ninot, S., *La palabra de Dios en los libros sapienciales.* Barcelona, 1972.
Rad, G. von, *Sabiduría en Israel.* Madrid, 1985.
Serrano, J. J., "Proverbios. Traducción y comentario. La Sagrada Escritura AT. IV", *BAC* 293. Madrid, 1969, pp. 431-526.
_____, "Eclesiastés. Traducción y comentario. La Sagrada Escritura AT. IV", *BAC* 293. Madrid, 1969, pp. 527-582.
Vílchez Líndez, J., *Sabiduría. Comentario teológico y literario.* Estella, 1990.
_____, *Eclesiastés o Qohélet. Comentario teológico y literario.* Estella, 1994.